强制执行百问百答

（程序卷）

陈汝彬 施鉴峰◎著

法律出版社
LAW PRESS·CHINA
北京

图书在版编目(CIP)数据

强制执行百问百答. 程序卷 / 陈汝彬, 施鉴峰著
. -- 北京 : 法律出版社, 2023
ISBN 978-7-5197-8296-2

Ⅰ. ①强… Ⅱ. ①陈… ②施… Ⅲ. ①强制执行-中国-问题解答 Ⅳ. ①D925.04-44

中国国家版本馆 CIP 数据核字(2023)第 172685 号

强制执行百问百答:程序卷
QIANGZHI ZHIXING BAIWEN BAIDA: CHENGXUJUAN

陈汝彬 施鉴峰 著

责任编辑 李争春 赵雪慧
装帧设计 李 瞻

出版发行 法律出版社
编辑统筹 法规出版分社
责任校对 张红蕊
责任印制 耿润瑜
经　　销 新华书店

开本 710 毫米×1000 毫米 1/16
印张 27　**字数** 300 千
版本 2023 年 11 月第 1 版
印次 2023 年 11 月第 1 次印刷
印刷 三河市龙大印装有限公司

地址:北京市丰台区莲花池西里 7 号(100073)
网址:www.lawpress.com.cn
投稿邮箱:info@lawpress.com.cn
举报盗版邮箱:jbwq@lawpress.com.cn
销售电话:010-83938349
客服电话:010-83938350
咨询电话:010-63939796

书号:ISBN 978-7-5197-8296-2
定价:78.00 元
凡购买本社图书,如有印装错误,我社负责退换。电话:010-83938349

序　一

法谚云:“执行乃法律之终局及果实。”强制执行是确保法律全面准确实施的重要程序保障,是国家强制力的重要体现,与社会公平正义的实现息息相关。现如今“切实解决执行难”已成为全面依法治国的重要内容,其作为司法体系的痛点、难点、热点,持续受到社会各界的广泛关注。近十年来,我们看到“执行难”的部分问题虽已得到解决,但一些制约执行工作长远发展的综合性、源头性问题依然存在。“执行难”问题之解决,仍依赖强制执行从业人员群体的努力。

《强制执行百问百答:程序卷》以强制执行程序的实务需求为出发点,对高发疑难程序问题进行梳理,受众涵盖执行程序当事人、执行领域从业者等。全书设八章、三十三节,从申请执行、财产调查、财产处置、股东追责、执行制裁、执破衔接、异议程序等多个维度,较为立体地呈现了执行程序的具体面貌。

本书对执行程序中二百余个高频、疑难问题,从三个维度(问题解答、相关法律法规及司法观点、参考案例)开展深度剖析,较为客观地呈现了各地司法观点及执行实务经验。

在写作上,本书具有以下三大特色:

一是痛点归纳精准。作者作为专职执行律师,兼有执行法官的从业经验,在强制执行领域深耕已近十年。本书提炼的疑难问题,均系其从事执行领域工作实际所遇痛点、难点,具有较强的执行实务参考、借鉴意义。

二是解答通俗易懂。本书以简明、恰当的文字呈现了各地司法观点,问题解答部分短小精练,降低了阅读门槛。各类读者均能较为轻松地阅读本书。

三是内容注重实操。目前,强制执行相关的著作较少,且主要集中于法规汇编。相比之下,本书以问题为出发点,以解答为内容,以相关法律法规及司法观点和参考案例为支撑,实操性强。本书既可以为执行法官、律师群体提供解决执行疑难问题的参考,也可以为申请执行人、被执行人、利害关系人、案外人等参与执行程序的当事人提供了解执行程序知识的渠道。

今年,最高人民法院提出向着"切实解决执行难"迈进的工作目标。相信本书在强制执行体系不断完善的当下,可以为强制执行领域从业人员提供帮助,从而助力执行程序的高效、有序、规范运转,为切实解决"执行难"问题贡献一份力量。

是为序。

 *

二〇二三年三月二十二日

---

* 黄武双,华东政法大学知识产权学院书记,知识产权研究中心副主任,中国高等学校知识产权研究会人才培养委员会副主任,中国科学技术法学会常务理事,中国知识产权研究会理事(兼专利委员会委员),中国法学会知识产权法研究会理事。

序　二

习近平总书记在中央全面依法治国工作会议上强调,“努力让人民群众在每一个司法案件中感受到公平正义”。强制执行程序可以说是维护公平正义、保障合法权益的“最后一公里”,然而,由于程序的复杂性和多样性,许多人对于强制执行程序的了解仍然相对有限。正因如此,我对于《强制执行百问百答:程序卷》的出版感到无比振奋和欣喜。

本书的编写是由两位专业的执行律师完成,他们在实际工作中积累了丰富的实务经验,同时坚持不断地加强对专业知识库的完善。这使本书既具有全面性和精准性,又具有实用性和可操作性。作为一名法律教授,同时也是一名兼职律师,我深知在实际工作中所面临的各种执行难题,因此,我认为本书的价值和意义主要体现在以下三个方面:

首先,本书汇总了执行实务中二百余个常见疑难问题,并以问答的形式呈现,将复杂的强制执行程序问题转化为通俗易懂的语言,使读者能够快速理解和掌握其中的要点,也为读者提供了解决问题的思路和方法。这种问答的形式不仅能让读者迅速找到自己关心的问题,也方便读者对于整个执行程序的全面了解。

其次,本书的内容丰富全面,涉及了强制执行程序的各个方面,涵盖了从立案到执行结束的全过程,包括申请执行、财产调查、财产处置、股东追责、执行制裁、执破衔接、异议程序等各个环节。无论是对于法律法规的解读,还是对于实际操作中的技巧和经验的分享,本书都做到了面面俱到。

最后,我相信,本书将有助于提高法律从业者在强制执行程序中的工作效率和解决问题的能力,也能帮助读者更好地应对强制执行程序中的各种挑战和困惑。无论是法律从业者还是普通公民,都可以在本书中获得对于民事强制执行程序的全面了解和实际操作的指导。

《强制执行百问百答:程序卷》的出版,是律师参与执行程序,运用专业知识,助力切实解决执行难的体现。愿本书能够成为广大读者心目中优秀的强制执行程序工具书,也希望本书的出版对于推动我国强制执行程序的规范化和高效化起到积极的促进作用。

是为序。

*

二〇二三年八月八日于杭州羽之斋

* 翁国民,浙江大学经济学院国际商法、世界贸易组织法、经济法教授。任中国跨境电商研究院副院长、浙江自贸区研究院副院长、浙江大学法与经济研究所所长,中国法学会国际经济法研究会副会长,中国 WTO 法研究会常务理事,中国国际经济贸易仲裁委员会(CIETAC)仲裁员,中国国际经济贸易仲裁委员会专家咨询委员会委员,中共浙江省委法律顾问,浙江省人民政府法律顾问,浙江省法官检察官遴选委员会委员,浙江省委政法委特邀督察员,浙江省人大、省人民政府立法专家库成员。

目录

第三章　财产处置

一、处置权移送程序

二、析产程序

三、财产变价程序

第四章 股东追责

一、申请追加被执行人程序

二、常见股东责任

第七章 执行异议及执行异议之诉相关程序问题

第八章 其他问题

第一章

申请执行

一、申请执行期限

1-1 【申请期限】申请执行期限是多久？分期履行的从何时开始计算？能否适用时效中断？

问题解答

申请执行的期间为**2年**。

法律文书规定分期履行的,**从最后一期履行期限届满之日**起算。

申请执行时效因**申请执行**、当事人双方**达成和解协议**、当事人一方**提出履行要求**或者**同意履行义务**而中断。从中断时起,申请执行时效期间重新计算。

相关法律法规及司法观点

《中华人民共和国民事诉讼法》

第二百五十条　申请执行的期间为二年。申请执行时效的中止、中断,适用法律有关诉讼时效中止、中断的规定。

前款规定的期间,从法律文书规定履行期间的最后一日起计算;法律文书规定分期履行的,从最后一期履行期限届满之日起计算;法律文书未规定履行期间的,从法律文书生效之日起计算。

《最高人民法院关于适用〈中华人民共和国民事诉讼法〉执行程序若干问题的解释》

第二十条　申请执行时效因申请执行、当事人双方达成和解协议、当事人一方提出履行要求或者同意履行义务而中断。从中断时起,申请执行时效期间重新计算。

《山东高院执行疑难法律问题解答(三)》

4. 法律文书生效后,法院立案执行前,对于双方当事人达成的和解协议,一方当事人不履行或不完全履行，对方当事人可否向人民法院申请执行原执行依据？人民法院应如何审查？达成或履行和解协议是否引起执行时效中断？

答：法律文书生效后，法院立案执行前，双方当事人就履行该生效法律文书自行达成和解协议，因债务人未按照和解协议履行完毕，或者不适当履行、迟延履行和解协议，债权人有权在执行时效内向有管辖权的法院申请执行。债务人以履行全部或部分义务提出异议的，法院应当依照《中华人民共和国民事诉讼法》第二百二十五条[①]的规定进行审查。参照《中华人民共和国民事诉讼法》第二百三十九条[②]、《中华人民共和国民法总则》第一百九十五条[③]的规定，达成或履行和解协议可视为债务人同意履行义务，引起执行时效中断。

1－2　【超期申请】执行依据已过执行期限，可否申请执行？

问题解答

可以申请执行，相关司法解释中有明确规定，且《最高人民法院关于人民法院执行工作若干问题的规定（试行）》第16条中，已删除原第18条中关于受理执行案件的条件中“申请执行人在法定期限内提出申请”这一项。

另，就上述问题，被执行人在执行阶段有以超过申请执行期间为由，提出执行异议的救济途径。

---

① 对应2023年《民事诉讼法》第236条。

② 对应2023年《民事诉讼法》第250条。

③ 对应《民法典》第195条。

相关法律法规及司法观点

《最高人民法院关于适用〈中华人民共和国民事诉讼法〉的解释》

第四百八十一条　申请执行人超过申请执行时效期间向人民法院申请强制执行的,人民法院应予受理。被执行人对申请执行时效期间提出异议,人民法院经审查异议成立的,裁定不予执行。

被执行人履行全部或者部分义务后,又以不知道申请执行时效期间届满为由请求执行回转的,人民法院不予支持。

《最高人民法院关于人民法院执行工作若干问题的规定(试行)》

16.人民法院受理执行案件应当符合下列条件:

(1)申请或移送执行的法律文书已经生效;

(2)申请执行人是生效法律文书确定的权利人或其继承人、权利承受人;

(3)申请执行的法律文书有给付内容,且执行标的和被执行人明确;

(4)义务人在生效法律文书确定的期限内未履行义务;

(5)属于受申请执行的人民法院管辖。

人民法院对符合上述条件的申请,应当在七日内予以立案;不符合上述条件之一的,应当在七日内裁定不予受理。

《最高人民法院关于执行案件立案、结案若干问题的意见》

第九条　下列案件,人民法院应当按照执行异议案件予以立案:

……

(五)被执行人以债权消灭、超过申请执行期间或者其他阻止执行的实体事由提出阻止执行的;

……

二、仲裁裁决的申请执行

1-3 【管辖法院】仲裁裁决案件的执行管辖法院如何确定?

问题解答

由被执行人**住所地**或者被执行的**财产所在地**的**中级**人民法院管辖。

相关法律法规及司法观点

《最高人民法院关于适用〈中华人民共和国仲裁法〉若干问题的解释》

第二十九条　当事人申请执行仲裁裁决案件,由被执行人住所地或者被执行的财产所在地的中级人民法院管辖。

1-4 【财产所在地】"被执行的财产所在地"的认定标准是什么?

问题解答

被执行人不动产的所在地、被执行人的动产存放地、被执行人享有的股权或股份的发行公司住所地、被执行人的住所地均有可能成为被执行的财产所在地。

相关法律法规及司法观点

《人民法院办理执行案件规范》[①]

3.【“被执行的财产所在地”的确定】

被执行的财产为不动产的，该**不动产的所在地**为被执行的财产所在地。

被执行的财产为股权或者股份的，该**股权或者股份的发行公司住所地**为被执行的财产所在地。

被执行的财产为商标权、专利权、著作权等知识产权的，该**知识产权权利人的住所地**为被执行的财产所在地。

被执行的财产为到期债权的，**被执行人的住所地**为被执行的财产所在地。

参考案例

华奥动漫公司、华奥建设公司等申请执行复议案，最高人民法院(2017)最高法执复12号、17号执行裁定书

法院认为：本案华奥动漫公司、严某在中国民生银行成都分行营业部所开立的账户中有少量存款可供执行，故不能否定四川是被执行财产所在地之一。但上述账户存款与本案巨额执行标的相比，也极不成比例。从目前查明的财产情况来看，可供执行的绝大多数财产在福建省内。因此可以说，本案由福建省相关法院执行更为适当。但是，**根据目前的通行理解，部分财产所在地法院或者被执行人住所地法院，可以取得执行案件全案管辖权**。且目前相关司法解释并未对《中华人民共和国民事诉讼法》第二百二十四条规定的被执行的财产所在地限定为主要财产所在地，是否应做此种限缩解释，有待今后司法解释进一步确定。故目前不能绝对排除四川省高级人民法院对本案的管辖权，该院作为非主要的被执行人住所地和被执行财产所在地人民法院管辖本案，并不违反执行程序方面的现行法律规定。

---

① 最高人民法院执行局编：《人民法院办理执行案件规范》，人民法院出版社2022年版，第4页。

1-5 【申请不予执行情形】申请不予执行仲裁裁决的具体情形有哪些?

问题解答

执行法院裁定不予执行仲裁裁决的实际情形,主要集中于"裁决所根据的证据是伪造的""对方当事人向仲裁机构隐瞒了足以影响公正裁决的证据的""超裁"等以上几种情形。

相关法律法规及司法观点

《中华人民共和国民事诉讼法》

第二百四十八条　对依法设立的仲裁机构的裁决,一方当事人不履行的,对方当事人可以向有管辖权的人民法院申请执行。受申请的人民法院应当执行。

被申请人提出证据证明仲裁裁决有下列情形之一的,经人民法院组成合议庭审查核实,裁定不予执行:

(一)当事人在合同中没有订有仲裁条款或者事后没有达成书面仲裁协议的;

(二)裁决的事项不属于仲裁协议的范围或者仲裁机构无权仲裁的;

(三)仲裁庭的组成或者仲裁的程序违反法定程序的;

(四)裁决所根据的证据是伪造的;

(五)对方当事人向仲裁机构隐瞒了足以影响公正裁决的证据的;

(六)仲裁员在仲裁该案时有贪污受贿,徇私舞弊,枉法裁决行为的。

人民法院认定执行该裁决违背社会公共利益的,裁定不予执行。

裁定书应当送达双方当事人和仲裁机构。

仲裁裁决被人民法院裁定不予执行的，当事人可以根据双方达成的书面仲裁协议重新申请仲裁，也可以向人民法院起诉。

《最高人民法院关于适用〈中华人民共和国民事诉讼法〉的解释》

第四百七十五条　仲裁机构裁决的事项，部分有民事诉讼法第二百四十四条①第二款、第三款规定情形的，人民法院应当裁定对该部分不予执行。

应当不予执行部分与其他部分不可分的，人民法院应当裁定不予执行仲裁裁决。

1－6　【申请期限】何时可以提出不予执行仲裁裁决的申请？

问题解答

执行案件执行终结前，均可向执行人民法院提出不予执行仲裁裁决的申请。

相关法律法规及司法观点

《最高人民法院关于适用〈中华人民共和国民事诉讼法〉的解释》

第四百七十九条　当事人请求不予执行仲裁裁决或者公证债权文书的，应当在执行终结前向执行法院提出。

① 对应2023年《民事诉讼法》第248条。

1－7 【已申请撤销仲裁裁决】向人民法院申请撤销仲裁裁决已被驳回的,可否申请不予执行仲裁裁决?

问题解答

若以申请撤销仲裁裁决的相同理由申请不予执行仲裁裁决的,将不予支持。

相关法律法规及司法观点

《最高人民法院关于适用〈中华人民共和国仲裁法〉若干问题的解释》

第二十六条　当事人向人民法院申请撤销仲裁裁决被驳回后,又在执行程序中以相同理由提出不予执行抗辩的,人民法院不予支持。

1－8 【仲裁协议效力审查】仲裁过程中主张仲裁协议无效被仲裁庭驳回的,可否申请不予执行仲裁裁决?

问题解答

法院将对仲裁协议效力重新进行审查,确定是否不予执行。

相关法律法规及司法观点

《最高人民法院关于适用〈中华人民共和国仲裁法〉若干问题的解释》

第二十七条　当事人在仲裁程序中未对仲裁协议的效力提出异议，在仲裁裁决作出后以仲裁协议无效为由主张撤销仲裁裁决或者提出不予执行抗辩的，人民法院不予支持。

当事人在仲裁程序中对仲裁协议的效力提出异议，在仲裁裁决作出后又以此为由主张撤销仲裁裁决或者提出不予执行抗辩，经审查符合仲裁法第五十八条或者民事诉讼法第二百一十七条①、第二百六十条②规定的，人民法院应予支持。

1-9　【不予执行仲裁调解】仲裁调解书或根据和解协议作出的仲裁裁决书，可否申请不予执行？

问题解答

对申请不予执行仲裁调解书或者根据和解协议作出的仲裁裁决书的，人民法院将不予支持。

① 对应2023年《民事诉讼法》第248条。

② 对应2023年《民事诉讼法》第291条。

相关法律法规及司法观点

《最高人民法院关于适用〈中华人民共和国仲裁法〉若干问题的解释》

第二十八条　当事人请求不予执行仲裁调解书或者根据当事人之间的和解协议作出的仲裁裁决书的,人民法院不予支持。

1－10　【救济途径】法院裁定不予执行仲裁裁决的,如何救济?

问题解答

对不予执行仲裁裁决的裁定,不能提出异议或复议,但**执行监督程序**依旧适用。

相关法律法规及司法观点

《最高人民法院关于适用〈中华人民共和国民事诉讼法〉的解释》

第四百七十六条　依照民事诉讼法第二百四十四条①第二款、第三款规定,人民法院裁定不予执行仲裁裁决后,当事人对该裁定提出执行异议或者复议的,人民法院不予受理。当事人可以就该民事纠纷重新达成书面仲裁协议申请仲裁,也可以向人民法院起诉。

《最高人民法院关于人民法院执行工作若干问题的规定(试行)》

72. 上级法院发现下级法院在执行中作出的裁定、决定、通知或具体执行行为不当或有错误的,应当及时指令下级法院纠正,并可以通知有关法院暂缓

① 对应2023年《民事诉讼法》第248条。

执行。

……

《最高人民法院执行最新司法解释统一理解与适用》[1]

司法实践中，最高人民法院在数起案件中的观点也均认为上级人民法院对下级人民法院不予执行或驳回不予执行申请的裁定有权提起执行监督。

---

① 江必新、刘贵祥主编，最高人民法院执行局编著：《最高人民法院执行最新司法解释统一理解与适用》，中国法制出版社2016年版，第31页。

三、公证债权文书的申请执行

1－11　【申请不予执行条件】哪些情况下，可以向法院申请不予执行公证债权文书？

问题解答

一般来说，存在严重违反法律规定的公证程序、公证债权文书的内容与事实不符、公证债权文书未载明同意接受强制执行等情况的，可申请不予执行。

相关法律法规及司法观点

《最高人民法院关于适用〈中华人民共和国民事诉讼法〉的解释》

第四百七十八条　有下列情形之一的，可以认定为民事诉讼法第二百四十五条①第二款规定的公证债权文书确有错误：

（一）公证债权文书属于不得赋予强制执行效力的债权文书的；

（二）被执行人一方未亲自或者未委托代理人到场公证等严重违反法律规定的公证程序的；

（三）公证债权文书的内容与事实不符或者违反法律强制性规定的；

（四）公证债权文书未载明被执行人不履行义务或者不完全履行义务时同意接受强制执行的。

人民法院认定执行该公证债权文书违背社会公共利益的，裁定不予执行。

公证债权文书被裁定不予执行后，当事人、公证事项的利害关系人可以就债权争议提起诉讼。

① 对应2023年《民事诉讼法》第249条。

1－12 【救济途径】法院裁定不予执行公证债权文书的，如何救济?

问题解答

当事人不服人民法院裁定不予执行公证债权文书的,可向上一级人民法院申请复议。

相关法律法规及司法观点

《最高人民法院关于人民法院办理执行异议和复议案件若干问题的规定》

第十条　当事人不服驳回不予执行公证债权文书申请的裁定的,可以自收到裁定之日起十日内向上一级人民法院申请复议。上一级人民法院应当自收到复议申请之日起三十日内审查,理由成立的,裁定撤销原裁定,不予执行该公证债权文书;理由不成立的,裁定驳回复议申请。复议期间,不停止执行。

第二章

财 产 调 查

一、执行案件的执行可行性评估

2-1 【执行可行性评估】如何初步判断执行案件的回款可能?

问题解答

执行案件的回款可能,与被执行人的履行能力息息相关。下列3类信息与被执行人履行能力有关,可通过公开渠道调取。

(1)涉诉涉执案件信息

调查渠道:中国裁判文书网、中国执行信息公开网、法院执行内网

调查信息:被执行人涉诉、涉执行案件的数量及相关信息

(2)企业工商信息

调查渠道:国家企业信用信息公示系统,天眼查、企查查等商业软件

调查信息:被执行人的注册资金、出资情况(实缴资金)、股东信息、工商年报信息、分支机构、知识产权、涉诉涉执风险、简易注销信息

(3)自然人履行能力信息

调查渠道:接案访谈、网络搜索

调查信息:被执行人年龄、婚姻状况、子女年龄、子女就读学校、工作、经常居住地、对外投资、户籍所在地

当初步尽职调查过程中,发现如下情况,则被执行人履行能力存在欠佳的可能,执行可行性较低:

被执行人存在大量涉诉案件

被执行人在执案件数量超过3件

被执行人涉刑事犯罪

被执行人存在赌博、吸毒等恶习

被执行人存在涉银行类案件

二、财产调查的实施步骤

2-2 【调查原则】财产调查的核心宗旨及对象是什么?

问题解答

财产调查的核心宗旨为:以大量的一手**证据材料还原**被执行人的实际**履行能力**,为推动执行案件提供参考及依据。

财产调查的对象为:被执行人隐藏的**责任财产**、被执行人**转移**责任财产的具体**路径**、**扩大执行对象**的相关**证据材料**。

2-3 【调查方法】如何实施财产调查?

问题解答

财产调查一般有网络公开信息查询、线下走访调查、档案查询、(申请)法院调查等方式,常见的调查对象及相应可调查的线索如下:

1. 网络公开信息查询

裁判文书公开网:到期债权、应收账款线索

各司法拍卖网站:涉司法拍卖的财产线索

国家企业信用信息公示系统:未缴出资线索、不当减资线索、疑似抽逃出资线索

人民银行征信中心：动产融资信息线索

建筑行业各招投标信息网站：被执行人承建项目、应收账款、到期债权线索

自然资源部官网：采矿权线索

知识产权类官网：知识产权线索、财产转移线索

企查查等查询软件：关联（财务）公司线索

开票软件：被执行人税号、银行账号

微信、支付宝：微信、支付宝账号线索

挂牌交易的公司公告：资产线索、应收账款线索、理财产品线索

2. 线下走访调查

朋友圈、视频号、抖音号：高消费线索、收入线索

居住地：车辆下落线索、共同生活的家庭成员线索

公司经营地：设备、存货、经营现状线索

被执行人的客户：应收账款、到期债权线索

伪装交易：实际经营账户、私账、财产混同线索

伪装应聘：私账线索

3. 档案查询

不动产交易登记中心：不动产历史登记信息、不动产内档、家庭财产线索

婚姻登记处及档案馆：婚姻档案及离婚协议、夫妻共同财产、财产转移线索

市场监督管理局：企业工商内档、出资未缴、不当减资、抽逃出资线索

公安户籍登记窗口：配偶及未成年子女的户籍登记信息

拆迁安置办公室（一般为镇、街道）：拆迁安置利益线索

住建委：在建工程、应收账款线索

村委会及股份经济合作社：集体土地使用权、股份经济合作社股权、小产权房线索

海关：监管物、保税物、出口退税线索

税务局:应退税款线索

保险公司:保险理财产品线索

银行机构(一般为开户行、市分行):银行流水、理财产品、收入、财产转移线索

银行贷款档案:财务报表、应收账款线索

国债登记机构:国债线索

购物网站公司:被执行人经常居住地线索(网购记录)

4.(申请)法院调查

申请要求被执行人报告财产

申请调查核实被执行人报告的财产信息

申请查询被执行人报告的财产情况

申请责令被执行人提交会计凭证、会计账簿、财务会计报告

申请搜查被执行人会计账薄、住所、经营场所

申请对被执行人进行执行审计

三、申请查询被执行人的财产

2-4 【申请查询网查结果】法院调查的财产信息结果，可否申请查询?

问题解答

申请执行人申请查询人民法院调查的财产信息的，人民**法院**可以根据案件需要**决定是否准许**。

相关法律法规及司法观点

《最高人民法院关于民事执行中财产调查若干问题的规定》

第十二条 被执行人未按执行通知履行生效法律文书确定的义务，人民法院有权通过网络执行查控系统、现场调查等方式向被执行人、有关单位或个人调查被执行人的身份信息和财产信息，有关单位和个人应当依法协助办理。

人民法院对调查所需资料可以复制、打印、抄录、拍照或以其他方式进行提取、留存。

申请执行人申请查询人民法院调查的财产信息的，**人民法院可以根据案件需要决定是否准许**。申请执行人及其代理人对查询过程中知悉的信息应当保密。

《浙江省高级人民法院办公室关于印发执行公开实施意见的通知》

3. 财产查控情况。通过"点对点"查控系统查控被执行人财产的，原则上**在查、控结果取得之日以短信方式告知申请执行人**。前往有关部门或被执行人住所地或被执行人单位查控财产，核实财产报告、财产举报线索，执行搜查、执行审计被执行人财产等传统方式查控财产的，原则上**在每一项查、控工作完成后3日内**，以短信方式告知申请执行人、报告人、举报人。以上情况不告知或延迟告知的，应说明理由并记录在案。悬赏公告应当在法院门户网站上向社会公众公开。

2-5 【终本网查】终本后，法院财产调查应否继续？结果应否告知申请执行人？

问题解答

执行法院应当在终结本次执行程序后的**5 年内**，**每6 个月**通过网络执行查控系统**查询一次**被执行人的财产，并将**查询结果告知申请执行人**。

相关法律法规及司法观点

《最高人民法院关于严格规范终结本次执行程序的规定（试行）》

第九条　终结本次执行程序后，申请执行人发现被执行人有可供执行财产的，可以向执行法院申请恢复执行。申请恢复执行不受申请执行时效期间的限制。执行法院核查属实的，应当恢复执行。

终结本次执行程序后的五年内，执行法院应当每六个月通过网络执行查控系统查询一次被执行人的财产，并将查询结果告知申请执行人。符合恢复执行条件的，执行法院应当及时恢复执行。

2-6 【保全网查】财产保全中,可否申请查询财产?

问题解答

可以向人民法院书面申请查询被保全人的财产,**已建立网络执行查控系统**的人民法院**可以**在请求保全的数额范围内,查询被保全人的财产。

相关法律法规及司法观点

《最高人民法院关于人民法院办理财产保全案件若干问题的规定》

第十一条 人民法院依照本规定第十条第二款规定作出保全裁定的,在该裁定执行过程中,申请保全人可以向已经建立网络执行查控系统的执行法院,书面申请通过该系统查询被保全人的财产。

申请保全人提出查询申请的,执行法院可以利用网络执行查控系统,对裁定保全的财产或者保全数额范围内的财产进行查询,并采取相应的查封、扣押、冻结措施。

人民法院利用网络执行查控系统未查询到可供保全财产的,应当书面告知申请保全人。

四、执行阶段申请调查令

2-7 【申请条件、调查范围】执行阶段调查令的申请条件是什么? 调查范围如何确定?

问题解答

就律师调查令而言,尚无法律及司法解释层级文件予以统一规范,应按照各省司法政策予以处理。浙江省相关政策如下:

申请条件:当**无法通过网络查控系统调查**或申请执行人**提供其他明确线索**时,申请执行人的律师可以申请调查令。

调查范围:**与被执行人的财产状况和实际履行能力有关的证据或者财产线索**,以及**违反限制消费令、虚假报告财产、转移财产等情况的证据**。

提交材料:调查令申请书、授权委托书、律所公函、律师执业证书、共同调查人身份信息材料。

相关法律法规及司法观点

《浙江省高级人民法院关于规范律师调查令制度的办法》

第四条第四款　执行阶段申请调查令,一般在执行完毕前提出。执行案件立案后,人民法院应当通过网络查控系统调查被执行人的财产状况、与实际履行能力有关的证据或者财产线索,无法通过网络查控系统调查或者申请执行人提供其他明确线索的,申请执行人的代理律师或者委托律师可以申请调查令。申请调查的证据应当限于与被执行人的财产状况和实际履行能力有关的证据或者财产线索,以及违反限制消费令、虚假报告财产、转移财产等情况的证据。

第九条　申请调查令,应当提交下列材料:

(一)申请书;

（二）当事人、申请执行人授权委托书；

（三）律师事务所的委托、指派公函；

（四）申请律师的有效执业证书；

（五）共同参与调查人员的身份信息材料。

在申请调查令前，代理律师或者委托律师已经向人民法院提交了本条第一款第（二）（三）（四）项材料的，无需重复提交；但授权委托书中未列明调查取证权限的，仍需另行提交当事人、申请执行人的授权委托书。

破产管理人为律师事务所和律师的，申请调查令时，无需提交本条第一款第（二）（三）项材料，但需提交破产受理裁定书、指定管理人决定书和破产管理人的授权委托材料。其他破产管理人另行委托律师申请调查令的，仍需提交前述材料。

2－8 【持令人数】调查令载明持令收集证据的律师人数，可否仅为 1 人？

问题解答

可以，但持令调查时必须与一名以上的同一律师事务所的律师、实习律师共同进行。

相关法律法规及司法观点

《浙江省高级人民法院关于规范律师调查令制度的办法》

第八条第一款　代理律师或者委托律师持令收集证据的，应当由两人以上共同进行。一名代理律师或者委托**律师持令调查**时,必须与一名以上的同一**律师事务所**的律师、实习律师共同进行。

2-9 【签发期限】法院决定签发调查令的期限是多久?

问题解答

自收到调查令申请之日起,7个工作日。

相关法律法规及司法观点

《浙江省高级人民法院关于规范律师调查令制度的办法》

第十一条　人民法院接到申请后,由承办人或者合议庭对申请人和共同参与调查人员的资格、申请的理由、申请是否在规定期限内、申请调查证据的范围及与案件的关联性等进行审查。

起诉阶段的律师调查令,由立案庭庭长签发;审理阶段的律师调查令,由独任法官或者审判长签发。执行阶段的律师调查令,由执行局局长或者指定的法官签发。

人民法院应当自收到申请之日起**七个工作日**内决定是否签发调查令。立案阶段涉及保全财产线索的,应当在三个工作日内决定。根据申请的证据情况,人民法院签发调查令前可以先行向协助调查人了解相关情况。

……

2-10 【有效期限】调查令的有效期是多长时间？

问题解答

调查令的有效期一般为 10 日，特殊情形不超过 15 日。

相关法律法规及司法观点

《浙江省高级人民法院关于规范律师调查令制度的办法》

第十七条第一款 调查令的有效期限，由签发法院根据调查需要、案件复杂程度等因素合理确定，一般不超过十日；有特殊情形的，不超过十五日。期限届满，调查令自动失效。

2-11 【消极签发】法院消极签发调查令的，如何救济？

问题解答

笔者认为，法院消极签发调查令存在构成消极执行行为的可能，申请执行人可以以执行监督形式，对程序权利予以救济。

监督事由为：纠正“收到调查令申请之日起七个工作日内，未作出是否签发调查令的决定”的执行行为。

五、司法强制措施调查

2-12 【拘传措施】拘传措施的启动条件是什么？哪些人可以作为拘传对象？

问题解答

启动条件：为了查明被执行人财产情况、履行能力，拘传对象经依法传唤无正当理由拒不到场。

拘传对象：必须接受调查询问的被执行人、被执行人的**法定代表人、负责人或者实际控制人。**

相关法律法规及司法观点

《最高人民法院关于适用〈中华人民共和国民事诉讼法〉的解释》

第四百八十二条　对必须接受调查询问的被执行人、被执行人的**法定代表人、负责人或者实际控制人**，经依法传唤无正当理由拒不到场的，人民法院可以拘传其到场。

人民法院应当及时对被拘传人进行调查询问，调查询问的时间不得超过八小时；情况复杂，依法可能采取拘留措施的，调查询问的时间不得超过二十四小时。

人民法院在本辖区以外采取拘传措施时，可以将被拘传人拘传到当地人民法院，当地人民法院应予协助。

《最高人民法院关于民事执行中财产调查若干问题的规定》

第十五条　为查明被执行人的财产情况和履行义务的能力，可以传唤被执行人或被执行人的法定代表人、负责人、实际控制人、直接责任人员到人民法院接受调查询问。

对必须接受调查询问的被执行人、被执行人的法定代表人、负责人或者实际控制人，经依法传唤无正当理由拒不到场的，人民法院可以拘传其到场；上述人员下落不明的,人民法院可以依照相关规定通知有关单位协助查找。

《人民法院办理执行案件规范》①

422.【传唤及协助查找特定人员】

为查明被执行人的财产情况和履行义务的能力,可以传唤被执行人或被执行人的法定代表人、负责人、实际控制人、直接责任人员到人民法院接受调查询问。

对必须接受调查询问的被执行人、被执行人的法定代表人、负责人或者实际控制人,经依法传唤无正当理由拒不到场的,人民法院可以拘传其到场;上述人员下落不明的,人民法院可以依照相关规定通知有关单位协助查找。

2-13 【搜查措施】搜查措施的启动条件是什么?搜查范围如何确定?

问题解答

启动条件:被执行人隐匿财产、会计账簿等资料拒不交出时。

搜查范围:被执行人可能隐匿财产或者资料的处所、箱柜。

相关法律法规及司法观点

《最高人民法院关于适用〈中华人民共和国民事诉讼法〉的解释》

第四百九十四条　在执行中,被执行人隐匿财产、会计账簿等资料的,人民法院除

① 最高人民法院执行局编:《人民法院办理执行案件规范》,人民法院出版社2022年版,第185页。

可依照民事诉讼法第一百一十四条第一款第六项规定对其处理外,还应责令被执行人交出隐匿的财产、会计账簿等资料。被执行人拒不交出的,人民法院可以采取搜查措施。

《最高人民法院关于民事执行中财产调查若干问题的规定》

第十四条　被执行人隐匿财产、会计账簿等资料拒不交出的,人民法院可以依法采取搜查措施。

人民法院依法搜查时,对被执行人可能隐匿财产或者资料的处所、箱柜等,经责令被执行人开启而拒不配合的,可以强制开启。

《人民法院办理执行案件规范》①

418.【搜查的情形】

被执行人隐匿财产、会计账簿等资料拒不交出的,人民法院可以依法采取搜查措施。

人民法院依法搜查时,对被执行人可能隐匿财产或者资料的处所、箱柜等,经责令被执行人开启而拒不配合的,可以强制开启。

2-14　【执行审计】执行审计的启动条件是什么?如何确定审计范围?实施流程上应如何处理?

问题解答

启动条件

(1)被执行人的法人或非法人组织不履行生效法律文书确定的义务。

① 最高人民法院执行局编:《人民法院办理执行案件规范》,人民法院出版社2022年版,第183页。

（2）申请执行人认为其有拒绝报告、虚假报告财产情况，隐匿、转移财产等逃避债务情形或者其股东、出资人有出资不实、抽逃出资等情形。（未足额缴纳出资、转移公司财产、代持财产、实际控制人与名义控制人不符亦可能落入上述范围）。

（3）申请执行人提交书面申请。

审计范围

浙江省高级人民法院认为：可以对被执行人的**法人或其他组织**以及被执行人**关联企业**、被执行人**实际控制**或者**持有控股股权的法人的资产、负债和所有者权益**进行司法审计。

实施流程

（1）申请执行人递交书面申请；

（2）执行法院作出《委托审计决定书》；

（3）执行法院向被执行人发出《提交审计材料通知书》及《审计决定书》，要求被执行人提供审计所必需的财务资料，并载明拒不提交、逾期未提交材料的法律后果；

（4）被执行人未提交审计材料的则采取搜查措施；

（5）进行执行审计。

相关法律法规及司法观点

《最高人民法院关于民事执行中财产调查若干问题的规定》

第十七条　作为被执行人的法人或非法人组织不履行生效法律文书确定的义务，申请执行人认为其有拒绝报告、虚假报告财产情况，隐匿、转移财产等逃避债务情形或者其股东、出资人有出资不实、抽逃出资等情形的，可以书面申请人民法院委托审计机构对该被执行人进行审计。人民法院应当自收到书面申请之日起十日内决定是否准许。

第十八条　人民法院决定审计的，应当随机确定具备资格的审计机构，并责令被执行人提交会计凭证、会计账簿、财务会计报告等与审计事项有关的资料。

被执行人隐匿审计资料的,人民法院可以依法采取搜查措施。

第十九条 被执行人拒不提供、转移、隐匿、伪造、篡改、毁弃审计资料,阻挠审计人员查看业务现场或者有其他妨碍审计调查行为的,人民法院可以根据情节轻重对被执行人或其主要负责人、直接责任人员予以罚款、拘留;构成犯罪的,依法追究刑事责任。

《浙江省高级人民法院执行局关于规范执行审计相关问题的工作指引》

第一条 执行审计是指在强制执行程序中,运用审计的制度和方法,对作为被执行人的法人或其他组织以及被执行人关联企业、被执行人实际控制或者持有控股股权的法人的资产、负债和所有者权益等进行强制审查,查明被执行人财产情况或线索,判断被执行人履行能力的执行调查措施。

第二条 执行审计原则上依当事人的申请而启动;执行法院认为确有必要时,可以依职权启动审计调查。

第三条 作为被执行人的法人或者其他组织,在收到执行法院的执行通知书和报告财产令后,不履行生效法律文书确定的义务,且可能存在下列情形之一的,申请执行人可以申请人民法院委托审计机构对该被执行人进行审计:

一、拒绝报告、虚假报告财产情况的;

二、隐匿、转移财产等逃避债务情形的;

三、股东、出资人有出资未到位、出资不实、抽逃出资情形的;

四、有必要利用审计方法查找被执行人可供执行财产的其他情形。

执行法院依职权启动审计调查的,应当符合前款规定的条件,并应对审计的必要性进行综合分析判断。

参考案例

沈阳某铜业有限公司转移资产逃避执行案(2020年温州中院执行审计打击逃废债十大典型案例)

法院认为:温州市中级人民法院在申请执行人温州某铜业有限公司与被执行人沈阳某铜业有限公司、辽宁某有色金属冶炼有限公司买卖合同纠纷执行一案中,穷尽了各种调查措施,未查到被执行人有可供执行的财产。

申请执行人认为被执行人沈阳某铜业公司财产申报不实，有隐匿、转移财产逃避债务的情形。温州市中级人民法院经过分析研判后认为，被执行人沈阳某铜业公司系国内大型电解铜生产企业，是华北、东北地区最大的电解铜生产企业，技术先进、实力雄厚，没有可供执行的财产让人生疑，遂积极向申请人释明，引导当事人申请启动审计执行程序。

经审计，发现被执行人沈阳某铜业有限公司存在以下情形：第一，**以表面上的委托加工合同掩盖实为货物销售合同逃避执行**；第二，**有正常销售收入但拒不履行本案生效判决**；第三，**存在转移资金或通过关联方交易转移资金的事实和隐瞒债权，与关联公司财产混同的事实**。以上转移资金合计高达12.8亿元。基于以上审计结果，温州市中级人民法院对沈阳某铜业有限公司的法定代表人李某某、财务主管张某某等人依法采取了移送公安机关追究刑事责任等措施，并对沈阳某铜业有限公司车间生产的产品、仓库存放的A极铜、原材料等货物进行扣押。

谢某与被执行人浙江某建设劳务有限公司合同纠纷执行案（2020年温州中院执行审计打击逃废债十大典型案例）

法院认为：苍南法院在申请执行人谢某与被执行人浙江某建设劳务有限公司合同纠纷执行一案中，通过网络执行查控系统及登门临柜等方式未发现被执行人有可供执行的财产。申请执行人认为被执行人在外享有应收债权，具有履行能力，遂向苍南法院提交了关于对被执行人进行审计的申请。

2019年5月30日，苍南法院作出《委托审计决定书》，向被执行人发出《提交审计材料通知书》及《审计决定书》，要求被执行人提供审计所必需的财务证明，并载明了拒不提交、逾期未提交材料的法律后果。被执行人公司签收后，逾期未提交相关审计财务资料，苍南法院依法对被执行人法定代表人采取强制措施，并对被执行人办公场所进行搜查，现场查获部分财务资料。审计公司依据现有财务资料查明，被执行人**实物资产应包含两台挖掘机及两台工程车**。苍南法院将被执行人法定代表人**涉嫌拒不执行判**

决、裁定罪移送公安侦查。迫于审计及拒执移送的巨大威慑力，被执行人经第三方与申请执行人在2019年11月26日达成执行和解，本案由第三方代被执行人偿还本金266万元，剩余款项申请执行人自愿放弃，该案执行完毕。

第三章

财 产 处 置

一、处置权移送程序

3－1 【权力归属】如何确定负责处分查封财产(财产处置权)的法院？首封法院消极处置的,哪些法院可以要求移送执行？

问题解答

财产处置权:首先查封的法院负责处分查封财产,即首封法院为享有财产处置权的法院。

处置权移送:自首先查封之日起已超过60日,且首先查封法院就该查封财产尚未发布拍卖公告或者进入变卖程序的,**优先债权执行法院**可以要求将该查封财产移送执行。

相关法律法规及司法观点

《最高人民法院关于首先查封法院与优先债权执行法院处分查封财产有关问题的批复》

一、执行过程中,应当由首先查封、扣押、冻结(以下简称查封)法院负责处分查封财产。但已进入其他法院执行程序的债权对查封财产有顺位在先的担保物权、优先权(该债权以下简称优先债权),自首先查封之日起已超过60日,且首先查封法院就该查封财产尚未发布拍卖公告或者进入变卖程序的,优先债权执行法院可以要求将该查封财产移送执行。

二、优先债权执行法院要求首先查封法院将查封财产移送执行的,应当出具商请移送执行函,并附确认优先债权的生效法律文书及案件情况说明。

首先查封法院应当在收到优先债权执行法院商请移送执行函之日起15日内出具移送执行函,将查封财产移送优先债权执行法院执行,并告知当事人。

移送执行函应当载明将查封财产移送执行及首先查封债权的相关情况等内容。

参考案例

谷盈公司与昌华公司、同泰公司案外人执行异议之诉案，最高人民法院（2016）最高法民申2967号民事裁定书

法院认为：在执行过程中，应当以人民法院首先采取查封、扣押、冻结措施的时间先后确定哪个案件可以优先处分财产，不能以人民法院采取划转等执行措施的时间确定普通债权的先后清偿顺序。

二、析产程序

3-2 【前置条件】被执行人的共有财产可否执行？是否有前置条件？

问题解答

执行共有财产，在权利实体上涉及析产，尚无统一规定的具体流程。以浙江省的相应规定，为读者提供参考解读。

可否执行：共有财产系被执行人的责任财产，人民法院可以查封、扣押、冻结，后续进入析产阶段，被执行人享有的份额确定后，对相应份额予以执行。

前置条件：浙江省高级人民法院认为，被执行人无个人名下财产或者该财产难以处置的，可以执行被执行人与他人共有的财产。

相关法律法规及司法观点

《最高人民法院关于人民法院民事执行中查封、扣押、冻结财产的规定》

第十二条　对被执行人与其他人共有的财产，人民法院可以查封、扣押、冻结，并及时通知共有人。

共有人协议分割共有财产，并经债权人认可的，人民法院可以认定有效。查封、扣押、冻结的效力及于协议分割后被执行人享有份额内的财产；对其他共有人享有份额内的财产的查封、扣押、冻结，人民法院应当裁定予以解除。

共有人提起析产诉讼或者申请执行人代位提起析产诉讼的，人民法院应当准许。诉讼期间中止对该财产的执行。

《浙江省高级人民法院执行局关于执行共有财产若干疑难问题的解答》

一、何种情形下可以执行共有财产？

答：人民法院在执行程序中一般应当执行被执行人个人名下的财产，被执行人无个人名下财产或者该财产难以处置的,可以执行被执行人与他人共有的财产。

3-3 【处置流程】共有财产的执行,具体包括哪些程序?

问题解答

共有财产的执行需要经过财产控制、确定份额、财产变价三个阶段,其中确定份额的程序较为复杂且存在诉权竞合问题,详见后续【析产前置】。

最高人民法院认为:对共有财产采取控制措施后,即进入共有物析产阶段。具体处理方式为"共有人协议分割共有财产,并经债权人认可的"析产即有效,共有人及申请执行人亦另行享有析产诉权。

浙江省高级人民法院认为:对共有财产的执行程序一般包括:

(1)对共有财产先行采取扣押、查封、冻结等控制性措施,同时将查控情况以书面或者其他确认知悉的方式告知其他共有人。

(2)确定被执行人在共有财产中所占的份额。

(3)确定分割和变价方案,对共有份额进行强制分割变价。

以上第(2)(3)项为裁定事项解决。

相关法律法规及司法观点

《最高人民法院关于人民法院民事执行中查封、扣押、冻结财产的规定》

第十二条　对被执行人与其他人共有的财产,人民法院可以查封、扣押、冻结,并及时通知共有人。

共有人协议分割共有财产，并经债权人认可的，人民法院可以认定有效。查封、扣押、冻结的效力及于协议分割后被执行人享有份额内的财产；对其他共有人享有份额内的财产的查封、扣押、冻结，人民法院应当裁定予以解除。

共有人提起析产诉讼或者申请执行人代位提起析产诉讼的，人民法院应当准许。诉讼期间中止对该财产的执行。

《浙江省高级人民法院执行局关于执行共有财产若干疑难问题的解答》

三、执行共有财产的一般程序？

答：共有财产的执行程序一般包括：

（一）对共有财产先行采取扣押、查封、冻结等控制性措施，同时将查控情况以书面或者其他确认知悉的方式告知其他共有人。

（二）确定被执行人在共有财产中所占的份额。

（三）确定分割和变价方案，对共有份额进行强制分割变价。

以上第（二）、（三）项为裁定事项解决。

3－4　【析产前置】共同共有财产的执行，是否以当事人主动析产为前置条件？对共有份额分割所做的认定持有异议的，如何处理？

问题解答

尚未有法律及司法解释，**对**共有人未进行析产、共有人析产但债权人不认可、申请执行人**怠于提起析产诉讼**的情况下，执行法院是否可以继续执行，作出明确规定。各省司法政策亦持不同观点，具体如下：

观点1：执行法院在告知共有人有权协议分割共有财产或者提出析产诉讼后，共有人没有协议分割或者诉讼，则执行法院可以继续执行。（浙江省高级人民法院、广东省高级人民法院）

观点2：如果共有人一方对作为执行标的物的不动产提出分割，执行法院可以对该不动产进行分割，其他共有人不得拒绝分割。（吉林省高级人民法院）

观点3：案外人可在执行程序中通过执行标的物变现后分割价款或行使优先购买权实现权利。（山东省高级人民法院）

相关法律法规及司法观点

《浙江省高级人民法院执行局关于执行共有财产若干疑难问题的解答》

二、执行共有财产，是否必须先经诉讼明确共有份额才能执行？

答：根据最高人民法院《关于人民法院民事执行中查封、扣押、冻结财产的规定》第十四条①之规定，共有人协议分割共有财产并经债权人认可的，人民法院可以认定有效；共有人提起析产诉讼或者申请执行人代位提起析产诉讼的，人民法院应当准许。因此**执行法院在告知共有人有权协议分割共有财产或者提出析产诉讼后，共有人没有协议分割或者诉讼，则执行法院可以继续执行。**

《广东省高级人民法院关于执行案件法律适用疑难问题的解答意见》

问题十二、被执行人的房产存在共有情况，是否必须先经过诉讼明确共有份额才能执行？

处理意见：根据《最高人民法院关于人民法院民事执行中查封、扣押、冻结财产的规定》第十四条②规定，共有人协议分割共有财产并经债权人认可的，人民法院可以认定有效；共有人提起财产诉讼或者申请执行人代位提起财产诉

---

① 对应2020年《最高人民法院关于人民法院民事执行中查封、扣押、冻结财产的规定》第12条。

② 对应2020年《最高人民法院关于人民法院民事执行中查封、扣押、冻结财产的规定》第12条。

讼的,人民法院应当准许,诉讼期间中止对该财产的执行。因此,执行法院在告知共有人有权协议分割共有财产或者提出析产诉讼后,共有人没有协议分割或者诉讼,则执行法院可以继续推进执行。

主要理由:执行实务中,共有人达成分割共有财产协议并得到债权人认可的情况少之又少,共有人极少愿意提起析产诉讼,多数申请执行人也不愿提起析产诉讼,导致大量共有财产的执行陷入停滞。因此,为提高执行效率,不应将析产诉讼作为执行共有财产的前置程序;执行法院在履行告知义务后,共有人没有协议分割或提出析产诉讼的,**执行法院可以继续推进执行,依照《中华人民共和国物权法》[①]等法律规定并结合案件具体情况对共有份额进行强制分割**;共有人及利害关系人如对共有份额分割所做的认定持有异议的,可依照民事诉讼法第二百二十七条[②]规定处理。

《吉林省高级人民法院关于审理执行异议之诉案件若干疑难问题的解答》

问题二十七:金钱债权执行中,人民法院能否对共同共有的不动产进行分割?共有不动产被分割后,不负有给付义务的共有人提起执行异议之诉,人民法院该如何处理?

金钱债权执行中,如果共有人一方对作为执行标的物的不动产提出分割,执行法院可以对该不动产进行分割,其他共有人不得拒绝分割。

该不动产被分割后,执行法院为执行生效裁判而对作为执行标的物的不动产强制执行的,不负有给付义务的共有人对作为执行标的物的权利份额可以主张优先购买,但其直接对作为执行标的物的不动产请求排除执行的,人民法院不予支持。

《山东高院民一庭关于审理执行异议之诉案件若干问题的解答》

八、案外人基于执行标的共有人身份提起执行异议之诉,如何处理?

答:当事人对执行标的物属共有财产没有争议,共有份额可以明确区分,且标的物可以分割的,案外人可以就相应份额请求排除执行。执行标的物不可分割或者分割会导致价值明显减损的,不能排除执行,案外人可在执行程序中通过执行标的物变现后分割价款或行使优先购买权实现权利。

---

① 对应《民法典》。

② 对应2023年《民事诉讼法》第238条。

3-5 【份额认定】如何确定被执行人在共有财产中所占的份额?

问题解答

部分高级人民法院就执行阶段法院主动确定份额事宜作出过规定,就该问题可援引的司法政策较少,以下为浙江省高级人民法院相关司法政策供读者参考。

浙江省高级人民法院认为:有登记公示的,以登记记载为准;未登记但有书面约定的,依其约定;没有约定或约定不明的,按照出资额确定;不能确定出资额的,视为等额享有。

相关法律法规及司法观点

《浙江省高级人民法院执行局关于执行共有财产若干疑难问题的解答》

四、如何确定被执行人在共有财产中所占的份额?

答:按照《中华人民共和国物权法》第一百零三条①、第一百零四条②的相关规定确定被执行人在共有财产中所占的份额,有登记公示的,以登记记载为准;未登记但有书面约定的,依其约定;没有约定或约定不明的,按照出资额确定;不能确定出资额的,视为等额享有。

① 对应《民法典》第308条。
② 对应《民法典》第309条。

3-6 【救济途径】当事人对执行法院认定的份额不服的，如何救济？

问题解答

执行析产前，共有权人、被执行人即已有权提起析产诉讼，申请人有权提起债权人代位析产诉讼，可以此作为救济途径。

执行析产中，共有权人可提起案外人异议、案外人异议之诉，申请人有权提起准予执行之诉，可以此作为对执行法院认定的份额不服的救济途径。

相关法律法规及司法观点

《江苏省高级人民法院执行异议及执行异议之诉案件办理工作指引（二）》

八、案外人基于不动产共有关系提起的执行异议之诉案件的处理

22. 案外人基于执行标的共有权人身份提出执行异议，请求排除执行的，根据下列情形予以处理：

……

（3）执行标的是否为共有财产或者共有份额存在争议的，应依照《民事诉讼法》第二百三十四条①规定审查处理，并在执行异议之诉中对案外人享有的份额进行认定，判决**不得执行案外人享有的变现份额**。

24. 执行依据确定的债务人为夫妻一方，夫妻另一方对被执行人个人名下的财产主张权利，或者对登记在其名下的财产是否系共同财产或其份额提出案外人异议的，依照《民事诉讼法》第二百三十四条②规定审查处理，并在执行异议之诉中对案外人享有的份额进行认定，判决**不得执行被执行人配偶享有**

---

① 对应2023年《民事诉讼法》第238条。

② 对应2023年《民事诉讼法》第238条。

的变现份额。

《广东省高级人民法院关于审查处理执行裁决类纠纷案件若干重点问题的解答》

16. 金钱债权执行中,执行标的共有权人提起案外人执行异议之诉,请求排除执行,如何处理

意见:共有权人作为案外人提起执行异议之诉的,人民法院**应释明,要求其先分割共有财产,审查其主张的共有份额并确权**,对执行标的中案外人所有的份额,可以排除执行。

1. 按份共有情形下,可以排除对案外人共有份额的执行,执行法院仅执行标的物中被执行人共有部分。若标的物不可分割,案外人可通过执行标的物变现后分割价款或行使优先购买权实现权利。

2. 共同共有情形下,**由案外人主张并举证证明其所有的份额(比例),人民法院审查并确权**后,可以排除对该部分执行。若标的物不可分割,案外人可通过执行标的物变现后分割价款或行使优先购买权实现权利。

案外人拒不分割共有财产的,不能排除执行,其因执行行为所受的损失,可通过其他法律途径向其他共有人追偿。

说明:根据《查、扣、冻规定》第十四条规定,执行程序中允许债务人和案外人对共有财产进行分割。被执行人对共有房产享有一定份额的,人民法院可以执行该部分财产以履行执行依据确定的债务。

《江西省高级人民法院关于执行异议之诉案件的审理指南》

29. 金钱债权执行中,案外人基于执行标的共有权人身份提出执行异议之诉,请求排除执行的,区分下列情形予以处理:

(1)执行标的可分割的,对案外人享有的份额部分应予支持;

(2)执行标的不可分割的,应判决驳回其诉讼请求,但**对案外人享有的变现份额不得执行。**

3-7 【分割方案】在份额已经确定的情况下，如何确定共有财产的分割方案？

问题解答

浙江省高级人民法院规定执行共有财产流程中的裁定事项，处置方式为“先行实物分割后再予变现”或“整体变价后执行相应的价款”。

相关法律法规及司法观点

《浙江省高级人民法院执行局关于执行共有财产若干疑难问题的解答》

五、如何确定共有财产的分割方案？

答：在份额已经确定的情况下，共有财产可以分割，并且分割不会减损共有财产价值的，人民法院可以先行实物分割后再予变现。

如不能进行实物分割，或分割后会导致共有财产价值明显减损的，应当整体变价后执行相应的价款。

三、财产变价程序

3-8 【确定财产处置参考价程序】查封后启动财产处置参考价程序(如委托评估)的期限如何确定?

问题解答

查封后30日内启动确定财产处置参考价程序。

相关法律法规及司法观点

《最高人民法院关于人民法院确定财产处置参考价若干问题的规定》

第一条 人民法院查封、扣押、冻结财产后,对需要拍卖、变卖的财产,应当在三十日内启动确定财产处置参考价程序。

《山东省高级人民法院关于执行实施案件中若干问题的解答》

一、关于及时启动财产处置程序、解决长期查封问题

执行法院查封、扣押、冻结被执行人的财产后,应当依照下列期限,及时启动财产处置程序:执行程序中首先查封的,于查封之日起三十日内启动;财产保全中首先查封的,于执行立案之日起三十日内启动;轮候查封的,于取得处置权之日起三十日内启动。

衍生问题 | 评估报告的有效期是多久?

问题解答

有效期最长不超过1年,拍卖、变卖时未超过有效期6个月的,无须重新确定参考价。

相关法律法规及司法观点

《最高人民法院关于人民法院确定财产处置参考价若干问题的规定》

第二十七条　司法网络询价平台、评估机构应当确定网络询价或者委托评估结果的有效期,有效期最长不得超过一年。

当事人议价的,可以自行协商确定议价结果的有效期,但不得超过前款规定的期限;定向询价结果的有效期,参照前款规定确定。

人民法院在议价、询价、评估结果有效期内发布一拍拍卖公告或者直接进入变卖程序,拍卖、变卖时未超过有效期六个月的,无需重新确定参考价,但法律、行政法规、司法解释另有规定的除外。

3－9　【财产变价程序】财产变价程序的启动期限如何确定?

问题解答

参考价确定后 10 日内,执行法院应当启动财产变价程序。

相关法律法规及司法观点

《最高人民法院关于人民法院确定财产处置参考价若干问题的规定》

第三十条　人民法院应当在参考价确定后十日内启动财产变价程序。拍卖的,参照参考价确定起拍价;直接变卖的,参照参考价确定变卖价。

3－10　【现场调查】拍卖前，是否应对拍卖财产开展现场调查？

问题解答

执行法院应当对拍卖财产的权属状况、占有使用情况等进行必要的调查，并制作笔录。

相关法律法规及司法观点

《最高人民法院关于人民法院民事执行中拍卖、变卖财产的规定》

第七条　执行人员应当对拍卖财产的权属状况、占有使用情况等进行必要的调查，制作拍卖财产现状的调查笔录或者收集其他有关资料。

3－11　【租赁权审查丨审查步骤】拟拍卖的不动产上有租赁权的，如何处置？

问题解答

该问题涉及执行异议，本质系案外人基于租赁权排除移交占有的强制执行审查流程。仅有部分高级人民法院就上述事项作出过规定，可援引的司法政策较少，以下为浙江省高级人民法院相关司法政策供读者参考。

浙江省高级人民法院认为：执行非住宅房屋时，就案外人主张租赁权的情况应当分情况处理。（1）**先抵后租、先封后租**的，执行法院先作出执行裁定，对案外人的租赁权依法予以涤除，再依法拍卖。申请人、案外人不服上述执行裁定的，作执行行为异议处理。（2）其他情况的，**现场查封时发现租赁的**，应当**先告知申请人拟带租拍卖**，申请人有异议的参照执行标的异议处理。**发布拍卖预告后**，有人主张租赁权的，要求其提交执行异议，亦参照执行标的异议处理。

相关法律法规及司法观点

《最高人民法院关于人民法院民事执行中拍卖、变卖财产的规定》

第二十八条　拍卖财产上原有的担保物权及其他优先受偿权，因拍卖而消灭，拍卖所得价款，应当优先清偿担保物权人及其他优先受偿权人的债权，但当事人另有约定的除外。

拍卖财产上原有的租赁权及其他用益物权，不因拍卖而消灭，但该权利继续存在于拍卖财产上，**对在先的担保物权或者其他优先受偿权的实现有影响的，人民法院应当依法将其除去后进行拍卖**。

《浙江省高级人民法院关于执行非住宅房屋时案外人主张租赁权的若干问题解答》

五、对问题一所述情况，程序上应如何处理？当事人和案外人如何救济？

答：执行实施人员根据本解答第十条的规定进行现场查封时已经**发现**有案外人**依据租赁合同占有**案涉房屋的，**在处置前**应告知申请执行人**拟带租拍卖**。申请执行人**提出异议**的，移送执行审查机构参照《中华人民共和国民事诉讼法》第**二百二十七条**[①]的规定进行处理。

根据本解答第十条的规定发布拍卖预告后，有其他案外人主张租赁权的，执行实施人员应向其告知虚构租赁关系对抗执行的法律后果。如案外人坚持其主张的，告知其提交异议书和相应证据材料，并移交执行审查机构依照《中

① 对应2023年《民事诉讼法》第238条。

华人民共和国民事诉讼法》第二百二十七条[①]的规定进行审查处理。

申请执行人或案外人对执行审查机构作出的裁定不服的,可依法提起执行异议之诉。

六、人民法院执行已设定抵押的房屋时,在抵押权设立后承租房屋的案外人以被执行人出租房屋时未告知抵押情况等为由,主张实现抵押权不得影响其租赁权,如何处理?

答:抵押登记具有公示公信效力。此外,房屋出租人负有向承租人告知房屋抵押情况的义务。基于此,《中华人民共和国物权法》第一百九十条[②]明确规定:抵押权设立后抵押财产出租的,该租赁关系不得对抗已登记的抵押权。最高人民法院《关于适用〈中华人民共和国担保法〉若干问题的解释》第六十六条[③]亦规定:抵押人将已抵押的财产出租的,抵押权实现后,租赁合同对受让人不具有约束力。故在题述情况下,人民法院应当按照最高人民法院《关于人民法院民事执行中拍卖、变卖财产的规定》第三十一条[④]的规定,**将案涉房屋上的租赁权涤除后再依法拍卖**。

七、人民法院执行已先期查封的房屋时,在查封后承租房屋的案外人以其不知道房屋被查封为由,主张拍卖房屋不得影响其租赁权,如何处理?

答:最高人民法院《关于人民法院民事执行中查封、扣押、冻结财产的规定》第二十六条[⑤]规定:"被执行人就已经查封、扣押、冻结的财产所作的移转、设定权利负担或者其他有碍执行的行为,不得对抗申请执行人。"该条中的"设立权利负担"包括设定租赁关系。最高人民法院《关于审理城镇房屋租赁合同纠纷案件具体应用法律若干问题的解释》第二十条[⑥]亦规定,租赁房屋在租赁期间发生所有权变动,承租人请求房屋受让人继续履行原租赁合同的,人民法

---

① 对应2023年《民事诉讼法》第238条。

② 《民法典》删除此部分内容。

③ 参见《民法典》第405条。

④ 对应2020年《最高人民法院关于人民法院民事执行中拍卖、变卖财产的规定》第28条。

⑤ 对应2020年《最高人民法院关于人民法院民事执行中查封、扣押、冻结财产的规定》第24条。

⑥ 参见2020年《最高人民法院关于审理城镇房屋租赁合同纠纷案件具体应用法律若干问题的解释》第14条。

院应予支持。但房屋在出租前已被人民法院依法查封的除外。故在题述情况下,人民法院应**当将案涉房屋上的租赁权涤除后再依法拍卖**。

八、对问题六、七所述情况,程序上应如何处理?当事人和案外人如何救济?

答:执行实施机构应当**作出裁定**(裁定样式另行发布),**明确**案外人与被执行人之间的租赁关系不得对抗申请执行人,对案外人的租赁权依法**予以涤除**。案外人不服提出异议的,执行审查机构应当按照《中华人民共和国民事诉讼法》**第二百二十五条**①的规定进行处理。

在问题六、七所述情况下,执行实施机构对案涉房屋上的租赁权不予涤除的,申请执行人可以依照《中华人民共和国民事诉讼法》第二百二十五条②的规定提出异议。

3-12 【租赁权审查|买受人履约】带租拍卖后,房屋买受人是否可以对存在问题的租赁权人主张不继续履行租赁合同?

问题解答

目前,各省高级人民法院就该问题存在一致意见,观点类型如下。

观点1:因抵押权人实现抵押权发生所有权变动的,即使带租拍卖,买受人亦**可主张**不继续履行合同。

① 对应2023年《民事诉讼法》第236条。
② 对应2023年《民事诉讼法》第236条。

观点2：买受人竞拍时拍卖须知明示了租赁及收回期限的标的物，构成自愿放弃相关权益，买受人**不可主张**不继续履行合同。

观点3：拍卖价值中，是否考虑了租赁权对市场价值的影响。

相关法律法规及司法观点

《最高人民法院关于人民法院民事执行中拍卖、变卖财产的规定》

第二十八条　拍卖财产上原有的担保物权及其他优先受偿权，因拍卖而消灭，拍卖所得价款，应当优先清偿担保物权人及其他优先受偿权人的债权，但当事人另有约定的除外。

拍卖财产上原有的租赁权及其他用益物权，不因拍卖而消灭，但该权利继续存在于拍卖财产上，对在先的担保物权或者其他优先受偿权的实现有影响的，人民法院应当依法将其除去后进行拍卖。

《最高人民法院关于审理城镇房屋租赁合同纠纷案件具体应用法律若干问题的解释》

第十四条　租赁房屋在承租人按照租赁合同占有期限内发生所有权变动，承租人请求房屋受让人继续履行原租赁合同的，人民法院应予支持。但租赁房屋具有下列情形或者当事人另有约定的除外：

（一）房屋在出租前已设立抵押权，因抵押权人实现抵押权发生所有权变动的；

（二）房屋在出租前已被人民法院依法查封的。

《浙江省高级人民法院关于执行非住宅房屋时案外人主张租赁权的若干问题解答》

六、人民法院执行已设定抵押的房屋时，在抵押权设立后承租房屋的案外人以被执行人出租房屋时未告知抵押情况等为由，主张实现抵押权不得影响其租赁权，如何处理？

答：抵押登记具有公示公信效力。此外，房屋出租人负有向承租人告知房屋抵押情况的义务。基于此,《中华人民共和国物权法》第一百九十条①明确规定:抵押权设立后抵押财产出租的,该租赁关系不得对抗已登记的抵押权。**最高人民法院《关于适用〈中华人民共和国担保法〉若干问题的解释》第六十六条②亦规定:抵押人将已抵押的财产出租的,抵押权实现后,租赁合同对受让人不具有约束力。**故在题述情况下,人民法院应当按照最高人民法院《关于人民法院民事执行中拍卖、变卖财产的规定》第三十一条③的规定,将案涉房屋上的租赁权涤除后再依法拍卖。

观点1参考案例

信德佳公司诉吴某、陈某等案外人执行异议之诉案,最高人民法院(2016)最高法民申3536号民事裁定书

法院认为:案涉房产的租赁关系对抵押权实现存有影响,抵押权实现时,该租赁关系对买受人不具有约束力。

庄某欣与惠丰公司、舜天公司物权保护纠纷案,江苏省高级人民法院(2016)苏民申5547号民事裁定书

法院认为:租赁权成立于抵押权之后,承租人所主张的租赁关系不能对抗已登记的抵押权。法院在拍卖公告中对包括租赁期等在内的拍卖标的物客观情况进行了说明,但不能据此认定法院执行部门认可承租人享有案涉房地产的租赁使用权,亦不能据此认定买受人同意接受案涉租赁协议的约束。而且执行过程中案涉房产的评估价格过低的问题不属于本案审查范围。

张某、林某、工行杨浦支行与飞马公司、协通公司等案外人执行异议之诉案,上海市高级人民法院(2018)沪民终244号民事判决书

法院认为:不得对抗系指不影响抵押权的实现,不意味着在抵押权实现前必须先将租赁权予以涤除。

---

① 《民法典》已删除此部分内容。

② 参见《民法典》第405条。

③ 对应2020年《最高人民法院关于人民法院民事执行中拍卖、变卖财产的规定》第28条。

丁某与浩悦公司排除妨害纠纷案，江苏省无锡市中级人民法院（2017）苏02民终3377号民事判决书

法院认为：抵押人将已抵押的财产出租的，抵押权实现后，租赁合同对受让人不具有约束力。

王某与中元籴焜公司返还原物纠纷案，山东省青岛市中级人民法院（2018）鲁02民终544号民事判决书、青岛市崂山区人民法院（2017）鲁0212民初318号民事判决书

法院认为：原告就案涉房屋设立抵押权早于被告与案外人签订房屋租赁合同，且原告作为抵押权人为实现抵押权而将案涉房屋产权登记至原告名下，此种情况下，被告无权要求原告继续履行原租赁合同。

巩某勇、周某琪与周某兰、黄某芳迁让纠纷案，江苏省苏州工业园区人民法院（2016）苏0591民初11473号民事判决书

法院认为：抵押权实现后，原告作为合法买受人不受租赁合同约束。

观点2参考案例

谢某与心动公司确认合同效力纠纷案，四川省高级人民法院（2016）川民申1949号民事裁定书

法院认为：本案纠纷中当事人争议的案涉租赁财产，人民法院在对抵押人强制执行过程中，在《拍卖须知》等文件中对拍卖标的存在租赁的事实予以了明示，并明确了"买受人将在租赁期满后才能将该标的收回"。申请人作为竞买人签字予以确认，后竞拍成功。当事人对自己的民事权利有权进行处分，以上竞拍行为表明申请人对竞拍财产上的权利负担清楚明了，对《拍卖须知》上关于"买受人将在租赁期满后才能将该标的收回"的要求自愿接受。虽然《最高人民法院关于审理城镇房屋租赁合同纠纷案件具体应用法律若干问题的解释》第十四条规定："租赁房屋在承租人按照租赁合同占有期限内发生所有权变动，承租人请求房屋受让人继续履行原租赁合同的，人民法院应予支持。但租赁房屋具有下列情形或者当事人另有约定的除外:(一)房屋在出租前已设立抵押权,因抵押权人实现抵押权发生所有权变动的;(二)房屋在出租前已被人民法院依法查封的。"但该条司法解释并不排斥新的所有权人在所有权变动时自愿放弃相关权益。

观点3 参考案例

昊鑫担保公司与升腾公司房屋租赁合同纠纷案,江苏省高级人民法院(2016)苏民申4282号民事裁定书

法院认为:标的物介绍、租赁情况清单等仅系对拍卖标的存在租赁现状的客观描述,因拍卖公告所附标的物房地产估价报告中明确载明"本次估价没有考虑估价对象尚未注销的抵押权和实际存在的租赁权以及被查封的情况对市场价值的影响",光大银行苏州分行通过请求人民法院拍卖抵押财产实现抵押权,买受人系按市场价值竞拍取得涉案房屋,拍卖价值中并不带租赁,涉案房屋的租赁关系对于经由拍卖取得房屋所有权的受让人即买受人,并无法律约束力。

3-13 【租赁权审查丨孳息归属】抵押物的租金,归谁所有?

问题解答

抵押权人拥有收取孳息以保障其优先受偿的权利。

参考案例

大业信托与西藏华烁、重庆恒韵、北京华业合同纠纷案，最高人民法院（2019）最高法执复79号执行裁定书

法院认为：从抵押权的效力看，上述规定是通过抵押权人行使收取孳息的权利保障其抵押权优先受偿，即人民法院通过强制执行程序对抵押财产进行查封后，启动抵押权人行使抵押权的程序，抵押人作为所有权人收取孳息的权利因行使抵押权即被剥夺。而抵押权人是否通知法定孳息的清偿义务人，与保障抵押权实现是两个不同的法律关系。没有通知清偿义务人的，抵押权人不得主张清偿无效，即不得对抗清偿义务人，但并不影响**抵押权人拥有收取孳息以保障其优先受偿**的权利。

3－14 【无益拍卖】什么是无益拍卖？无益拍卖情况出现时可否继续拍卖？

问题解答

无益拍卖：依据拍卖保留价计算，拍卖所得价款在清偿优先债权和强制执行费用后无剩余可能的拍卖。

可否继续拍卖：**申请执行人可以决定**是否继续拍卖，但**保留价**不得低于**优先债权及强制执行费用**的**总额**。

相关法律法规及司法观点

《最高人民法院关于人民法院民事执行中拍卖、变卖财产的规定》

第六条　保留价确定后，依据本次拍卖保留价计算，拍卖所得价款在清偿优先债权和强制执行费用后无剩余可能的，应当在实施拍卖前将有关情况通知申请执行人。申请执行人于收到通知后五日内申请继续拍卖的，人民法院应当准许，但**应当重新确定保留价**；重新确定的保留价应当**大于该优先债权及强制执行费用的总额**。

依照前款规定流拍的，拍卖费用由申请执行人负担。

《山东高院执行疑难法律问题解答（三）》

14. 被查封财产设有抵押且经生效法律文书认定抵押权人对抵押物拍卖价款优先受偿，首封法院在对查封财产进行网络司法拍卖时，如一拍保留价大于抵押债权数额，流拍后确定的二拍保留价低于抵押债权数额，应如何处理？

答：《最高人民法院关于人民法院网络司法拍卖若干问题的规定》第十条规定："网络司法拍卖应当确定保留价，拍卖保留价即为起拍价。起拍价由人民法院参照评估价确定；未作评估的，参照市价确定，并征询当事人意见。起拍价不得低于评估价或者市价的百分之七十。"第三十七条第三款规定："本规定对网络司法拍卖行为没有规定的，适用其他有关司法拍卖的规定。"《最高人民法院关于人民法院民事执行中拍卖、变卖财产的规定》第九条①规定："保留价确定后，依据本次拍卖保留价计算，拍卖所得价款在清偿优先债权和强制执行费用后无剩余可能的，应当在实施拍卖前将有关情况通知申请执行人。申请执行人于收到通知后五日内申请继续拍卖的，人民法院应当准许，但应当重新确定保留价；重新确定的保留价应当大于该优先债权及强制执行费用的总额。依照前款规定流拍的，拍卖费用由申请执行人负担。"依据上述法律规定，如二拍保留价低于抵押债权数额，应当在实施拍卖前将有关情况通知申请执行人，并依照《最高人民法院关于人民法院民事执行中拍卖、变卖财产的规定》第九条②规定的程序办理。

---

① 对应2020年《最高人民法院关于人民法院民事执行中拍卖、变卖财产的规定》第6条。
② 对应2020年《最高人民法院关于人民法院民事执行中拍卖、变卖财产的规定》第6条。

参考案例

卢某、王某申请执行复议案，湖北省高级人民法院(2019)鄂执复10号执行裁定书

法院认为：根据《最高人民法院关于人民法院民事执行中拍卖、变卖财产的规定》第九条对无益拍卖的规定内容，无益拍卖是否继续拍卖的选择权在申请执行人，被执行人及其他利害关系人无权因无益拍卖要求停止执行。抵押权人不是本案的申请执行人，在申请执行人明确要求继续拍卖的前提下，应当推进拍卖。

3-15 【优先购买权审查丨优先顺位】同一标的存在多个承租人，优先权顺位如何确定？

问题解答

承租人优先购买权顺位依次为合法占有的、备案的、合同成立在先的。

另外，法院应当在拍卖公告发布3日前、拍卖5日前书面通知优先权人到场(拍卖公告通知不具备法律效力)。

相关法律法规及司法观点

《中华人民共和国民法典》

第七百二十七条 出租人委托拍卖人拍卖租赁房屋的，应当在拍卖五日前通知承租人。承租人未参加拍卖的，视为放弃优先购买权。

《最高人民法院关于审理城镇房屋租赁合同纠纷案件具体应用法律若干问题的解释》

第五条　出租人就同一房屋订立数份租赁合同,在合同均有效的情况下,承租人均主张履行合同的,人民法院按照下列顺序确定履行合同的承租人:

(一)已经合法占有租赁房屋的;

(二)已经办理登记备案手续的;

(三)合同成立在先的。

不能取得租赁房屋的承租人请求解除合同、赔偿损失的,依照民法典的有关规定处理。

《最高人民法院关于人民法院民事执行中拍卖、变卖财产的规定》

第十一条　人民法院应当**在拍卖五日前**以书面或者其他能够确认收悉的适当方式,通知当事人和已知的担保物权人、优先购买权人或者其他优先权人于拍卖日到场。

优先购买权人经通知未到场的,视为放弃优先购买权。

《最高人民法院关于人民法院网络司法拍卖若干问题的规定》

第十六条　网络司法拍卖的事项应当在**拍卖公告发布三日前**以书面或者其他能够确认收悉的合理方式,通知当事人、已知优先购买权人。权利人书面明确放弃权利的,可以不通知。无法通知的,应当在网络司法拍卖平台公示并说明无法通知的理由,公示满五日视为已经通知。

优先购买权人经通知未参与竞买的,视为放弃优先购买权。

3－16 【优先购买权审查丨救济途径】优先购买权人权益受损，如何救济？

问题解答

优先购买权人应当作为利害关系人，提出执行行为异议。

相关法律法规及司法观点

《最高人民法院关于人民法院办理执行异议和复议案件若干问题的规定》

第五条 有下列情形之一的，当事人以外的自然人、法人和非法人组织，可以作为**利害关系人**提出**执行行为异议**：

……

（三）认为人民法院的拍卖、变卖或者以物抵债措施违法，**侵害**其对执行标的的**优先购买权**的；

……

3-17 【申请人竞拍】申请执行人自行竞拍标的物,交纳保证金后可否以其债权抵付剩余拍卖余款?

问题解答

申请执行人可以应受清偿的执行债权抵付应当交付的拍卖余款,无须再另行筹资交纳拍卖价款。

相关法律法规及司法观点

《最高人民法院关于人民法院网络司法拍卖若干问题的规定》

第十七条第二款 ……申请执行人参加竞买的,可以不交保证金;但债权数额小于保证金数额的按差额部分交纳。

参考案例

蔡某申请执行复议案,广东省高级人民法院(2020)粤执复629号执行裁定书

法院认为:申请执行人参与被执行人财产拍卖过程,其应受清偿债权金额高于竞得被执行人名下拍卖财产的成交金额,且被拍卖财产上无其他在先权益人的,可直接以申请执行人应受清偿的执行债权抵付应当交付的拍卖余款即可,无须再另行筹资交纳拍卖价款。

3-18 【三拍、以物抵债、变卖】以物抵债、变卖程序的启动条件是什么?

问题解答

执行标的为不动产的或其他财产权的,存在三拍、变卖程序。执行标的为动产的,仅有二拍。具体程序如下:

不动产或其他财产权:二次拍卖流拍申请执行人或其他债权人不接受以物抵债的,60 日内进行第三次拍卖。若三拍流拍,则 7 日内变卖,若无人愿买且仍不接受以物抵债,若无法采取其他执行措施,则退还。

动产:第二次拍卖仍流拍的,法院将该动产作价交申请人或其他执行债权人以物抵债。若不接受,则退还。

相关法律法规及司法观点

《最高人民法院关于人民法院民事执行中拍卖、变卖财产的规定》

第二十四条 对于第二次拍卖仍流拍的**动产**,人民法院可以依照本规定第十六条的规定将其作价交申请执行人或者其他执行债权人抵债。申请执行人或者其他执行债权人拒绝接受或者依法不能交付其抵债的,人民法院应当解除查封、扣押,并将该动产退还被执行人。

第二十五条 对于第二次拍卖仍流拍的**不动产或者其他财产权**,人民法院可以依照本规定第十六条的规定将其作价交申请执行人或者其他执行债权人抵债。申请执行人或者其他执行债权人拒绝接受或者依法不能交付其抵债的,应当在六十日内进行第三次拍卖。

第三次拍卖流拍且申请执行人或者其他执行债权人**拒绝接受**或者依法**不能接受**该不动产或者其他财产权**抵债**的,人民法院应当于第三次拍卖终结之日起七日内发出变卖公告。自公告之日起六十日内没有买受人愿意以第三次拍卖的保留价买受该财产,且申请执行人、其他执行债权人仍不表示接受该财产抵债的,应当解除查封、冻结,将该财产退还被执行人,但对该财产可以采取其他执行措施的除外。

衍生问题 | 1. 拍卖、变卖流程结束后,又有人提出购买的,如何处理?

问题解答

该问题尚无明确规定,山东省高级人民法院认为,应当重新启动拍卖、变卖程序。

相关法律法规及司法观点

《山东高院执行疑难法律问题解答(一)》

5. 网上拍卖、变卖土地流程结束后,又有人提出购买该土地,法院如何操作?

答:依照《最高人民法院关于人民法院民事执行中拍卖、变卖财产的规定》第二十八条①之规定,拍卖、变卖土地流程结束后,没有买受人愿意以第三次拍卖的保留价买受该财产,申请执行人、其他执行债权人仍不表示接受该财产抵债的,应当解除查封、冻结,将该财产退还被执行人,但对该财产可以采取其他执行措施的除外。如果法院网上拍卖、变卖土地流程结束后,**又有人提出购买该土地**,应该重新启动拍卖、变卖程序,以保护相关当事人的权益。

2. 以物抵债过程中,标的物价值超过债权数额,申请人无法补足价款的,如何处理?

问题解答

该问题尚无明确规定,山东省高级人民法院认为,该情况下无法实现以物抵债,若符合条件的应当终本。

---

① 对应2020年《最高人民法院关于人民法院民事执行中拍卖、变卖财产的规定》第26条。

相关法律法规及司法观点

《山东高院执行疑难法律问题解答(三)》

16. 涉案标的物为被执行人的唯一财产,该标的物经拍卖或变卖流拍后,申请执行人申请以物抵债,但该标的物的价值超过债权数额,申请执行人无法补足剩余价款的,法院是否应当出具以物抵债裁定?能否以终本方式结案?

答:《最高人民法院关于人民法院民事执行中拍卖、变卖财产的规定》第二十三条[①]规定:"拍卖成交或者以流拍的财产抵债的,人民法院应当作出裁定,并于价款或者需要补交的差价全额交付后十日内,送达买受人或者承受人。"因此,申请执行人申请以物抵债却不能补足差价的,法院不应作出以物抵债裁定。如符合《最高人民法院关于严格规范终结本次执行程序的规定(试行)》第一条、第四条第(一)项规定,应裁定终结本次执行程序。

3－19　【抵债裁定】自行协商以物抵债的,法院可否出具执行裁定?

问题解答

执行当事人自主协商、和解确定以物抵债的,首封债权人不得与被执行人单独进行以物抵债,法院亦不得就该类以物抵债出具执行裁定。

① 对应2020年《最高人民法院关于人民法院民事执行中拍卖、变卖财产的规定》第20条。

相关法律法规及司法观点

《江苏省高级人民法院关于正确理解和适用参与分配制度的指导意见》

21. ……

经执行当事人、参与分配的债权人**自主协商**或者以**执行和解**协议方式确定各债权人应分配数额的,执行法院应当将其记录在案或者将执行和解协议入卷,不另行制作财产分配方案。除结案文书及债权清偿证明材料之外,**不得出具以物抵债裁定或者其他相关法律文书**。

参考案例

中行山东分行申请执行申诉案,最高人民法院(2016)最高法执监85号执行裁定书

法院认为:因中行山东分行在本案诉讼中申请财产保全,山东省高级人民法院于2007年7月31日保全查封了涉案房产,是涉案房产的首封法院。虽然在执行程序中应当由首封法院处分查封财产,但在被执行人有多个生效法律文书确认的债权人,且全部财产不足以清偿全部债务的情况下,并不意味着首封法院的申请执行人可以优先于其他债权人获得处分查封财产所得。执行程序中,双方当事人**协商以物抵债是一种私法行为**,属于执行和解的一种形式,人民法院应当审查执行当事人抵债行为是否触犯第三人权益,**不宜出具执行裁定**予以确认,以防止当事人恶意串通损害第三人利益或者通过执行裁定来规避行政审查等情形发生。本案虽然没有证据证明中行山东分行与中银公司、银信公司恶意串通,但是中银公司明显存在选择性抵债的情形,并损害了工行市中支行公平受偿的权益。基于上述理由,山东省高级人民法院26-1号裁定应予撤销。

四、参与分配程序

3－20 【启动条件】参与分配程序的启动条件是什么?

问题解答

被执行人为**公民或者其他组织**,在执行程序开始后,被执行人的其他**已经取得执行依据的债权人**发现被执行人的**财产不能清偿所有债权**的,可以向人民法院申请参与分配,适用参与分配程序。对查封、扣押、冻结的财产有**优先权、担保物权**的债权人可直接申请参与分配。

相关法律法规及司法观点

《最高人民法院关于适用〈中华人民共和国民事诉讼法〉的解释》

第五百零六条　被执行人为公民或者其他组织,在执行程序开始后,被执行人的其他已经取得执行依据的债权人发现被执行人的财产不能清偿所有债权的,可以向人民法院申请参与分配。

对人民法院查封、扣押、冻结的财产有优先权、担保物权的债权人,可以直接申请参与分配,主张优先受偿权。

《浙江省高级人民法院关于执行程序与破产程序衔接若干问题的纪要》

第十五条　(参与分配的限制适用)民诉法解释施行后,对**企业法人**为被执行人的执行案件,**不再适用参与分配**,但已取得执行依据的债权人一致同意适用参与分配的除外。

《江苏省高级人民法院关于正确理解和适用参与分配制度的指导意见》

1.参与分配是指执行程序开始后,被执行人为**公民或者其他组织**的财产不能清偿所有债权,被执行人的其他债权人依法向人民法院申请对执行财产按其债权性质或者债权数额**按比例予以受偿**的法律制度。

《福州市中级人民法院关于参与分配具体适用的指导意见》

第一条 被执行人为公民或者其他组织，在执行程序开始后，被执行人的其他已经取得执行依据的债权人发现被执行人的财产不能清偿所有债权的，可以向人民法院申请参与分配。

对人民法院查封、扣押、冻结的财产有优先权、担保物权的债权人，可以直接申请参与分配，主张优先受偿权，但超过担保物权时效的债权人除外。

衍生问题 | 如何认定被执行人的财产不能清偿所有债权？

问题解答

常见情形有终结本次执行程序、网查无财产、财产价值过小不足以覆盖全部债务等。

相关法律法规及司法观点

《江苏省高级人民法院关于正确理解和适用参与分配制度的指导意见》

5. 具有下列情形之一的，可认定为被执行人的财产不能清偿所有债权：

(1)执行法院已通过网络执行查控系统及线下调查或者搜查发现的被执行人财产不足以清偿所有已知债权的；

(2)申请参与分配债权人所涉案件已因无财产可供执行，被终结本次执行程序的，但有证据证明被执行人尚有其他财产可供执行的除外；

(3)被执行人其他财产为公司股权，该股权明显无财产价值、价值较小或者难以变现的；

(4)被执行人其他财产为难以现状处置的无证房产或者农村宅基地上房产的；

(5)其他能够证明被执行人财产不能清偿所有债权的情形。

债权人认为被执行人财产能够清偿所有债权，对其他债权人参与分配申请或者启动参与分配程序提出异议的，应提供相应证据或者提供被执行人能够用于执行的相关财产线索。不能提供证据或者提供的财产线索无法查实的，对其异议不予支持。

《山东高院执行疑难法律问题解答(一)》

6. 被执行人的另案申请执行人申请参与分配时,如何认定“被执行人的财产不能清偿所有债权”?

答:依照《最高人民法院关于适用〈中华人民共和国民事诉讼法〉的解释》第五百零八条①的规定,执行程序开始后,被执行人的另案申请执行人发现被执行人的财产不能清偿所有债权的,可以向法院申请参与分配。符合下列情形之一的,可以认定为“被执行人的财产不能清偿所有债权”:一是执行法院已通过网络执行查控系统及线下调查或者搜查,发现的被执行人财产不足以清偿所有已知债权的;二是另案申请执行人所涉案件已因无财产可供执行,被终结本次执行程序的,但有证据证明被执行人尚有其他财产可供执行的除外;三是被执行人的其他财产价值较小或者难以处置、变现的;四是其他能够证明被执行人财产不能清偿所有债权的情形。

3-21 【法人除外】企业法人为被执行人,是否适用参与分配程序?

问题解答

一般来说不适用。在执行程序中,如果被执行人是企业法人,不能清偿全部债务又无法进入破产程序的,执行法院应当按照采取执行措施的先后分配财产。

① 对应2022年《最高人民法院关于适用〈中华人民共和国民事诉讼法〉的解释》第506条。

相关法律法规及司法观点

《最高人民法院关于适用〈中华人民共和国民事诉讼法〉的解释》

第五百一十一条　在执行中，作为被执行人的企业法人符合企业破产法第二条第一款规定情形的，执行法院经申请执行人之一或者被执行人同意，应当裁定中止对该被执行人的执行，将执行案件相关材料移送被执行人住所地人民法院。

第五百一十四条　当事人不同意移送破产或者被执行人住所地人民法院不受理破产案件的，执行法院就执行变价所得财产，在扣除执行费用及清偿优先受偿的债权后，**对于普通债权，按照财产保全和执行中查封、扣押、冻结财产的先后顺序清偿**。

《最高人民法院关于人民法院执行工作若干问题的规定(试行)》

55. 多份生效法律文书确定金钱给付内容的多个债权人分别对同一被执行人申请执行，各债权人对执行标的物均无担保物权的，按照执行法院采取执行措施的先后顺序受偿。

……

《最高人民法院司法观点集成(执行卷)》①

对上述条文《人民司法》(最高院机关刊物)2003 年第 4 期认为，如果被执行人是法人，在资不抵债的情况下，有破产申请的，按照破产程序处理；没有破产申请的，按照执行先后顺序。公民或其他组织的，适用参与分配程序。

《江苏省高级人民法院关于规范执行案件移送破产的若干规定》

第六条　(不同意的处理)被执行人符合本规定第四条条件的，但申请执行人或被执行人均不同意移送破产程序的，执行法院应按《最高人民法院关于适用〈中华人民共和国民事诉讼法〉的解释》第五百一十六条②的规定清偿债权，企业法人作为被执行人的其他已经取得执行依据的债权人申请参与分配

① 人民法院出版社编:《最高人民法院司法观点集成(执行卷)》，人民法院出版社 2017 年版，第 358 页。

② 对应 2022 年《最高人民法院关于适用〈中华人民共和国民事诉讼法〉的解释》第 514 条。

的,执行法院不予支持。

《江苏省高级人民法院关于正确理解和适用参与分配制度的指导意见》

2. 为促进执行公正、效率与效果的平衡,适用参与分配制度应当坚持以下原则:

……

(4)禁止分配原则。被执行人为企业法人的,除对执行财产享有优先权、担保物权的债权人申请优先分配受偿之外,不得对其财产适用参与分配制度。其他债权人申请参与分配的,应告知其按照“执转破”程序对执行财产申请破产清偿。否则,按照一般清偿原则予以执行,促使债权人启动“执转破”程序。

……

3-22 【限制性适用】企业法人为被执行人,适用参与分配程序的限制情形有哪些?

问题解答

被执行人是法人的,执行法院需要对多个债权进行分配时,也需要制作分配方案。除此之外,部分高级人民法院认为在某些特殊情形下,对法人被执行人的财产亦适用参与分配程序。

浙江省高级人民法院认为:已取得执行依据的债权人**一致同意适用**参与分配的,可进入参与分配程序。

江苏省高级人民法院认为:对执行财产享有**优先权、担保物权**的债权人申请优先分配受偿的,适用参与分配程序。

广东省高级人民法院、山东省高级人民法院认为：在**按照"先后顺序"**清偿的情况下，对于受偿的比例、金额等仍需要由执行法院审查确定，故**也应制作财产清偿分配方案，允许**债权人或债务人、利害关系人在对财产分配方案不服时，**提起分配方案异议之诉**。

相关法律法规及司法观点

《人民法院办理执行案件规范》①

626.【分配方案的制作】

多个债权人对同一被执行人申请执行或者对执行财产申请参与分配的，执行法院应当制作财产分配方案，并送达各债权人和被执行人。执行法院在制作分配方案时，可以先由所有的债权人和债务人进行协商，意见一致的，按照一致意见制作分配方案；意见不一致的，由执行法院依职权按照清偿顺序制作分配方案。……

《浙江省高级人民法院关于执行程序与破产程序衔接若干问题的纪要》

第十五条　（参与分配的限制适用）民诉法解释施行后，对企业法人为被执行人的执行案件，不再适用参与分配，但已取得执行依据的债权人**一致同意适用参与分配**的除外。

《江苏省高级人民法院关于正确理解和适用参与分配制度的指导意见》

2. 为促进执行公正、效率与效果的平衡，适用参与分配制度应当坚持以下原则：

……

（4）禁止分配原则。被执行人为企业法人的，**除对执行财产享有优先权、担保物权的债权人申请优先分配受偿**之外，不得对其财产适用参与分配制度。其他债权人申请参与分配的，应告知其按照"执转破"程序对执行财产申请破产清偿。否则，按照一般清偿原则予以执行，促使债权人启动"执转破"程序。

---

① 最高人民法院执行局编：《人民法院办理执行案件规范》，人民法院出版社 2022 年版，第 267 页。

……

《广东省高级人民法院关于审查处理执行裁决类纠纷案件若干重点问题的解答》

31. 企业法人为被执行人时，对其财产的清偿是否需要制作分配方案，能否提起分配方案异议之诉？

意见：企业法人作为被执行人的案件在需要进行财产变价款清偿时，应当由执行法院制作分配方案，并允许债权人或债务人、利害关系人在对财产分配方案不服时依照《最高人民法院关于适用〈中华人民共和国民事诉讼法〉执行程序若干问题的解释》第 26 条[①]及其他相关规定提起分配方案异议之诉。

说明：分配方案是对被执行人财产处理后，按照一定顺序对财产变价款在各个债权人之间进行公平分配的程序，确保债权人的合法债权在法律框架下得到一定比例的受偿，属于执行程序中的特殊清偿。依照《民诉法解释》第五百一十三条[②]和第五百一十六条[③]规定，企业法人符合破产法第二条第一款规定情形的，可以启动“执转破”程序；当事人不同意移送破产或人民法院经审查不受理破产案件的，对于企业法人的财产变价款，按照保全和执行查封、扣押、冻结财产的顺序清偿。该司法解释中明确规定了受偿顺序，但是对于受偿的比例、金额等仍需要由执行法院审查确定，故也应制作财产清偿分配方案，并通过一定方式在债权人之间公示，允许债权人提出不同意见或主张异议。

《山东高院执行疑难法律问题解答(二)》

19. 被执行人为企业法人，执行时需要对多个债权人进行财产分配的，是否可以制作分配方案？当事人对分配方案不服应如何救济？

答：《最高人民法院关于适用〈中华人民共和国民事诉讼法〉的解释》第五百一十六条规定：“当事人不同意移送破产或者被执行人住所地人民法院不受理破产案件的，执行法院就执行变价所得财产，在扣除执行费用及清偿优先受偿的债权后，对于普通债权，按照财产保全和执行中查封、扣押、冻结财产的先

① 对应 2020 年《最高人民法院关于适用〈中华人民共和国民事诉讼法〉执行程序若干问题的解释》第 18 条。

② 对应 2022 年《最高人民法院关于适用〈中华人民共和国民事诉讼法〉的解释》第 511 条。

③ 对应 2022 年《最高人民法院关于适用〈中华人民共和国民事诉讼法〉的解释》第 514 条。

后顺序清偿。”依照该条规定，在执行程序中，如果被执行人是企业法人，不能清偿全部债务又无法进入破产程序的，执行法院应当按照采取执行措施的先后分配财产，并制作财产分配方案。债权人和被执行人对财产分配方案有异议的，可以参照《最高人民法院关于适用〈中华人民共和国民事诉讼法〉的解释》第五百一十一条和第五百一十二条规定，提出分配方案异议和异议之诉。

3－23 【申请期限】应当在何时提出参与分配的申请，截止时间如何确定？

问题解答

参与分配申请应当在**执行程序开始后**，被执行人的**财产执行终结前**提出。

但上述规定较为模糊，不同地方法院对具体期限的认定标准不一，就不动产相关的参与分配截止日，主要有“过户裁定送达登记机关”“过户裁定送达买受人”“价款分配完毕”“分配方案送达任相关一当事人”4类。

福州市中级人民法院认为：以拍卖、变卖**成交确认裁定送达买受人之日或以物抵债裁定送达申请执行人之日**，作为申请参与分配的截止日。

广东省高级人民法院、山东省高级人民法院认为：以被执行财产**拍卖价款分配完毕**之日，作为申请参与分配的截止日。

江苏省高级人民法院认为：以具体**分配方案已发送任一相关当事人的前一日**（不受分配方案异议影响），作为参与分配的截止日。

相关法律法规及司法观点

《最高人民法院关于适用〈中华人民共和国民事诉讼法〉的解释》

第五百零七条　申请参与分配,申请人应当提交申请书。申请书应当写明参与分配和被执行人不能清偿所有债权的事实、理由,并附有执行依据。

参与分配申请应当在**执行程序开始后**,被执行人的**财产执行终结前**提出。

《福州市中级人民法院关于参与分配具体适用的指导意见》

第四条　参与分配申请应当在执行程序开始之后提出,若执行标的物为**货币类财产**,以**案款到达**主持分配法院的**账户之日**作为申请参与分配的截止日;若执行标的物为非货币类财产,需对该财产予以拍卖、变卖或以其他方式变价的,以拍卖、变卖**成交确认裁定送达买受人之日或以物抵债裁定送达申请执行人之日**作为申请参与分配的截止日。

……

《广东省高级人民法院关于执行案件法律适用疑难问题的解答意见》

问题五、如何认定"申请参与分配截止时间"?

处理意见:应严格适用《最高人民法院关于适用〈中华人民共和国民事诉讼法〉的解释》第五百零九条①第二款规定,将申请参与分配截止时间限定在"被执行人的财产执行终结前"。各级法院可参考本院在(2014)粤高法执监字第131号《执行监督函》认定"在执行**财产尚未实际支付给**争议财产分配方案中**确定的债权**前,提出参与分配的申请,应当认定此时财产尚未执行完毕,其他债权人有权参与分配"。各级法院不能将"对分配方案合议之日"、"分配方案作出之日"等时间点作为申请参与分配截止日期。

主要理由:《最高人民法院关于人民法院执行工作若干问题的规定(试行)》第90条规定参与分配的截止时间为"被执行的财产被执行完毕前",《最高人民法院关于适用〈中华人民共和国民事诉讼法〉的解释》第五百零九条②规定参与分配的截止时间为"被执行人的财产执行终结前",在执行实务中如何理解和明确参与分配的截止时间点存在较大争议。建议各级法院参考

---

① 对应2022年《最高人民法院关于适用〈中华人民共和国民事诉讼法〉的解释》第507条。

② 对应2022年《最高人民法院关于适用〈中华人民共和国民事诉讼法〉的解释》第507条。

(2014)粤高法执监字第131号《执行监督函》确定的原则执行。

《山东高院执行疑难法律问题解答(三)》

18.法院对被执行财产拍卖价款分配完毕,或者裁定以物抵债后,其他债权人又向执行法院申请参与分配的,应否支持?

答:依照《最高人民法院关于适用〈中华人民共和国民事诉讼法〉的解释》第五百零九条①规定,参与分配申请应当在执行程序开始后,被执行人的财产执行终结前提出。法院对**被执行财产拍卖价款分配完毕**或者裁定以物抵债,应视为被执行人的财产执行终结。在此之后,其他债权人申请参与分配的,不予支持。

《江苏省高级人民法院关于正确理解和适用参与分配制度的指导意见》

8.申请参与分配的截止时间,应当根据下列情形予以确定:

(1)待分配财产为货币类财产,分配方案已制作完成且当次分配方案已发送任一相关当事人的前一日为申请参与分配截止日,该日期不受债权人、被执行人提出异议而重新制作分配方案所影响。主持分配法院邮寄发送的,以投递签收邮件日期为发送时间。直接送达的,以相关当事人签收日期为发送时间。

经执行当事人、参与分配的债权人自主协商或者以执行和解协议方式确定各债权人应分配数额,主持分配法院收到书面意见或者记入执行笔录的,视为当次分配方案已向当事人发送。

执行法院尚未制作分配方案或者分配方案尚未发送的,执行案款发放的前一日为申请参与分配的截止日。

(2)待分配财产为非货币类财产且通过拍卖或者变卖方式已经处置变现,债权人申请参与分配的截止时间,按照本条第一款第(1)项相同的原则处理。不受买受人未缴纳尾款或者人民法院撤销拍卖后再次拍卖、变卖所影响。

(3)待分配财产为非货币类财产,流拍或者变卖不成后以物抵债的,申请参与分配的截止时间为抵债裁定送达之日的前一日。

未经拍卖或者变卖程序,当事人自行协商以物抵债,其他债权人申请参与

---

① 对应2022年《最高人民法院关于适用〈中华人民共和国民事诉讼法〉的解释》第507条。

分配的,不予支持。

上述截止日前未申请参与分配的债权人,仅就本次分配后的剩余款项受偿。

申请参与分配的截止时间,以主持分配法院收到参与分配申请书的时间为准。债权人截止日前已寄送参与分配申请,但主持分配法院在截止日前未收到的,仅就本次分配后的剩余款项受偿。

3-24 【提交对象】参与分配申请人应当向哪个法院提交参与分配申请书?

问题解答

应当向**主持分配**的法院提交,也可以向**受理执行申请**的执行法院提交。参与分配申请书,应当写明参与分配和**被执行人不能清偿所有债权的事实、理由**,并附有执行依据。该执行法院受理的,应将参与分配申请书转交给主持分配的法院,并说明执行情况。

相关法律法规及司法观点

《最高人民法院关于适用〈中华人民共和国民事诉讼法〉的解释》

第五百零七条　申请参与分配,申请人应当提交申请书。申请书应当写明参与分配和被执行人不能清偿所有债权的事实、理由,并附有执行依据。

参与分配申请应当在**执行程序开始后**,被执行人的**财产执行终结前**提出。

《人民法院执行办案指引》①

125－3 提出申请

参与分配申请直接向**主持分配**的法院提出。债权人已经申请执行的，其申请书也可以向受理其执行申请的执行法院提交，由执行法院将参与分配申请书转交给主持分配的法院，并说明执行情况。

执行情况应当包括执行案号、当事人基本情况、应执行标的额、已执行标的额、未受偿标的额、已掌握的被执行人的财产情况等。

《江苏省高级人民法院关于正确理解和适用参与分配制度的指导意见》

16. 申请参与分配的债权人，应当按照下列情形提交参与分配申请书及相关证据材料：

(1) 已取得执行依据的，应写明其申请参与分配的债权金额、债权性质以及被执行人不能清偿所有债权的事实、理由，并附执行依据及其受偿情况；

(2) 未取得执行依据但享有优先权、担保物权的，应写明其申请参与分配的债权数额，并附其享有该权利的详细证据材料；

(3) 未取得执行依据的首查封债权人申请参与分配，应写明其申请参与分配的债权数额，并附其财产保全申请以及相关法院作出的生效查封裁定等证据材料；

(4) 本意见中未取得执行依据的其他普通债权人申请参与分配的，应附其提起诉讼以及相关法院已经受理其诉讼的相关证据材料；

(5) 主持分配法院根据本意见要求债权人提供的其他相关材料。

除主持分配法院直接受理案件的债权人申请参与分配外，其他债权人申请参与分配的，**原则上应向受理其案件的执行法院提交参与分配申请书**。该法院收到申请后，应将该债权所涉案件案号、当事人基本情况、应执行标的金额、已执行标的金额以及已查控但未执行终结的被执行人财产等情况，连同申请书通过送交、寄送或者传真、邮件、cocall 等即时传输方式传送给主持分配法院。

主持分配法院收到其他法院受理案件的**债权人直接**向其**递送参与分配申**

---

① 最高人民法院执行局编：《人民法院执行办案指引》，人民法院出版社 2018 年版，第 98 页。

请书的,**视为**该债权人**已申请**参与分配,同时通过上述方式告知受理其案件的相关法院,要求发送上述有关材料。

衍生问题 | 1. 主持分配权如何确定?是首封法院?还是有处置权的法院?

问题解答

该问题尚无明确规定,各地观点不一。

江苏省高级人民法院认为:处置权经协商移送的,由获得财产处置权的人民法院主持分配。若启动参与分配程序的,其他法院对同一被执行人的待分配财产应当移送至主持分配法院统一分配。

福州市中级人民法院认为:对参与被执行人财产的具体分配,**原则上由首先查封、扣押或冻结的法院主持**进行。

相关法律法规及司法观点

《江苏省高级人民法院关于正确理解和适用参与分配制度的指导意见》

14. 参与分配原则上由首先采取查封、扣押、冻结或者实际控制财产的人民法院主持。**处置权经协商后移送的,由获得财产处置权的人民法院主持**。受移送法院应当及时处置财产并启动分配程序,并将相关分配情况及时告知移送处置权的人民法院。

被执行人有多项财产,且被不同法院查封、扣押、冻结并处置变现的,由控制主要财产的法院主持分配,也可以报请省法院或者中级法院指定其中一个法院主持分配。涉及省外法院的,可通过执行协调方式予以确定。

15. **参与分配程序启动后**,对其他已获准参与分配债权人案件中查控或者处置变现的执行款**应当停止清偿**,并**移交给主持分配法院**统一进行分配。

(1)债权人申请参与分配的,主持分配法院自收到参与分配申请书或者依职权启动分配程序之日起三日内,通知申请参与分配案件所在人民法院停止对同一被执行人财产的清偿行为。自收到通知之日起三日内,相关法院应将同一被执行人的款项移交给主持分配法院。

(2)其他法院向主持分配法院发函并转交债权人参与分配申请的,自收到债权人申请参与分配申请书之日起,应当停止对同一被执行人财产的清偿行为,并在发函之日起三日内将其控制的同一被执行人的款项移交给主持分配法院。

前款情形中应当移交的款项,相关法院在收到主持分配法院要求其停止清偿通知前或者该法院债权人向其递交参与分配申请书之日前,已经完成转账、汇款、现金交付等手续,或者抵债裁定已送达债权人的折价价款,不再移交。

其他法院查控的尚未处置变现、正在处置变现或者尚未执行终结的被执行人财产,可暂不移交并可依法予以变价,变价款应按本意见相关规定进行分配。

《福州市中级人民法院关于参与分配具体适用的指导意见》

第五条　对参与被执行人财产的具体分配,**原则上由首先查封、扣押或冻结的法院主持**进行,法律、司法解释另有规定的除外。

被执行人的多项财产分别被不同法院查封,符合参与分配条件的,由各项财产的在先查封法院分别进行分配。

相关执行法院协商一致并经申请执行人同意,也可以将各自查封的财产交其中一家法院进行处置或分配。中院也可以通过提级执行或指定执行将所有案件管辖权集中至一家法院,由该法院处置财产并主持分配。或者由中院作出决定,确定其中一家法院对被执行人所有可供执行的财产或者价款统一处置,统一分配。

2. 主持分配的法院对被执行人不能清偿所有债权,适用形式审查?还是实质审查?

问题解答

执行法院应当进行形式审查后,予以准许。

相关法律法规及司法观点

《最高人民法院执行最新司法解释统一理解与适用》[①]

"对不能清偿所有债权"的正确理解是,只要申请人在申请书中予以说明,执行法院形式审查后即应准许。

3-25 【首封权益】参与分配程序中,首轮查封的申请执行人有哪些优待措施?

问题解答

该问题背景虽基于"参与分配程序",但系执行款的分配中,首封优势地位的相关问题,因此不局限于"参与分配程序"进行阐释。

最高人民法院虽规定**原则上按照债权比例受偿**,但各地有司法政策对首封人采取优待措施,其具体优势地位如下:

按**先后顺序**清偿:该项虽非优待措施,属于程序问题,但仍能对首封人产生利益。

适当多分:部分地方法院认为,可对首封债权人予以适当多分。

预留份额:已经起诉且保全在先但未取得执行依据的债权人,亦有在诉讼保全的范围内,在参与分配程序中预留份额的权利。

① 江必新、刘贵祥主编,最高人民法院执行局编著:《最高人民法院执行最新司法解释统一理解与适用》,中国法制出版社2016年版,第91页。

相关法律法规及司法观点

《浙江省高级人民法院关于在立案和审判中兼顾案件执行问题座谈会纪要》

三、当事人申请**诉前保全**的,可按下列方式处理:

……

(四)**申请财产保全**的债权人成功保全被执行人财产的,在参与分配时,除扣除其为保全、处置该财产所支出的合理的差旅费用、垫付的评估费等外,还可适当多分,但**最高不得超过**20%(即1:1.2的系数)。

《北京市高、中级法院执行局(庭)长座谈会(第五次会议)纪要——关于案款分配及参与分配若干问题的意见》

15.按照《执行规定》第94条的规定,享有担保物权和法律规定的其他优先受偿权的债权,其受偿顺位按照本纪要第5条第(1)、(2)、(3)、(4)项的相关规定办理。享有担保物权和法律规定的其他优先受偿权的债权受偿完毕后,案款有剩余的,各普通债权按比例受偿。

参与分配程序中,若执行标的物为**诉讼前、诉讼中、仲裁前或仲裁中依债权人申请所保全**的财产,在清偿对该标的物享有担保物权和法律规定的其他优先受偿权的债权后,对该债权人因申请财产保全所支出的成本及其损失,**视具体情况优先予以适当补偿,但补偿额度不得超过其未受偿债权金额的20%**;其剩余债权作为普通债权受偿。

《最高人民法院关于首先查封法院与优先债权执行法院处分查封财产有关问题的批复》

三、……

首先查封债权尚**未经**生效法律文书**确认**的,应当按照首先查封债权的清偿顺位,**预留相应份额**。

《福州市中级人民法院关于参与分配具体适用的指导意见》

第八条第一款　已经起诉且**在先保全**但尚未取得执行依据的债权人,应当**以其诉讼保全的债权额为限参与分配**。执行法院在分配时,应当将该债权人所主张的债权应受偿分配的数额**予以提存**,待该债权确定后再交付给该债权人。前款债权人在分配终结后经生效法律文书确定其败诉,而其他参与分配债权人未受足额清偿的,所提存的款项应当追加分配给其他参与分配债权人。其他参与分配债权人已受足额清偿的,所提存的款项或者余额部分应当分配给申请参与分配的截止日期之后提出参与分配申请的债权人。对剩余款项无债权人主张权利的,应当将该款返还被执行人。

第九条　被执行人的财产无法清偿所有债务时,对首先采取财产诉讼保全措施的债权人,可以适当提高执行款分配比例。其**债权额高于保全财产价额**的,则在其债权额的范围内,提高比例幅度为**保全财产价额的 15% 到 20%**;其**债权额低于保全财产价额**的,则在保全财产范围内,提高比例幅度为其**债权额的 15% 到 20%**。

《最高人民法院关于人民法院执行工作若干问题的规定(试行)》

55. 多份生效法律文书……先后顺序受偿。

多个债权人的债权种类不同的……按照各担保物权成立的先后顺序清偿。

一份生效法律文书确定金钱给付内容的多个债权人对同一被执行人申请执行,执行的财产不足清偿全部债务的,各债权人对执行标的物均无担保物权的,**按照各债权比例受偿**。

《最高人民法院关于适用〈中华人民共和国民事诉讼法〉的解释》

第五百零八条　参与分配执行中,执行所得价款扣除执行费用,并清偿应当优先受偿的债权后,对于普通债权,**原则上按照其占全部申请参与分配债权数额的比例受偿**。清偿后的剩余债务,被执行人应当继续清偿。债权人发现被执行人有其他财产的,可以随时请求人民法院执行。

《江苏省高级人民法院关于正确理解和适用参与分配制度的指导意见》

10. 执行财产在扣除上述费用后仍有剩余的,按照以下顺序依次予以分配:

(1)享有优先权、担保物权的债权依法定顺序予以受偿;

(2)普通债权人的债权原则上按照其纳入分配程序的债权金额占全部纳入分配范围的债权总额的比例受偿。

对下列债权人可适当提高分配比例:

(1)分配财产系根据其提供线索查控所得;

(2)分配财产系其**首先申请查控**所得;

(3)分配财产系其行使撤销权诉讼、执行异议之诉或者通过司法审计、悬赏执行等方式查控所得。

上述债权人的分配比例,应考虑所涉债权及分配财产数额大小等因素,原则上不超过其**按债权比例分配时应分得款项的20%**。

16. 申请参与分配的债权人,应当按照下列情形提交参与分配申请书及相关证据材料:

……

(3)未取得执行依据的**首查封债权人**申请参与分配,应写明其申请参与分配的债权数额,并附其财产保全申请以及相关法院作出的生效查封裁定等证据材料;

……

3-26　【优先权人申请参与分配】执行法院是否应对优先受偿权予以审查?

问题解答

法定优先权:对执行标的享有的优先受偿权(如抵押权、担保物权),可通过在执行阶段直接申请参与分配的形式实现。

执行顺位优先权:部分地区法院规定,对未取得执行依据,但依法应当优先执行的债权(如工资、医保、补偿金、人身损害赔偿等),在分配过程中予以提存处理。

相关法律法规及司法观点

《最高人民法院关于适用〈中华人民共和国民事诉讼法〉的解释》

第五百零六条　被执行人为公民或者其他组织,在执行程序开始后,被执行人的其他已经取得执行依据的债权人发现被执行人的财产不能清偿所有债权的,可以向人民法院申请参与分配。

对人民法院查封、扣押、冻结的财产**有优先权、担保物权的债权人**,可以直接申请参与分配,主张优先受偿权。

《广东省高级人民法院关于执行案件法律适用疑难问题的解答意见》

问题四、执行过程中,案外人主张对执行标的享有**优先受偿权**,是适用案外人异议程序予以审查?还是属于对执行标的主张参与分配?

处理意见:案外人主张对执行标的享有优先受偿权,属于对执行标的主张参与分配,执行法院不能适用案外人异议程序审查,应告知案外人可以向执行法院**申请参与分配**。

主要理由:《最高人民法院关于适用〈中华人民共和国民事诉讼法〉的解释》第五百零八条①规定:"被执行人为公民或者其他组织,在执行程序开始后,被执行人的其他已经取得执行依据的债权人发现被执行人的财产不能清偿所有债权的,可以向人民法院申请参与分配。对人民法院查封、扣押、冻结的财产有优先权、担保物权的债权人,可以直接申请参与分配,主张优先受偿权。"按照此规定,案外人主张对执行标的享有优先受偿权,应告知可申请参与分配,不能适用案外人异议程序进行审查处理。

《吉林省高级人民法院关于审理执行异议之诉案件若干疑难问题的解答(一)》

问题二十二:金钱债权执行中,案外人认为其对作为执行标的物的不动产享有建设工程价款优先受偿权的,是否可以提起执行异议之诉?人民法院该如何处理?

金钱债权执行中,案外人认为其对作为执行标的物的不动产**享有建设工**

① 对应2022年《最高人民法院关于适用〈中华人民共和国民事诉讼法〉的解释》第506条。

程价款优先受偿权的,应当**在执行分配程序中主张优先受偿**或者依据《中华人民共和国民事诉讼法》第二百二十五条①规定主张权利,其提起执行异议之诉请求排除执行的,人民法院应当不予受理;已经受理的,裁定驳回起诉。

如执行法院作出的异议**裁定否定**案外人享有建设工程价款**优先受偿权**的,该案外人应当**另行提起诉讼**确认其建设工程价款优先受偿权。

《黑龙江省高级人民法院关于审理执行异议之诉案件若干问题的解答(续一)》

十七、对同一不动产所涉及的抵押权、建设工程优先权、一般不动产买受人的物权期待权和消费者物权期待权应如何确定保护顺位?

……此外,案外人认为其对作为执行标的物的不动产享有**建设工程价款优先受偿权**的,一般应当在**执行分配程序中主张优先受偿**或者依法另行提起诉讼;案外人认为其对作为执行标的物的不动产享有**抵押权**的,一般亦应在**执行分配程序中主张优先受偿**或者另行提起诉讼。

《福州市中级人民法院关于参与分配具体适用的指导意见》

第三条　未取得执行依据的**优先权人、担保物权人**直接向执行法院**申请参与分配**的,应提交参与分配申请书,除写明被执行人未清偿所有债权的事实、理由外,还应当写明优先受偿的金额、事实和理由,并提交相关的权利证明文件。

第八条　已经起诉且在先保全但尚未取得执行依据的债权人……应当将该款返还被执行人。

担保的债权未届清偿期的,在分配时应当优先预留其相应的份额。

对被欠缴**基本医疗保险费、失业保险费、基本养老保险费**的职工,劳动行政主管部门作出要求被执行人补缴上述保险费的文书的,在分配时应为其预留相应款项。

---

① 对应2023年《民事诉讼法》第236条。

参考案例

双维集团申请执行监督案，最高人民法院(2019)最高法执监359号执行裁定书

法院认为：建设工程价款优先受偿权是法律赋予建设工程承包人的一项**法定优先权**，承包人可自行行使，亦可向人民法院或仲裁机构主张权利，在向人民法院主张权利时既可以通过诉讼程序予以主张，亦**可在执行程序中提出**，人民法院均应予以保护。

当承包人在**执行程序中提出**享有**建设工程优先受偿权**的主张时，执行法院应予充分关注并**先行审查**，在拍卖、抵债或者分配程序中依法保护其合法权益。

如果其尚未取得建设工程优先受偿权的执行依据，通过审查建设工程施工合同等证据仍无法确定优先受偿权范围的，可以告知承包人尽快通过诉讼程序取得优先受偿权的执行依据。虽然承包人关于优先受偿权的主张并不能阻止执行程序的继续推进，但**执行法院在处置该执行标的前，应对承包人的建设工程价款予以预留**。

3－27 【未获准参与分配】应当进入参与分配程序，但未确定其为参与分配债权人的，如何救济？

问题解答

该种情况下系认为法院在执行分配中确定债权人的行为不当的异议，即对执行程序提出的异议，应作为执行行为异议处理。

江苏省高级人民法院认为：执行法院应准予已诉讼或未诉讼的主张优先权的债权人进入参与分配程序，**其他债权人**或者**被执行人**因此**提出异议**的，适用执行分配方案异议之诉程序审查。

部分地区法院认为：上述执行异议及复议案件审查期间应当保留争议的相应份额。（因为根据《最高人民法院关于适用〈中华人民共和国民事诉讼法〉的解释》第510条**规定**，分配方案异议之诉期间进行分配的，应当对争议份额予以提存。）

相关法律法规及司法观点

《广东省高级人民法院关于审查处理执行裁决类纠纷案件若干重点问题的解答》

30. 异议人对执行法院应否启动分配程序，以及分配方案确定的债权人身份合法性提出的异议，如何处理

意见：不属于分配方案异议诉讼，不予受理，已经受理的，裁定驳回起诉。当事人可依照《民诉法》第225条[1]规定，通过提出执行行为异议的方式寻求救济。

说明：异议人主张执行法院启动执行分配程序、制作执行分配方案错误，是对执行法院具体执行行为提出的异议；异议人关于分配方案中确定某一当事人的债权人地位以及其是否享有异议权利的异议，属于**认为法院在执行分配中确定债权人的行为不当**的异议，即是对执行程序提出的异议，应当依照《民诉法》第225条[2]规定，通过提出执行行为异议的方式寻求救济。

《江苏省高级人民法院执行异议及执行异议之诉案件办理工作指引（一）》

十、基于执行分配方案提出的执行异议及执行异议之诉案件的审查处理

……

2. 债权人主要是指本案申请执行人、已经取得生效法律文书的其他债权

① 对应2023年《民事诉讼法》第236条。

② 对应2023年《民事诉讼法》第236条。

人、尚未取得生效法律文书的首查封诉讼保全人、主张优先受偿权或法定优先权的债权人以及符合《江苏省高级人民法院关于正确理解和适用参与分配制度的指导意见》第6条规定情形的债权人。

(1)执行法院应准予已诉讼或未诉讼的**主张优先权的债权人**进入**参与分配**程序,**其他债权人**或者**被执行人因此提出异议**的,适用**执行分配方案异议之诉程序**审查;

(2)债权人对于执行法院不同意其参与分配申请提出的执行异议,不适用执行分配方案异议之诉程序,应适用《民事诉讼法》第二百三十二条①规定进行审查,并明确告知其申请复议的权利。已经开始的分配程序,应**预留其相应份额**。

……

《江苏省高级人民法院执行异议及执行异议之诉案件办理工作指引(三)》

七、案外人基于法定优先权提出的执行异议及执行异议之诉案件的处理

32.案外人以其对执行标的物享有**建设工程价款优先受偿权**为由提出的异议的,人民法院应告知其先行就财产变价款向执行实施机构**主张优先受偿**。执行实施机构对其主张不予支持的,其可依据《民事诉讼法》第二百三十二条②规定提起**执行异议**。

……

《江苏省高级人民法院关于正确理解和适用参与分配制度的指导意见》

18.主持分配法院对参与分配申请审查后,应当根据下列不同情形予以处理:

(1)不符合参与分配条件的,应当**书面通知申请人不准参与分配**及其**理由**,并告知其可以按照民事诉讼法第二百二十五条③规定**提出执行异议**。该债权人提出执行异议的,不影响参与分配程序继续进行,但应按照其应纳入分配范围的债权金额**预留其应分配数额**。

---

① 对应2023年《民事诉讼法》第243条。

② 对应2023年《民事诉讼法》第243条。

③ 对应2023年《民事诉讼法》第236条。

……

22. 参与分配程序中，债权人或者被执行人对主持分配法院的下列行为提出异议的，适用民事诉讼法第二百二十五条进行审查：

（1）不适用参与分配程序的行为；

（2）**不准债权人参与分配的行为**；

（3）分配方案的送达行为；

（4）分配方案数额计算错误；

（5）其他程序性行为。

上述执行异议及复议案件审查期间，不影响执行程序或者分配程序继续进行，但应当为提出异议的债权人**预留其相应款项**。

3－28　【分配方案异议】进入参与分配程序的主体（债权人或被执行人）对分配方案有异议的，如何救济？

问题解答

债权人或者**被执行人**可以对分配方案提出书面异议，执行法院应当通知未提出异议的债权人、被执行人。另，书面异议应当载明详细的分配方案，以便实施。

相关法律法规及司法观点

《最高人民法院关于适用〈中华人民共和国民事诉讼法〉的解释》

第五百一十条　债权人或者被执行人对分配方案提出书面异议的，执行法院应当通知未提出异议的债权人、被执行人。

未提出异议的债权人、被执行人自收到通知之日起十五日内未提出反对意见的,执行法院依异议人的意见对分配方案审查修正后进行分配;提出反对意见的,应当通知异议人。异议人可以自收到通知之日起十五日内,以提出反对意见的债权人、被执行人为被告,向执行法院提起诉讼;异议人逾期未提起诉讼的,执行法院按照原分配方案进行分配。

诉讼期间进行分配的,执行法院应当提存与争议债权数额相应的款项。

3－29 【诉讼审查范围】分配方案异议之诉包括哪些审查范围?优先受偿权是否成立、分配顺序是否属于分配方案异议之诉的审查范围?

问题解答

对参与分配的债权数额、优先受偿权是否成立及其分配顺序、分配份额、分配比例的异议均属于该诉讼的审查范围。

江苏省高级人民法院认为:进入参与分配程序的当事人,对其他债权人参与分配资格提出异议的,适用分配方案异议及其异议之诉。未进入该程序的,应做执行行为异议处理。

黑龙江省高级人民法院认为:对执行顺位所涉异议,适用执行行为异议。

相关法律法规及司法观点

《广东省高级人民法院关于审查处理执行裁决类纠纷案件若干重点问题的解答》

29. 执行分配方案异议之诉审查范围是什么；在分配方案异议之诉中被告能否提起反诉

意见：分配方案异议之诉审查执行法院作出的分配方案是否符合法律规定，分配方案中确定的分配顺序、分配原则是否符合法律规定。分配方案异议之诉仅对有异议的部分进行审理，而不得对整个分配方案进行全面审查，也不允许被告提出反诉。

说明：分配方案的异议包括对债权人享有的**优先权**、**担保物权**的异议，对**分配顺位**的异议等。人民法院应根据案件的实际情况分别审查处理，针对执行法院在做出分配方案时的具体情况做出判决。

分配方案异议之诉审查的是方案中存在异议的分配内容，该部分异议属于固定内容，不能在诉讼过程中进行变更和扩大，否则将会因分配主张的变化，影响在分配异议过程中提出调整方案和未提出反对意见的其他债权人的异议权利，使得分配方案异议内容处于不确定状态，而无法进行合法性审查。故不能允许分配方案异议中的被告提出反诉。

《江苏省高级人民法院执行异议及执行异议之诉案件办理工作指引(一)》

十、基于执行分配方案提出的执行异议及执行异议之诉案件的审查处理

1. 债权人、被执行人根据《民诉法解释》第五百一十条、《民诉执行解释》第十七条、第十八条规定，提起执行分配方案异议之诉的，必须同时具备下列条件：

……

(2)异议系对执行法院制定的分配方案提出，包括参与分配的**债权数额**、**优先受偿权是否成立**及其**分配顺序**、**分配份额**、**分配比例**等等；

……

《江苏省高级人民法院关于正确理解和适用参与分配制度的指导意见》

18. 主持分配法院对参与分配申请审查后，应当根据下列不同情形予以

处理:

(1)不符合参与分配条件的,应当书面通知申请人不准参与分配及其理由,并告知其可以按照民事诉讼法第二百二十五条[①]规定提出执行异议。该债权人提出执行异议的,不影响参与分配程序继续进行,但应按照其应纳入分配范围的债权金额预留其应分配数额。

(2)符合参与分配条件的,准予其参与分配,并将其债权纳入分配方案,确定其应分配数额,并送达被执行人和其他参与分配的债权人。

被执行人以及已经准予参与分配的债权人,**对已进入分配程序的其他债权人参与分配提出异议的,应通过分配方案异议及其异议之诉程序加以解决**。

《黑龙江省高级人民法院关于审理执行异议之诉案件若干问题的解答(续一)》

十四、如何进一步准确把握执行异议之诉案件的受理条件和审理范围?

……

(二)要注意剔除应归属于执行程序处理的执行行为异议

……

3. 除执行分配方案异议之诉案件外,对执行涉及的债权、抵押权、建设工程优先权等**执行顺位**所提出的异议。

……

十七、对同一不动产所涉及的抵押权、建设工程优先权、一般不动产买受人的物权期待权和消费者物权期待权应如何确定保护顺位?

……需要注意的是,执行异议之诉案件审理中所涉上述优先顺位的衡量,系辅助判断、解决案外人所主张享有的权利能否阻却正在进行中的执行(执行分配方案异议之诉除外),而对案涉相关权利的**执行顺位**作出裁决**一般应为执行行为异议**所管辖范畴……

① 对应2023年《民事诉讼法》第236条。

3－30 【争议份额提存】异议期间可否分配争议债权数额以外的财产？

问题解答

执行异议之诉期间进行分配的，执行法院应当将争议份额提存。无争议部分，执行法院可以在诉讼期间分配。

相关法律法规及司法观点

《最高人民法院关于适用〈中华人民共和国民事诉讼法〉的解释》

第五百一十条第一款、第二款　债权人或者被执行人对分配方案提出书面异议的，执行法院应当通知未提出异议的债权人、被执行人。

未提出异议的债权人、被执行人自收到通知之日起十五日内未提出反对意见的，执行法院依异议人的意见对分配方案审查修正后进行分配；提出反对意见的，应当通知异议人。异议人可以自收到通知之日起十五日内，以提出反对意见的债权人、被执行人为被告，向执行法院提起诉讼；异议人逾期未提起诉讼的，执行法院按照原分配方案进行分配。

《江苏省高级人民法院执行异议及执行异议之诉案件办理工作指引(一)》

十、基于执行分配方案提出的执行异议及执行异议之诉案件的审查处理

……

4.债权人或者被执行人提出执行分配方案异议之后，应当停止分配程序，但不停止对被执行人财产的变价处置行为。

无争议的债权数额相应的款项可以予以分配，但对于**有争议的债权数额**相应的款项应**予以提存**。

……

《最高人民法院执行最新司法解释统一理解与适用》[①]

如果有人提出了反对意见，执行法院则通知异议人并等待15天，根据异议人是否起诉而决定或者按照原方案分配，或者**将争议份额提存**。

3－31 【判决主项】分配方案异议之诉中，裁判机构是否应当就分配数额及顺序作出明确判决？

问题解答

目前各地区法院尚未形成统一观点，实务中裁判机构以重新作出分配方案的居多。

广东省高级人民法院认为：经审查，在发现执行法院作出的分配方案确有错误的情况下，判决主文为：（1）撤销××分配方案；（2）由××（执行法院）重新作出分配方案。

江苏省高级人民法院认为：执行裁判机构应对异议人的分配顺序、本案分配方案案款中应分配数额作出判决，不得作出执行机构重新作出分配方案的判决。

① 江必新、刘贵祥主编，最高人民法院执行局编著：《最高人民法院执行最新司法解释统一理解与适用》，中国法制出版社2016年版，第96页。

相关法律法规及司法观点

《广东省高级人民法院关于审查处理执行裁决类纠纷案件若干重点问题的解答》

33. 分配方案异议之诉如何确定判决主文内容

意见:分配方案异议之诉审查分配方案的合法性、合理性和公平性。经审查,如发现执行法院作出的分配方案确有错误,应在判决主文中明确:1. **撤销××分配方案**;2. **由××(执行法院)重新作出分配方案**。在二审程序中,如一审裁判维持了执行法院作出的分配方案,则应同时撤销一审判决。

说明:至于如何作出新的分配方案以及分配原则、理由等,可在本院认为部分详细阐述,以便执行法院参考。

《江苏省高级人民法院执行异议及执行异议之诉案件办理工作指引(一)》

十、基于执行分配方案提出的执行异议及执行异议之诉案件的审查处理

……

6. 分配方案异议之诉中异议人的理由不成立的,应判决驳回其诉讼请求,执行机构按照原分配方案进行分配;理由成立的,应对异议人的分配顺序、本案分配方案案款中应分配数额作出判决。**执行裁判机构不得作出执行机构重新作出分配方案的判决。**

……

3－32 【最高额抵押登记金额】最高额抵押的优先受偿权人，优先受偿权范围是否以抵押登记金额为准？

问题解答

该问题系最高额抵押中，抵押金额为债权本金金额、债权本息金额两种情况下各自的认定，目前司法观点认为应当以抵押合同中详细约定的内容为准。

相关法律法规及司法观点

《最高人民法院关于适用〈中华人民共和国民法典〉有关担保制度的解释》

第十五条　最高额担保中的最高债权额，是指包括主债权及其利息、违约金、损害赔偿金、保管担保财产的费用、实现债权或者实现担保物权的费用等在内的全部债权，**但是当事人另有约定的除外**。

登记的最高债权额与当事人约定的最高债权额不一致的，人民法院应当依据登记的最高债权额确定债权人优先受偿的范围。

《江苏省高级人民法院关于执行疑难问题的解答》

14. 抵押合同约定担保范围包括本金、利息、实现债权的费用等，但抵押权登记簿上或者他项权证上记载的主债权仅为本金部分，其他相关债权人认为抵押权人仅能就本金部分优先受偿，从而提出执行异议，应当如何处理？

答：抵押合同与抵押权登记簿、他项权证上记载的抵押权的担保范围应当一致。如果出现不一致，**鉴于权证登记的公示效力，应以登记的内容确定具体数额**。

五、强制管理程序

3－33 【启动条件】强制管理程序的适用情形有哪些？

问题解答

执行标的已先行采取拍卖、变卖措施或者无法拍卖或变卖的，可以交付申请执行人管理。在扣除管理人管理费、管理人员劳动报酬、房地产税、房屋维修费、保险费等相关费用后，余款由人民法院进行分配。

相关法律法规及司法观点

《最高人民法院关于适用〈中华人民共和国民事诉讼法〉的解释》

第四百九十条　被执行人的财产无法拍卖或者变卖的，经申请执行人同意，且不损害其他债权人合法权益和社会公共利益的，人民法院可以将该项财产作价后交付申请执行人抵偿债务，或者**交付申请执行人管理**；申请执行人拒绝接收或者管理的，退回被执行人。

《山东高院执行疑难法律问题解答（二）》

14. 被执行人的财产经依法拍卖、变卖未成交，申请执行人或其他执行债权人又不接受以物抵债的，对该财产是否必须解除查封、扣押、冻结？

答：依照《最高人民法院关于人民法院民事执行中拍卖、变卖财产的规定》第二十七条①和第二十八条②第二款规定，被执行人的财产经依法拍卖、变卖未成交，且申请执行人、其他执行债权人仍不表示接受该财产抵债的，应当解除查封、扣押、冻结，将该财产退还被执行人，但对该财产可以采取其他执行措施的除外。**上述司法解释规定的"其他执行措施"包括强制管理**，以及执行法院根据市场价格变化，重新启动评估、拍卖程序等。

---

① 对应2020年《最高人民法院关于人民法院民事执行中拍卖、变卖财产的规定》第24条。

② 对应2020年《最高人民法院关于人民法院民事执行中拍卖、变卖财产的规定》第25条。

被执行人的财产经依法拍卖、变卖未成交，申请执行人或其他执行债权人又不接受以物抵债的，法院可以在征得申请执行人同意后，将该财产**交申请执行人管理**或者重新启动评估、拍卖程序，而非必须立即解除查封、扣押、冻结措施。

参考案例

中国农业银行顺德勒流支行申请执行顺德某铜铝型材公司等金融借款合同纠纷案，佛山市顺德区人民法院（最高人民法院善意文明执行典型案例选编——载最高人民法院微信公众号2020年1月3日）

执行措施：参照企业破产程序中破产管理人的制度，将占用费收取工作交由申请执行的银行负责，要求案外人将每月缴款的凭证发送给申请执行人，由申请执行人及时跟进、督促案外人支付占用费，并制作台账交由法院审查备案。

凤冈县华盛房地产开发有限公司申请执行贵州黔韵福生态茶业有限公司案，贵州省凤冈县人民法院（遵义法院"优化法治营商环境"十大典型案例——载遵义市中级人民法院官网2020年6月19日）

执行措施：凤冈县人民法院依法作出强制管理裁定，将黔韵福茶业公司的茶园、厂房及加工设备等资产交由华盛房地产公司经营管理，按每年80万元经营收入抵偿债务。

华鑫织带厂与曹桥箱包厂买卖合同纠纷案，浙江省平湖市人民法院（2019）浙0482执2604号之一执行裁定书

法院认为：被执行人名下厂房已由平湖市人民法院于2019年10月31日裁定强制管理，申请执行人同意上述厂房交由管理人进行强制管理，在扣除管理人管理费、管理人员劳动报酬、房地产税、房屋维修费、保险费等相关费用后，余款由人民法院进行分配。

六、行为义务的执行

3－34　【执行流程】行为义务如何强制执行？

问题解答

行为义务的执行方式有二：(1)他人代履行；(2)间接执行措施推动执行。

行为义务可由他人完成的：选定代履行人，代履行费用由法院决定，由被执行人预付，未预付的可对该费用强制执行。

行为义务只能由被执行人完成的：以罚款或拘留的间接执行措施等推动执行。

相关法律法规及司法观点

《最高人民法院关于适用〈中华人民共和国民事诉讼法〉的解释》

第五百零一条　被执行人不履行生效法律文书确定的行为义务，该义务可由他人完成的，人民法院可以选定代履行人；法律、行政法规对履行该行为义务有资格限制的，应当从有资格的人中选定。必要时，可以通过招标的方式确定代履行人。

申请执行人可以在符合条件的人中推荐代履行人，也可以申请自己代为履行，是否准许，由人民法院决定。

第五百零二条　代履行费用的数额由人民法院根据案件具体情况确定，并由被执行人在指定期限内预先支付。被执行人未预付的，人民法院可以对该费用强制执行。

代履行结束后，被执行人可以查阅、复制费用清单以及主要凭证。

第五百零三条　被执行人不履行法律文书指定的行为，且该项行为只能由被执行人完成的，人民法院可以依照民事诉讼法第一百一十四条第一款第六项规定处理。

被执行人在人民法院确定的履行期间内仍不履行的,人民法院可以依照民事诉讼法第一百一十四条第一款第六项规定再次处理。

《中华人民共和国民事诉讼法》

第一百一十四条　诉讼参与人或者其他人有下列行为之一的,人民法院可以根据情节轻重予以罚款、拘留;构成犯罪的,依法追究刑事责任:

(一)伪造、毁灭重要证据,妨碍人民法院审理案件的;

(二)以暴力、威胁、贿买方法阻止证人作证或者指使、贿买、胁迫他人作伪证的;

(三)隐藏、转移、变卖、毁损已被查封、扣押的财产,或者已被清点并责令其保管的财产,转移已被冻结的财产的;

(四)对司法工作人员、诉讼参加人、证人、翻译人员、鉴定人、勘验人、协助执行的人,进行侮辱、诽谤、诬陷、殴打或者打击报复的;

(五)以暴力、威胁或者其他方法阻碍司法工作人员执行职务的;

(六)拒不履行人民法院已经发生法律效力的判决、裁定的。

人民法院对有前款规定的行为之一的单位,可以对其主要负责人或者直接责任人员予以罚款、拘留;构成犯罪的,依法追究刑事责任。

七、利息计算方式

3-35 【年率转化】一般债务利息按照年利率确定的,按360天还是按365天转为日利率?

问题解答

一般债务利息计算标准为日利率=年利率÷360,若利率表述不清楚,应当由作出裁判的审判组织或仲裁组织作出明确的解释。

相关法律法规及司法观点

《中国人民银行关于人民币存贷款计结息问题的通知》

三、存贷款利率换算和计息公式

(一)人民币业务的利率换算公式为:

日利率(‰)=年利率(%)÷360

月利率(‰)=年利率(%)÷12

……

同时,银行可选择将计息期全部化为实际天数计算利息,即每年为365天(闰年366天),每月为当月公历实际天数,计息公式为:利息=本金×实际天数×日利率。

……

参考案例

金海大酒店与戴某、华翔飞公司建设工程施工合同纠纷案,最高人民法院(2020)最高法民终429号民事判决书

法院认为:一般债务利息计算标准为应以360天每年而非365天计算利息,需与《中国人民银行关于人民币存贷款计结息问题的通知》规则相符。

3-36 【加倍利息】延迟履行期间的加倍部分利息，如何计算？

问题解答

2014年8月1日之前的部分：清偿的迟延履行期间的债务利息=清偿的法律文书确定的金钱债务×同期贷款基准利率×2×迟延履行期间。

2014年8月1日之后的部分：加倍部分债务利息=债务人尚未清偿的生效法律文书确定的除一般债务利息之外的金钱债务（可以理解为本金）×日万分之一点七五×迟延履行期间。

上述计算方式中：期间开始的时和日，不计算在期间内。

同期贷款基准利率的档次，根据未履行期间的长短确定。

相关法律法规及司法观点

《中华人民共和国民事诉讼法》

第八十五条　期间包括法定期间和人民法院指定的期间。

期间以时、日、月、年计算。**期间开始的时和日，不计算在期间内。**

……

《最高人民法院关于在执行工作中如何计算迟延履行期间的债务利息等问题的批复》

附：

具体计算方法

(1)执行款=清偿的法律文书确定的金钱债务+清偿的迟延履行期间的债务利息。

(2)清偿的迟延履行期间的债务利息=清偿的法律文书确定的金钱债务×同期贷款基准利率×2×迟延履行期间。

《最高人民法院关于执行程序中计算迟延履行期间的债务利息适用法律若干问题的解释》

第七条第一款 **本解释施行时尚未执行完毕部分的金钱债务**,本解释施行前的迟延履行期间债务利息按照之前的规定计算,施行后的迟延履行期间债务利息按照本解释计算。

《人民法院办理执行案件规范》①

180.【2014 年 8 月 1 日后产生的迟延履行期间债务利息的计算方法】

《最高人民法院关于执行程序中计算迟延履行期间的债务利息适用法律若干问题的解释》施行后(2014 年 8 月 1 日后)产生的迟延履行期间债务利息,包括迟延履行期间的一般债务利息和加倍部分债务利息。

迟延履行期间的一般债务利息,根据生效法律文书确定的方法计算;生效法律文书**未确定给付**该利息的,**不予计算**。

加倍部分债务利息的计算方法为:加倍部分债务利息 = **债务人尚未清偿的生效法律文书确定的除一般债务利息之外的金钱债务 × 日万分之一点七五 × 迟延履行期间**。

181.【加倍部分债务利息的起算日】

加倍部分债务利息自生效法律文书确定的履行期间**届满之日起**计算;生效法律文书确定分期履行的,自**每次履行期间届满之日**起计算;生效法律文书未确定履行期间的,自法律文书**生效之日**起计算。

……

182.【加倍部分债务利息的截止日】

加倍部分债务利息计算至被执行人履行完毕之日;被执行人分次履行的,相应部分的加倍部分债务利息计算至每次履行完毕之日。

人民法院划拨、提取被执行人的存款、收入、股息、红利等财产的,相应部分的加倍部分债务利息计算至**划拨、提取之日**;人民法院对被执行人财产拍卖、变卖或者以物抵债的,计算至**成交裁定或者抵债裁定生效之日**;人民法院

① 最高人民法院执行局编:《人民法院办理执行案件规范》,人民法院出版社 2022 年版,第 83 - 87 页。

对被执行人财产通过其他方式变价的，计算至**财产变价完成之日**。

186.【同期贷款基准利率】

“同期贷款基准利率”的适用，具体把握如下：

（一）**根据未履行期间的长短确定应当适用的中国人民银行公布的同档贷款基准利率**：未履行期间不超过六个月的，适用中国人民银行公布的六个月以内（含六个月）档的贷款基准利率；未履行期间逾六个月、不超过一年的，适用中国人民银行公布的六个月至一年（含一年）档的贷款基准利率；未履行期间逾一年、不超过三年的，适用中国人民银行公布的一年至三年（含三年）档的贷款基准利率；未履行期间逾三年、不超过五年的，适用中国人民银行公布的三至五年（含五年）档的贷款基准利率；未履行期间逾五年的，适用中国人民银行公布的五年以上档的贷款基准利率。

（二）中国人民银行公布的同期贷款基准利率发生变化的，根据该利率的变化分段计算。

（三）未履行期间逾一年的，每整年的利息按照同期贷款基准利率的年利率计算，剩余期间的利息按照同期贷款基准利率的日利率计算。日利率按照同期贷款基准利率的年利率除以三百六十五天计算。

190.【调解书执行中迟延履行期间债务利息或迟延履行金的处理】

民事调解书确定了一方不履行调解协议应承担的民事责任，且不履行该协议的当事人已承担了该民事责任，对方当事人又要求其承担迟延履行责任的，人民法院不予支持。

参考案例

石某申请执行复议案，上海市高级人民法院（2016）沪执复3号执行裁定书

法院认为：2014年8月1日前的履行期限届满前的，一般债务利息作为加倍利息的计算基数。

衍生问题 | 1.【损失、违约金、赔偿金】按照利息方式计算的损失、违约金、赔偿金是否系一般债务利息?

问题解答

法律文书中按照利息方式计算的损失、违约金、赔偿金等视作一般债务利息,不在延迟履行债务利息的计算范围内。

参考案例

侯某申请执行申诉案,最高人民法院(2020)最高法执监21号执行裁定书

法院认为:按照银行利率计息方式计算的支付义务属于一般债务利息。

2.【先本后息】被执行人的财产不足以清偿全部债务的情况下,是否优先偿还加倍债务利息?

问题解答

加倍债务利息清偿顺序后于生效法律文书确定的金钱债务,有约定的除外。

相关法律法规及司法观点

《人民法院办理执行案件规范》①

184.【2014年8月1日后本息清偿顺序】

被执行人的财产不足以清偿全部债务的,应当先清偿生效法律文书确定的金钱债务,再清偿加倍部分债务利息,但当事人对清偿顺序另有约定的除外。

……

---

① 最高人民法院执行局编:《人民法院办理执行案件规范》,人民法院出版社2022年版,第85页。

3－37　【双倍补偿】延迟履行行为对申请执行人造成损失的，如何处理？给付义务为非金钱的情况下是否适用？

问题解答

被执行人迟延履行生效法律文书所确定的**非金钱给付义务**的，亦适用双倍损失补偿。

已经对申请执行人造成损失的，应当双倍补偿损失。

没有造成损失的，迟延履行金可以由人民法院根据具体案件情况决定。

相关法律法规及司法观点

《最高人民法院关于适用〈中华人民共和国民事诉讼法〉的解释》

第五百零五条　被执行人未按判决、裁定和其他法律文书指定的期间履行非金钱给付义务的，无论是否已给申请执行人造成损失，都应当支付迟延履行金。**已经造成损失**的，**双倍补偿**申请执行人已经受到的损失；**没有造成损失**的，迟延履行金可以由人民**法院根据具体案件情况决定**。

《人民法院办理执行案件规范》①

187.【迟延履行金的计算方法】

被执行人未按判决、裁定和其他法律文书指定的期间履行非金钱给付义务的，无论是否已给申请执行人造成损失，都应当支付迟延履行金。**已经造成损失的**，**双倍补偿**申请执行人已经受到的损失；**没有造成损失**的，迟延履行金可以由人民**法院根据具体案件情况决定**。

① 最高人民法院执行局编：《人民法院办理执行案件规范》，人民法院出版社2022年版，第87页。

3－38 【不告亦理】执行立案时申请人未将延迟履行利息作为申请请求，是否应当执行？

问题解答

申请执行人未明确表示放弃的，执行标的额包括迟延履行期间债务利息或迟延履行金。

相关法律法规及司法观点

《中华人民共和国民事诉讼法》

第二百六十四条　被执行人未按判决、裁定和其他法律文书指定的期间履行给付金钱义务的，**应当**加倍支付迟延履行期间的债务利息。被执行人未按判决、裁定和其他法律文书指定的期间履行其他义务的，**应当**支付迟延履行金。

《人民法院办理执行案件规范》①

163.【未明示放弃迟延履行期间债务利息、迟延履行金的执行】

申请执行人在执行立案时或执行过程中未明确表示放弃迟延履行期间债务利息或迟延履行金的，执行标的额包括迟延履行期间债务利息或迟延履行金。

《最高人民法院执行最新司法解释统一理解与适用》②

迟延履行利息应当由法院依职权计算。

---

① 最高人民法院执行局编：《人民法院办理执行案件规范》，人民法院出版社2022年版，第87页。

② 江必新、刘贵祥主编，最高人民法院执行局编著：《最高人民法院执行最新司法解释统一理解与适用》，中国法制出版社2016年版，第236页。

3-39　【中止计息】何种情况下，不计算迟延履行利息？

问题解答

非因被执行人的申请，对生效法律文书审查而中止或者暂缓执行的期间及再审中止执行的期间，不计算加倍部分债务利息。

相关法律法规及司法观点

《最高人民法院关于执行程序中计算迟延履行期间的债务利息适用法律若干问题的解释》

第三条　加倍部分债务利息计算至被执行人履行完毕之日；被执行人分次履行的，相应部分的加倍部分债务利息计算至每次履行完毕之日。

人民法院划拨、提取被执行人的存款、收入、股息、红利等财产的，相应部分的加倍部分债务利息计算至划拨、提取之日；人民法院对被执行人财产拍卖、变卖或者以物抵债的，计算至成交裁定或者抵债裁定生效之日；人民法院对被执行人财产通过其他方式变价的，计算至财产变价完成之日。

非因被执行人的申请，对生效法律文书审查而中止或者暂缓执行的期间及再审中止执行的期间，不计算加倍部分债务利息。

3-40 【金融不良债权计息】金融不良债权的利息,是否计算至实际履行日?

问题解答

该情况存在特殊规定,《最高人民法院关于审理涉及金融不良债权转让案件工作座谈会纪要》中认为,上述情况下应当以借款合同本金为基数,利息计算至金融不良债权转让之日止,不能计收复利。**受让日后不得计息。**

另,《最高人民法院关于审理涉及金融不良债权转让案件工作座谈会纪要》不具有溯及力,可计算至2009年3月30日。

相关法律法规及司法观点

《最高人民法院关于审理涉及金融不良债权转让案件工作座谈会纪要》

九、关于受让人收取利息的问题

会议认为,受让人向国有企业债务人主张利息的计算基数应以原借款合同本金为准;受让人向国有企业债务人主张不良债权受让日之后发生的利息的,人民法院不予支持。但不良债权转让合同被认定无效的,出让人在向受让人返还受让款本金的同时,应当按照中国人民银行规定的同期定期存款利率支付利息。

《最高人民法院关于非金融机构受让金融不良债权后能否向非国有企业债务人主张全额债权的请示的答复》

一、非金融机构受让经生效法律文书确定的金融不良债权能否在执行程序中**向非国有企业债务人**主张**受让日后利息**的问题,应当**参照**我院2009年3月30日《关于审理涉及金融不良债权转让案件工作座谈会纪要》(法发[2009]19号,以下简称《海南座谈会纪要》)的**精神处理**。

二、根据《海南座谈会纪要》第十二条的规定，**《海南座谈会纪要》不具有溯及力**。《海南座谈会纪要》发布前，非金融资产管理公司的机构或个人受让经生效法律文书确定的金融不良债权，或者受让的金融不良债权经生效法律文书确定的，发布日之前的利息按照相关法律规定计算；发布日之后不再计付利息。《海南座谈会纪要》发布后，非金融资产管理公司的机构或个人受让经生效法律文书确定的金融不良债权的，受让日之前的利息按照相关法律规定计算；受让日之后不再计付利息。

第四章

股东追责

一、申请追加被执行人程序

4-1 【听证审查】申请追加被执行人的,是否应当听证?

问题解答

除事实清楚、权利义务关系明确、争议不大的案件外,应当组成合议庭审查并公开听证。

相关法律法规及司法观点

《最高人民法院关于民事执行中变更、追加当事人若干问题的规定》

第二十八条第二款　除事实清楚、权利义务关系明确、争议不大的案件外,执行法院**应当**组成合议庭审查并**公开听证**。经审查,理由成立的,裁定变更、追加;理由不成立的,裁定驳回。

4-2 【审查期限】申请追加被执行人的案件,审查期限如何确定?

问题解答

执行法院应在收到申请之日起60日内作出裁定。

相关法律法规及司法观点

《最高人民法院关于民事执行中变更、追加当事人若干问题的规定》

第二十八条第三款　执行法院应当自收到书面申请之日起六十日内作出裁定。有特殊情况需要延长的，由本院院长批准。

《人民法院办理执行案件规范》①

78.【变更、追加的申请与审查】

申请人申请变更、追加执行当事人，应当向执行法院提交书面申请及相关证据材料。

除事实清楚、权利义务关系明确、争议不大的案件外，执行法院应当组成合议庭审查并公开听证。经审查，理由成立的，裁定变更、追加；理由不成立的，裁定驳回。

执行法院应当自收到书面申请之日起六十日内作出裁定。有特殊情况需要延长的，由本院院长批准。

4－3　【救济程序】对变更、追加裁定或驳回申请裁定不服的，如何救济？

问题解答

当事人对变更、追加裁定或驳回申请裁定不服的，救济途径应当分情况处理。

① 最高人民法院执行局编：《人民法院办理执行案件规范》，人民法院出版社2022年版，第39页。

(1)涉及股东、合伙人类责任的应在15日内，向执行法院提起执行异议之诉。

责任类型具体如下：

有限合伙企业的有限合伙人；

未缴纳或未足额缴纳出资的股东；

抽逃出资的股东；

未依法履行出资义务即转让股权的股东；

出资承担连带责任的发起人；

一人有限责任公司的股东；

未经清算即办理注销登记的股东及股份公司的董事和控股股东。

(2)其他情况应在10日内向上一级人民法院申请复议。

相关法律法规及司法观点

《最高人民法院关于民事执行中变更、追加当事人若干问题的规定》

第三十条　被申请人、申请人或其他执行当事人对执行法院作出的变更、追加裁定或驳回申请裁定不服的，可以自裁定书送达之日起十日内向上一级人民法院**申请复议**，但依据本规定第三十二条的规定应当提起诉讼的除外。

第三十二条　被申请人或申请人对执行法院依据本规定**第十四条第二款**、**第十七条至第二十一条**规定作出的变更、追加裁定或驳回申请裁定不服的，可以自裁定书送达之日起十五日内，向执行法院提起执行异议之诉。

被申请人提起执行异议之诉的，以申请人为被告。申请人提起执行异议之诉的，以被申请人为被告。

《江苏省高级人民法院执行异议及执行异议之诉案件办理工作指引(一)》

十一、基于变更或追加被执行人提出的执行异议及执行异议之诉案件的审查处理

……

2. 申请人、被申请人不服执行法院作出的是否变更或追加被申请人为被

执行人的异议裁定,提起执行异议之诉的,应同时具备下列条件:

(1)必须是不服执行法院依据《变更追加规定》**第十四条第二款**、**第十七条至第二十一条**规定作出的变更、追加裁定或驳回申请裁定;

……

二、常见股东责任

4-4　【一人公司】一人公司的情况下，可否追加股东为被执行人？

问题解答

可以，一人有限责任公司的股东未提供证据证明公司财产独立于自己的财产的，应当对公司的涉案债务承担连带责任。

相关证据

工商内档、银行流水（如体现个人与公司之间流水往来）、年度审计报告

相关法律法规及司法观点

《最高人民法院关于民事执行中变更、追加当事人若干问题的规定》

第二十条　作为被执行人的**一人有限责任公司**，财产**不足以清偿**生效法律文书确定的债务，股东不能证明公司财产独立于自己的财产，申请执行人申请变更、追加该股东为被执行人，对公司债务承担连带责任的，人民法院应予支持。

《中华人民共和国公司法》

第六十二条　一人有限责任公司应当在**每一会计年度终了**时编制**财务会计报告**，并经会计师事务所**审计**。

第六十三条　一人有限责任公司的股东不能证明**公司财产独立于股东自己的财产**的，应当对公司债务承担连带责任。

《广东省高级人民法院关于审查处理执行裁决类纠纷案件若干重点问题的解答》

35. 一人有限公司财产不足以清偿到期债务，申请执行人申请追加公司股东为被执行人，举证责任如何确定

意见：一人有限公司股东应举证证明公司财产独立于其个人财产，**不能证明的，可以追加**其为被执行人。

说明：依照《变更、追加规定》第二十条规定，股东不能证明公司财产独立于自己个人财产的，该股东可被追加为案件被执行人，对公司债务承担连带责任。本规定吸收了《公司法》第六十四条规定，将举证责任倒置，目的是为了强化要求一人有限责任公司的股东必须将公司财产与本人个人财产严格分离。

参考案例

【证明标准】财产混同的证据标准

韵某与元鑫公司、明兴发公司案外人执行异议之诉案，最高人民法院(2019)最高法民终1364号民事判决书

法院认为：一人有限责任公司**未进行年度法定审计**，足以令人对股东财产是否独立于公司财产形成合理怀疑。

毕某与基调公司案外人执行异议之诉案，北京市高级人民法院(2021)京民终255号民事判决书

法院认为：未进行年度法定审计，事后提交审计报告及流水，综合研判审计报告涉及时间、内容及银行流水情况无法证明公司财产与个人财产相互独立。

【抗辩证据】证明股东与公司财产独立的相关证据

高德公司与恒丰行公司、峰达公司执行异议之诉案，最高人民法院(2020)最高法民申356号民事裁定书

法院认为：作为一人有限责任公司股东的恒丰行公司已提交《公司董会决议证明》《独立核数师报告》及人民法院委托会计师事务所作出的专项审计报告等证据证明其财产与峰达公司财产相互独立，可不予追加。

【审查要点】抗辩证据的审查要点

庞某与达盛公司、华洋公司申请执行人执行异议之诉案，最高人民法院(2021)最高法民申3711号民事裁定书

法院认为：股东提交会计师事务所出具的审计报告等证据材料以证明

公司财产独立，但根据原审查明的事实，以上审计报告对可通过公开查询获知的案涉执行债务都没有纳入公司的资产负债表，存在明显的审计失败情形，对该审计报告不予采信。

4-5 【一人公司 | 夫妻公司】公司股东为配偶关系的，是否视作一人公司？

问题解答

该情况下夫妻公司系实质意义上的一人有限责任公司，参照《公司法》相关规定处理。

4-6 【一人公司丨债务发生时系一人公司】申请追加时已非一人有限责任公司,但债务发生时系一人公司的,可否追加为被执行人?

问题解答

诸多地方法院认为:一人有限责任公司期间的唯一股东,如不能证明其持股期间个人财产与公司财产相互独立,即应当对其持股期间发生的债务承担连带清偿责任。

参考案例

肖某与青岛拜登公司追加被执行人异议之诉案,浙江省高级人民法院(2022)浙民终359号民事判决书

法院认为:在一人有限责任公司人格否定的情况下,公司**股东**所承担的**连带责任是其自身应承担的债务清偿责任**,而非基于公司股东身份代替公司清偿债务,因而该种连带责任**不因股权的转让而消灭**;而从债权人的角度,其正是基于对一人有限责任公司登记股东的信赖而与公司发生交易,债权人该**信赖利益**也**不因**该登记**股东将其股权转让而受影响**。具体到本案,肖某作为西塘洲际公司系**一人有限责任公司期间的唯一股东**,如不能证明其持股期间个人财产与公司财产相互独立,即应当对其持股期间发生的案涉西塘洲际公司债务承担连带清偿责任。

毕某与基调公司案外人执行异议之诉案,北京市高级人民法院(2021)京民终255号民事判决书

法院认为:案件发生于一人股东期间,股东毕某作为公司当时的唯一股东及法定代表人，对于该笔债务应为知晓，且**现行法律并未规定一人股东承担责任以债务发生时间作为判断标准**。公司法的该项规定旨在防止公司股东滥用公司独立法人地位和股东有限责任以逃避债务，从而严重损害公司债权人的利益，如将该一人有限责任公司的股东仅局限理解为现任股东，则无异于鼓励一人有限责任公司股东滥用其对公司的绝对掌控，在与公司财产混同的情况下，恶意转让股权以逃避责任。

锐景公司与亮尔丽山东分公司、亮尔丽公司凭样品买卖合同纠纷案，浙江省宁波市中级人民法院(2019)浙02民终361号民事判决书

法院认为：公司在涉案合同业务及债务发生时系一人有限责任公司，唯一股东未提供证据证明公司财产独立于其自己的财产，对公司的涉案债务应当承担连带责任。

金稳盈公司与阿里山公司、彭某、王某买卖合同纠纷案，广东省深圳市宝安区人民法院(2016)粤0306民初11935号民事判决书

法院认为：债务发生时系一人有限责任公司，作为一人有限公司的股东未能提供充分证据证明在案涉交易期间公司的财产独立于其个人财产，应当对公司的债务承担连带清偿责任。

4 -7 【出资责任丨追责路径】对存在出资瑕疵的股东及其他责任人,申请执行人如何救济?

问题解答

申请执行人享有**申请追加**相应股东为被执行人、向法院**提起诉讼**两种救济途径。

未缴纳或未足额缴纳出资的股东、未依法履行出资义务即转让股权的股东及依公司法规定对**该出资承担连带责任的发起人**上述3类股东,在司法实践中有被追加为被执行人的对象的可能。

相关法律法规及司法观点

《最高人民法院关于民事执行中变更、追加当事人若干问题的规定》

第十七条 作为被执行人的**营利法人**,财产不足以清偿生效法律文书确定的债务,申请执行人申请变更、追加**未缴纳或未足额缴纳出资的股东、出资人**或依公司法规定对该出资承担连带责任的**发起人**为被执行人,在尚未缴纳出资的范围内依法承担责任的,人民法院应予支持。

第十九条 作为被执行人的公司,财产不足以清偿生效法律文书确定的债务,其**股东未依法履行出资义务即转让股权**,申请执行人申请变更、追加该原股东或依公司法规定对该出资承担连带责任的发起人为被执行人,在未依法出资的范围内承担责任的,人民法院应予支持。

《最高人民法院关于适用〈中华人民共和国公司法〉若干问题的规定(三)》

第十三条 股东**未履行或者未全面履行出资义务**,公司或者其他股东请求其向公司依法全面履行出资义务的,人民法院应予支持。

公司债权人请求**未履行或者未全面履行出资义务的股东**在未出资本息范围内对公司债务不能清偿的部分承担补充赔偿责任的,人民法院应予支持;未履行或者未全面履行出资义务的股东已经承担上述责任,其他债权人提出相同请求的,人民法院不予支持。

股东在公司**设立时未履行或者未全面履行出资义务**,依照本条第一款或者第二款提起诉讼的原告,请求公司的**发起人与被告股东承担连带责任的**,人民法院**应予支持**;公司的发起人承担责任后,可以向被告股东追偿。

股东在公司**增资**时**未履行或者未全面履行出资义务**,依照本条第一款或者第二款提起诉讼的原告,请求未尽公司法第一百四十七条第一款规定的义务而使出资未缴足的**董事、高级管理人员**承担相应责任的,人民法院应予支持;董事、高级管理人员承担责任后,可以向被告股东追偿。

《全国法院民商事审判工作会议纪要》

6.【股东出资应否加速到期】在注册资本认缴制下,股东依法享有期限利益。债权人以公司不能清偿到期债务为由,请求未届出资期限的股东在未出资范围内对公司不能清偿的债务承担补充赔偿责任的,人民法院不予支持。但是,下列情形除外:

(1)公司作为被执行人的案件,人民法院穷尽执行措施无财产可供执行,已具备破产原因,但不申请破产的;

……

《中华人民共和国企业破产法》

第三十五条　人民法院受理破产申请后,债务人的出资人尚未完全履行出资义务的,管理人应当要求该出资人缴纳所认缴的出资,而不受出资期限的限制。

《最高人民法院关于适用〈中华人民共和国企业破产法〉若干问题的规定(一)》

第一条　债务人不能清偿到期债务并且具有下列情形之一的,人民法院应当认定其具备破产原因:

(一)资产不足以清偿全部债务;

（二）**明显缺乏清偿能力**。

相关当事人以对债务人的债务负有连带责任的人未丧失清偿能力为由,主张债务人不具备破产原因的,人民法院应不予支持。

第二条 下列情形同时存在的,人民法院应当认定债务人不能清偿到期债务:

（一）债权债务关系依法成立;

（二）债务履行期限已经届满;

（三）债务人未完全清偿债务。

第四条 债务人账面资产虽大于负债,但存在下列情形之一的,人民法院应当认定其**明显缺乏清偿能力**:

（一）因资金严重不足或者财产不能变现等原因,无法清偿债务;

（二）法定代表人下落不明且无其他人员负责管理财产,无法清偿债务;

（三）经人民法院强制执行,无法清偿债务;

（四）长期亏损且经营扭亏困难,无法清偿债务;

（五）导致债务人丧失清偿能力的其他情形。

参考案例

赵某伟、陈某庆、徐某文、赵某尧与江某萍、申翔公司、陆某福借款合同纠纷案,浙江省宁波市中级人民法院(2020)浙02民终4318号民事判决书

法院认为:本案二审期间,江某萍、申翔公司、陆某福未提交新的证据,赵某伟、陈某庆、徐某文、赵某尧向法院提交银行流水一组和《股权转让及股权回购协议》,证明赵某伟、陈某庆、徐某文、赵某尧在签订《股权转让及股权回购协议》后已经实缴全部出资。

本院经审理,除一审法院已经认定的事实予以确认外另认定如下事实:赵某伟于2017年8月29日向申翔公司转账6000000元,陈某庆于2017年8月22日向申翔公司转账5000000元,徐某文于2017年8月17日向申翔公司转账10000000元,赵某尧于2017年8月17日向申翔公司转账

7000000 元，于同年 9 月 11 日向申翔公司转账 7000000 元。

本院认为，根据赵某伟、陈某庆、徐某文、赵某尧提交的证据可以证明其已向申翔公司履行出资义务，至于款项来源是否为赵某伟、陈某庆、徐某文、赵某尧自有资金并不能否定赵某伟、陈某庆、徐某文、赵某尧向申翔公司转账的事实，至于赵某伟、陈某庆、徐某文、赵某尧向申翔公司转账后立即将相关款项转出而是否需要承担相应责任的问题应另行处理，现江某萍主张赵某伟、陈某庆、徐某文、赵某尧因未履行出资义务应承担连带责任的请求缺乏相应的事实依据，本院难以支持。

4-8 【出资未缴(追加、诉讼) | 股权转让】未依法履行出资义务即转让股权的股东，作何理解？

问题解答

实务中一般认为：股东在认缴出资期限届满前转让股权，不属于未履行或者未全面履行出资义务。

最高人民法院有判例认为：未依法履行出资义务即转让股权的股东应局限解释为在**具有转让股权以逃废出资义务的恶意或注册资本不高且零实缴并设定长期认缴期**的情况下，出资期限尚未届满即转让股权的股东。

参考案例

【否定责任(追加)】相关股东转让时享有期限利益,不属于未履行或者未全面履行出资义务

德厚公司与太兴置业公司、益业能源投资公司、益业投资公司追加、变更被执行人执行异议之诉案,最高人民法院(2021)最高法民申6423号民事裁定书

法院认为:出资期限尚未届满,转让股权的股东,除非该股东**具有转让股权以逃废出资义务的恶意**,或存在**注册资本不高的情况下零实缴出资并设定超长认缴期等例外情形**,否则不属于《最高人民法院关于民事执行中变更、追加当事人若干问题的规定》第十九条规定的"未依法履行出资义务即转让股权的股东"。

边某与高某等申请执行人执行异议之诉案,最高人民法院(2020)最高法民申5769号民事裁定书

法院认为:有限责任公司的股东未履行或者未全面履行出资义务,公司债权人可以请求该股东在未出资本息范围内对公司债务不能清偿的部分承担补充赔偿责任。在注册资本认缴制下,股东应当按期足额缴纳公司章程规定的认缴出资额,股东对于认缴的出资享有期限利益,在出资期限届满前无实际出资的义务,因此,**股东在认缴出资期限届满前转让股权,不属于未履行或者未全面履行出资义务。**

捷诚公司与被沈大公司、宏达公司与公司有关的纠纷案,浙江省高级人民法院(2018)浙民申2313号民事裁定书、浙江省嘉兴市中级人民法院(2017)浙04民终1929号民事判决书

法院认为:原股东在出资义务尚未到期的情况下转让股权,不属于出资期限届满而不履行出资义务的情形,原股东不应再对公司承担出资责任。本案并不符合《最高人民法院关于适用〈中华人民共和国公司法〉若干问题的规定(三)》第十八条规定的情形,债权人要求原股东在本案中承担付款责任,缺乏依据,本院不予支持。

中量公司与被告沈某、汪某等申请执行人执行异议之诉案，宁波海事法院（2019）浙72民初1783号民事判决书

法院认为：《最高人民法院关于适用〈中华人民共和国公司法〉若干问题的规定（三）》第十三条第二款、《最高人民法院关于民事执行中变更、追加当事人若干问题的规定》第十七条、第十九条均针对公司股东履行出资义务已经到期应履行而未履行的情形，不包括出资未到期的公司股东的出资义务，案涉债务形成至纠纷发生，四被告的出资期限均未届满，且登记缴纳的时间是公开的，四被告作为股东依法享有期限利益，不属于上述司法解释中未缴纳或未足额缴纳出资的股东。

湃熙公司申请追加被申请人案，浙江省宁波市鄞州区人民法院（2020）浙0212执异175号执行裁定书

法院认为：本案各被申请人虽未缴纳出资，但《中华人民共和国公司法》确立了认缴资本制，股东享有出资的期限利益。因而，在出资认缴期限未届满的情况下，各被申请人不存在上述规定中的"未缴纳或未足额缴纳出资、未依法履行出资义务"的情形，也不存在因"该出资承担连带责任的发起人"的情形，故申请执行人要求追加被申请人为被执行人的请求，不符合法律规定，本院不予支持。

李某申请追加被执行人案，浙江省慈溪市人民法院（2020）浙0282执异129号执行裁定书

法院认为：出资期限已届满但未履行出资义务的股东，属于未履行或者未全面履行出资义务的股东，可予以追加，要求其承担补充赔偿责任。

天信合公司申请追加被执行人案，浙江省宁波市镇海区人民法院（2020）浙0211执异52号执行裁定书

法院认为：执行案件债权债务发生之前已经转让了股权的股东，申请人现在执行程序中要求追加其为被执行人并无法律依据，本院依法不予准许。

艾博公司与蒂森公司、莫某等追加、变更被执行人异议之诉案,浙江省嘉兴市南湖区人民法院(2020)浙0402民初4613号民事判决书、浙江省嘉兴市南湖区人民法院(2020)浙0402执异16号执行裁定书

法院认为:首先,股东认缴的出资期限尚未届满,该期限利益应归于认缴出资的股东。其次,当公司执行人不能清偿单个债权人的到期债权且符合破产条件时,原告作为债权人应申请被执行人破产,通过破产清算,加速股东认缴义务的履行,以实现债权人的合法权益。

宇昂公司申请追加被执行人案,浙江省德清县人民法院(2020)浙0521执异21号执行裁定书

法院认为:本案债权于2019年12月9日被确认,申请执行人与被执行人于2019年7月12日发生业务关系,届时未缴纳出资即转让股权的股东已转让股权两年之久,相关股东无法预见发生在后的业务往来,也不可能存在损害申请执行人利益的故意,相关股东转让股权的行为与申请执行人债权未清偿之间不存在因果关系,对申请执行人追加相关股东为本案被执行人的主张,本院不予支持。

【支持追加丨恶意转让】股权转让给无履行能力的人员

三新公司与闻某、谢某等申请执行人执行异议之诉案,浙江省衢州市中级人民法院(2021)浙08民终586号民事判决书

法院认为:公司被执行人原始股东温敏某与屈林某于2019年1月3日签订股权转让合同。此时,虽出资期限尚未届满,但案涉债务已经一审法院判决确认并生效,且公司其他负债(已被法院判决确认的)已高达五六百万元,温敏某在此情况下,将其股权转让给一个农村青年,明显具有通过股权转让逃废出资义务的恶意,明显损害债权人的合法权益,故不能免除温敏某补足出资的义务,其仍应与受让股东屈林某在未缴纳出资范围内共同对公司债务承担补充赔偿责任。

转让行为系发生于案涉公司债务形成之后,且此时公司已背负其他巨额债务,支付不能,经营异常,相关股权转让行为显属恶意逃废出资义务之举,有悖诚信,有损债权人的合法权益,应给予否定性评价。

徐某与风盛传媒公司执行异议之诉案，浙江省杭州市上城区人民法院（2020）浙0102民初2167号民事判决书、浙江省杭州市上城区人民法院（2020）浙0102执异3号执行裁定书

法院认为：债务发生时的责任股东在明知公司对外负债且无力清偿的情况下，恶意转让未届出资期限的股权，其行为损害债权人利益，不应予以保护。

赵某与新灵公司案外人执行异议之诉案，浙江省绍兴市柯桥区人民法院（2018）浙0603民初8337号民事判决书、浙江省绍兴市柯桥区人民法院（2018）浙0603执异112号执行裁定书

法院认为：被追加股东系被执行人，其既是公司的发起人，又是原股东，在认缴而未实缴注册资本的情况下，将股权零对价转让给他人，考虑到实际出资为零，股东未依法履行出资义务，且在**明知公司无财产履行债务时将股权转让给他人**，故在被执行公司无财产可供执行的情况下，本院依法追加相关股东为被执行人，并责令其对受让永亨公司股权的股东未缴纳出资的范围内承担连带责任，符合法律规定。

上述股东主张以垫资款替代出资款，因与事实不符，且系两种不同性质的款项，不予采信。

【支持追加｜延长出资期限转让】出资期限届满后延长期限并转让股权

宁兴公司申请追加被执行人案，浙江省宁波市海曙区人民法院（2020）浙0203执异122号执行裁定书

法院认为：出资期限届满后，责任股东延长出资期限，并将股权转让他人，原股东应当承担责任。

【支持追加｜多次转让】根据《最高人民法院关于民事执行中变更、追加当事人若干问题的规定》，原股东的范围不局限于原始创设股东或债务发生时的股东

李某与永利多公司、中汇公司案外人执行异议之诉案，北京市高级人民法院（2021）京民申2036号民事裁定书

法院认为：根据《最高人民法院关于民事执行中变更、追加当事人若干问题的规定》就"原股东"的理解并未限定为原始创设股东或债务发生时的股东,李某曾经作为中汇公司股东且未履行出资义务,应视为符合《规定》中依法追加为被执行人之要件。

【否定责任(诉讼)】相关股东转让时享有期限利益,不属于未履行或者未全面履行出资义务

陈某平与戴某娜、刘某芬股东损害公司债权人利益责任纠纷案,浙江省宁波市中级人民法院(2020)浙02民终1393号民事判决书、浙江省宁海县人民法院(2019)浙0226民初5592号民事判决书

法院认为:2017年4月13日,宁波国瑶建材有限公司股东由戴某国变更为戴某国、刘某芬、戴某娜,该公司章程载明股东出资均在2025年12月31日之前缴纳。2018年9月5日刘某芬、戴某娜分别与戴某国签订《股权转让协议书》,约定二人将宁波国瑶建材有限公司股权转让给戴某国,并于同年9月12日完成了股东变更登记。因此,至2019年1月3日陈某平提起诉讼时,戴某娜、刘某芬已经并非宁波国瑶建材有限公司股东,且按照公司章程约定,二人转让股权之时,股东出资期限并未到期。因此,陈某平以戴某娜、刘某芬未履行出资义务要求戴某娜、刘某芬赔偿货款损失,本院不予支持。

王某洁与袁某、沈某裴等股东损害公司债权人利益责任纠纷案,浙江省杭州市富阳区人民法院(2020)浙0111民初4655号民事判决书

法院认为:四被告转让股权时,其未缴纳的出资尚未达到出资期限,故其未出资部分尚未达到履行出资义务的条件,此时转让股权不能认定系在未履行或者未全面履行出资义务的情况下的转让,不应适用上述司法解释。

四被告在股权转让后,其原享有的权利及应履行的义务一并概括转让给了张某斌,张某斌亦因此成为登记于公司登记机关的股东,债权人的信赖利益应建立在对外具有公示效力的相应登记内容的基础之上。综上,王某洁现要求原股东袁某、沈某斐、张某、吴某军承担出资义务,进而在此基础上要求袁某、沈某斐、张某、吴某军对野露子公司及张某斌的债务承担连带赔偿责任缺乏依据,本院不予支持。

4-9 【出资未缴(追加)丨加速到期】执行阶段,出资义务可否视为提前到期,从而论证相应股东构成"未缴纳或未足额缴纳出资"的股东?

问题解答

执行阶段可否以股东出资义务加速到期为由,对出资期限尚未届满的股东予以追加,司法实践中存在两种不同观点:

(1)认为上述股东执行阶段出资义务应当视为提前到期,予以追加(如山东省);

(2)认为上述股东享有期限利益,不属于未缴纳或未足额缴纳出资的股东,不予追加。

最高人民法院有案例认为执行阶段出资义务应当视为提前到期,对相应股东予以追加。

另,最高人民法院于2022年6月24日公布的《中华人民共和国民事强制执行法(草案)》中,将法人财产不足以清偿债务时依法对该债务承担清偿责任的出资人作为追加对象。

相关证据

公司章程、股东会决议、股权转让完税证明、股权转让登记表、企业年报、原审判决书、申请执行书、财产查询反馈汇总表、终本告知表等

相关法律法规及司法观点

《最高人民法院关于民事执行中变更、追加当事人若干问题的规定》

第十七条　作为被执行人的营利法人,财产不足以清偿生效法律文书确

定的债务,申请执行人申请变更、追加**未缴纳或未足额缴纳出资的股东**、出资人或依公司法规定对该出资承担连带责任的发起人为被执行人,在尚未缴纳出资的范围内依法承担责任的,人民法院应予支持。

《全国法院民商事审判工作会议纪要》

6.【股东出资应否加速到期】在注册资本认缴制下,股东依法享有期限利益。债权人以公司不能清偿到期债务为由,请求未届出资期限的股东在未出资范围内对公司不能清偿的债务承担补充赔偿责任的,人民法院不予支持。但是,下列情形除外:

(1)**公司作为被执行人的案件**,人民法院**穷尽执行措施无财产可供执行**,已具备破产原因,但不申请破产的;

……

《最高人民法院关于适用〈中华人民共和国公司法〉若干问题的规定(三)》

第十三条　股东未履行或者未全面履行出资义务,公司或者其他股东请求其向公司依法全面履行出资义务的,人民法院应予支持。

公司**债权人**请求**未履行或者未全面履行出资义务**的股东在未出资本息范围内对公司债务不能清偿的部分承担补充赔偿责任的,人民法院应予支持;未履行或者未全面履行出资义务的股东已经承担上述责任,其他债权人提出相同请求的,人民法院不予支持。

……

《中华人民共和国企业破产法》

第三十五条　人民法院受理破产申请后,债务人的出资人尚未完全履行出资义务的,管理人应当要求该出资人缴纳所认缴的出资,而不受出资期限的限制。

《最高人民法院关于适用〈中华人民共和国企业破产法〉若干问题的规定(一)》

第一条　债务人不能清偿到期债务并且具有下列情形之一的,人民法院应当认定其具备破产原因:

(一)资产不足以清偿全部债务;

(二)明显缺乏清偿能力。

相关当事人以对债务人的债务负有连带责任的人未丧失清偿能力为由,主张债务人不具备破产原因的,人民法院应不予支持。

第二条　下列情形同时存在的,人民法院应当认定债务人不能清偿到期债务:

(一)债权债务关系依法成立;

(二)债务履行期限已经届满;

(三)债务人未完全清偿债务。

第四条　债务人账面资产虽大于负债,但存在下列情形之一的,人民法院应当认定其**明显缺乏清偿能力**:

……

(三)经人民法院强制执行,无法清偿债务;

……

《山东高院执行疑难法律问题解答(三)》

33. 未完全履行出资义务的公司股东在认缴出资期限未届满时,债权人申请追加该股东为被执行人,法院应否支持?

答:《全国法院民商事审判工作会议纪要》〔法(2019)254号〕规定:“6. 在注册资本认缴制下,股东依法享有期限利益。债权人以公司不能清偿到期债务为由,请求未届出资期限的股东在未出资范围内对公司不能清偿的债务承担补充赔偿责任的,人民法院不予支持。但是,下列情形除外:(1)公司作为被执行人的案件,人民法院穷尽执行措施无财产可供执行,已具备破产原因,但不申请破产的;(2)在公司债务产生后,公司股东(大)会决议或以其他方式延长股东出资期限的。”参照上述意见,未完全履行出资义务的公司股东在认缴出资期限未届满时,法院不能追加该股东为被执行人,但存在上述例外情形的除外。

参考案例

【支持追加】

泰盛公司申请追加被执行人案,福建省福州市鼓楼区人民法院(2019)闽0102执异42号执行裁定书

法院认为:在执行阶段,对债务人能否清偿到期债务的事实已经确定,非处于待定状态,出资义务应当视为提前到期。

杜某传申请追加被执行人案,浙江省义乌市人民法院(2020)浙0782执异82号执行裁定书;宝仕德公司申请追加被执行人案,浙江省义乌市人民法院(2018)浙0782执异216号执行裁定书

法院认为:股东认缴出资的承诺是公司责任财产的重要组成部分,并具有担保公司债务的目的。第三人龙某海、胡某作为佳仕美公司的股东,其认缴公司注册资本的期限虽未到,但**在公司财产不足以清偿本案债务,已具备破产原因但不申请破产的情况下**,其对公司注册资本认缴期限的约定与认缴承诺担保公司债务的目的相冲突,**应否定认缴期限的效力**,导致认缴期限加速到期,故对异议人申请追加龙某海、胡某为本案被执行人的异议请求,本院予以支持。

常山农投公司申请追加被执行人案,浙江省常山县人民法院(2020)浙0822执异12号执行裁定书

法院认为:股东未缴纳出资,虽然根据法律规定享有出资期限利益,但因未出资造成公司无财产可供执行,对其期限利益不予保护。

东瑞公司申请追加被执行人案,福建省宁波市镇海区人民法院(2020)浙0211执异20号执行裁定书

法院认为:作为被执行人的企业法人,财产不足以清偿生效法律文书确定的债务,申请执行人申请变更、追加未缴纳或未足额缴纳出资的股东、出资人或依公司法规定对该出资承担连带责任的发起人为被执行人,在尚未缴纳出资的范围内依法承担责任的,人民法院应予支持。

唐某申请追加被执行人案，浙江省象山县人民法院（2020）浙 0225 执异 96 号执行裁定书；象保公司申请追加被执行人案，浙江省象山县人民法院（2020）浙 0225 执异 52 号执行裁定书；王某申请追加被执行人案，浙江省象山县人民法院（2020）浙 0225 执异 51 号执行裁定书；国基公司申请追加被执行人案，浙江省象山县人民法院（2020）浙 0225 执异 12 号执行裁定书；张某申请追加被执行人案，浙江省象山县人民法院（2020）浙 0225 执异 94 号执行裁定书

法院认为：在有生效判决，经公司债权人申请执行的情况下，如果穷尽执行措施公司还无财产可供执行，已具备破产原因，但不申请破产的，其结果与《企业破产法》第二条规定的公司资产不足以清偿全部债务或者明显缺乏清偿能力完全相同，故这种情形下比照《企业破产法》第三十五条的规定，股东未届期限的认缴出资，加速到期。

邹某、钟某与长鑫公司案外人执行异议之诉案，浙江省舟山市定海区人民法院（2020）浙 0902 民初 932 号民事判决书、浙江省舟山市定海区人民法院（2020）浙 0902 执异 15 号执行裁定书

法院认为：《中华人民共和国民事诉讼法》规定的案外人执行异议之诉制度，已充分保障了案外人的抗辩权，两原告主张《全国法院民商事审判工作会议纪要》第六条规定仅适用于商事实体审判，而不适用于执行工作并无法律依据。《最高人民法院关于民事执行中变更、追加当事人若干问题的规定》第十七条规定，作为被执行人的企业法人，财产不足以清偿生效法律文书确定的债务，申请执行人申请变更、追加未缴纳或未足额缴纳出资的股东、出资人或依公司法规定对该出资承担连带责任的发起人为被执行人，在尚未缴纳出资的范围内依法承担责任的，人民法院应予支持。虽然本案中两原告的出资期限未至，但结合上述《全国法院民商事审判工作会议纪要》第六条规定，两原告的出资义务应加速到期，长鑫公司申请追加两原告为被执行人的请求有法律和事实依据，本院（2020）浙 0902 执异 15 号执行裁定并无不当。

新世纪公司申请追加被执行人案,浙江省舟山市定海区人民法院(2020)浙0902执异23号执行裁定书

法院认为:虽然王某海、郑某豪的出资期限未至,但根据《全国法院民商事审判工作会议纪要》第六条规定:在注册资本认缴制下,股东依法享有期限利益。债权人以公司不能清偿到期债务为由,请求未届出资期限的股东在未出资范围内对公司不能清偿的债务承担补充赔偿责任的,人民法院不予支持。公司作为被执行人的案件,人民法院穷尽执行措施无财产可供执行,已具备破产原因,但不申请破产的情形除外。现本院对高晟公司已穷尽执行措施,高晟公司仍无法清偿债务,已具备破产原因,但高晟公司、王某海、郑某豪均不同意申请破产。被申请人王某海以高晟公司已向本院起诉,且债权金额足以清偿债务为由,认为高晟公司仍有财产可供执行。但该案尚在本院审理中,权利义务尚未明确,不足以证明高晟公司确有清偿债务能力,本院不予采信。故申请人新世纪公司申请追加王某海、郑某豪作为被执行人的请求,本院予以支持。

【否定追加】

李某与杨某信、中青汇力公司申请执行人执行异议之诉案,最高人民法院(2020)最高法民申4443号民事裁定书

法院认为:依据《最高人民法院关于民事执行中变更、追加当事人若干问题的规定》第十七条申请追加尚未缴纳出资的杨某信为被执行人,该条**"未缴纳或未足额缴纳出资的股东",系指未按期足额缴纳其所认缴出资额的股东**。而杨某信于2017年4月27日受让案涉股权时,其出资认缴时间为2044年1月1日,依法享有缴纳出资的期限利益,不属于未按期足额缴纳出资的情形。原审法院驳回李某的诉讼请求,并无不当。

安格洛公司申请追加被执行人案,浙江省金华市中级人民法院(2019)浙07执异52号执行裁定书

法院认为:股东出资均为认缴制,且出资期限尚未届至,股东即便未予缴纳出资也难以构成未履行出资义务或者未缴纳出资。

张某、王某申请追加被执行人案，浙江省慈溪市人民法院（2020）浙0282执异4号执行裁定书

法院认为：股东依法获得分期缴纳出资的期限利益受法律保护。被执行人工商登记信息被列入异常名录并非认缴出资时间加速到期的法定条件，不予准许。

【证据不足驳回】

华润混凝土公司申请追加被执行人案，浙江省宁波市北仑区人民法院（2018）浙0206执异40号执行裁定书

法院认为：申请执行人提交被执行人章程，该证据证明公司股东应缴纳的出资额，并不能证实公司股东是否实际出资。其主张公司股东未缴纳后期出资，无证据证实，本院不予采信，故申请人要求追加公司股东为本案被执行人的请求，本院不予支持。

三赢公司申请追加被执行人案，浙江省余姚市人民法院（2019）浙0281执异146号执行裁定书

法院认为：申请执行人未能提供证据证明被申请人出资的实际情况，本院不予支持。

4－10 【出资未缴(追加)|发起人责任】需对公司债务承担补充赔偿责任的发起人,如何理解?

问题解答

该发起人系对**公司设立时未履行或未全面履行出资义务的股东**以外的**公司发起人。**

公司发起人依法负有确保公司资本充实的义务,应对其他发起人或股东未全面履行出资义务的行为承担连带责任。

笔者认为:上述义务系在出资义务已经到期的情况下,由公司发起人对未履行资本充实义务的其他股东承担兜底责任。

相关法律法规及司法观点

《最高人民法院关于民事执行中变更、追加当事人若干问题的规定》

第十七条　作为被执行人的营利法人,财产不足以清偿生效法律文书确定的债务,申请执行人申请变更、追加未缴纳或未足额缴纳出资的股东、出资人或**依公司法规定对该出资承担连带责任的发起人**为被执行人,在尚未缴纳出资的范围内依法承担责任的,人民法院应予支持。

第十九条　作为被执行人的公司,财产不足以清偿生效法律文书确定的债务,其股东未依法履行出资义务即转让股权,申请执行人申请变更、追加该原股东或**依公司法规定对该出资承担连带责任的发起人**为被执行人,在未依法出资的范围内承担责任的,人民法院应予支持。

《最高人民法院关于适用〈中华人民共和国公司法〉若干问题的规定(三)》

第十三条　股东未履行或者未全面履行出资义务,公司或者其他股东请求其向公司依法全面履行出资义务的,人民法院应予支持。

公司债权人请求未履行或者未全面履行出资义务的股东在未出资本息范围内对公司债务不能清偿的部分承担补充赔偿责任的,人民法院应予支持;未履行或者未全面履行出资义务的股东已经承担上述责任,其他债权人提出相同请求的,人民法院不予支持。

股东在公司设立时未履行或者未全面履行出资义务,依照本条第一款或者第二款提起诉讼的原告,**请求公司的发起人与被告股东承担连带责任的**,人民法院应予支持;公司的发起人承担责任后,可以向被告股东追偿。

……

《江苏省高级人民法院关于执行疑难问题的解答》

8. 除《中华人民共和国公司法》及其解释的相关规定之外,哪些情况下也可以追加股东为被执行人?

答:……

发起人出资不实,可以追加其他发起人为被执行人,与该发起人一起在出资不实的范围内向公司债权人承担连带赔偿责任。其他股东出资不实,可以追加发起人为被执行人,与出资不实的股东向公司债权人承担连带赔偿责任。

……

参考案例

边某与高某等申请执行人执行异议之诉案,最高人民法院(2020)最高法民申5769号民事裁定书

法院认为:《最高人民法院关于适用〈中华人民共和国公司法〉若干问题的规定(三)》第十三条第三款规定系对公司设立时未履行或未全面履行出资义务的**股东以外的公司发起人**责任的规范。

唐某与任殊某执行异议之诉案,北京市第三中级人民法院(2020)京03民终7147号民事判决书、北京市朝阳区人民法院(2019)京0105民初75682号民事判决书

法院认为:公司发起人依法负有确保公司资本充实的义务,不仅要对自己违反出资义务的行为承担法律责任,还应对其他发起人或股东未全面履行出资义务的行为承担连带责任,且不论其是否具有过错。发起人的资本充实责任范围应当与公司设立时股东在公司章程中承诺的出资义务一致。

出资期限届满后,苏州牧康公司、任殊某未向北京牧康公司缴纳任何出资。苏州牧康公司、任殊某**除了应当补缴各自的出资之外,相互之间承担连带责任**,即对于苏州牧康公司未缴纳的4990万元出资,任殊某依法负有连带责任。

一审法院作出的(2019)京0105执异1377号执行裁定书,**追加**任殊某为(2019)京0105执16963号执行案件**被执行人**、在未出资10万元范围内对北京牧康公司债务承担补充赔偿责任,适用法律正确,但**未对任殊某作出发起人的责任作出认定,应予纠正**。任殊某作为北京牧某公司发起人,就苏州牧康公司未依法出资4990万元本息范围内对北京牧康公司债务的补充赔偿责任,亦应当承担连带责任。

4－11　【出资未缴(诉讼)丨管辖权】股东损害债权人利益纠纷,原告住所地法院是否有管辖权?

问题解答

虽有最高人民法院案例认为,原告住所地对股东损害债权人利益纠纷有管辖权,但实践中立案存在一定难度。

参考案例

科伦比亚公司与朱某、李某股东损害公司债权人利益责任纠纷案，最高人民法院(2018)最高法民辖162号民事裁定书

法院认为：以股东损害债权人利益纠纷为案由起诉的，原告住所地亦可管辖。

4-12 【出资未缴(诉讼)|利益归属】追究股东出资责任的利益，归起诉债权人还是所有债权人？

问题解答

债权人提起诉讼系为自身利益的诉讼，所获收益归债权人个人而非归债务人。

参考案例

李某辉与滕某、莫某海、合创睦家公司执行异议之诉案，北京市第三中级人民法院(2020)京03民终3398号民事判决书；郭某琴与滕某、莫某海、合创睦家公司执行异议之诉案，北京市第三中级人民法院(2020)京03民终3399号民事判决书

法院认为：二、关于莫某海、滕某主张的不应单独清偿案涉债权能否成立一项。如上所述，法院穷尽执行措施公司无财产可供执行，已具备破产原因,但不申请破产的,股东出资应当加速到期,但在这种情况下,加速到期的财产归公司的债权人而非同破产那样归公司,此类情况并非破产程序,在保护本案债权人的同时,并不妨碍其他债权人申请公司破产,亦不妨碍公司自身申请破产。且,债权人提起本案诉讼系为自身利益的诉讼,所获收益归债权人个人而非归债务人,其并非代表全体债权人进行诉讼。因此,对于莫某海、滕某的不应单独清偿案涉债权的主张,本院不予采信。

4-13 【出资未缴(诉讼)丨加速到期】无财产终本后提起相关诉讼,股东的认缴出资是否应当加速到期?

问题解答

实务中常以终结本次执行程序裁定作为《全国法院民商事审判工作会议纪要》中"公司作为被执行人的案件,人民法院穷尽执行措施无财产可供执行,已具备破产原因,但不申请破产的"认定条件,可导致出资义务加速到期的法律后果。

相关法律法规及司法观点

《全国法院民商事审判工作会议纪要》

6.【股东出资应否加速到期】在注册资本认缴制下,股东依法享有期限利益。债权人以公司不能清偿到期债务为由,请求未届出资期限的股东在未出资范围内对公司不能清偿的债务承担补充赔偿责任的,人民法院不予支持。

但是,下列情形除外:

(1)公司作为被执行人的案件,人民法院穷尽执行措施无财产可供执行,已具备破产原因,但不申请破产的;

……

《最高人民法院关于适用〈中华人民共和国企业破产法〉若干问题的规定(一)》

第四条 债务人账面资产虽大于负债,但存在下列情形之一的,人民法院应当认定其明显缺乏清偿能力:

……

(三)经人民法院强制执行,无法清除债务;

……

参考案例

郑某与胡某、盛某等股东损害公司债权人利益责任纠纷案,浙江省温州市中级人民法院(2020)浙03民终4844号民事判决书、浙江省乐清市人民法院(2020)浙0382民初7300号民事判决书

法院认为:上海正泰断路器有限公司作为被执行人的案件(2019)浙0382执4503号,因穷尽执行措施无财产可供执行,已被人民法院裁定终结本次执行,可见公司已具备破产原因却不申请破产,在此情形下,股东未届期限的认缴出资,应加速到期。因此,债权人郑某请求未届出资期限的股东在未出资范围内对公司不能清偿的债务承担补充赔偿责任的,应予支持。

周某莲与应某兴、惠行公司股东损害公司债权人利益责任纠纷案,浙江省金华市中级人民法院(2020)浙07民终3606号民事判决书、浙江省永康市人民法院(2020)浙0784民初2370号民事判决书

法院认为:周某莲的债权经对永康惠行公司穷尽强制执行措施后仍无法受偿,该情形已符合上述规定条件,应某兴的认缴期限虽未届至,但其仍应当依法对永康惠行公司不能向周某莲清偿的债务承担赔偿责任。

园牧公司与蒋某林、胡某凤、张某股东损害公司债权人利益责任纠纷案,浙江省宁波市鄞州区人民法院(2020)浙0212民初7455号民事判决书

法院认为:原告申请执行艾华林公司买卖合同纠纷一案已因艾华林公司无财产可供执行而经法院裁定终结其执行程序,艾华林公司已具备破产原因,但未申请破产,故艾华林公司股东的认缴出资应当加速到期。

被告胡某凤、张某明知被告蒋某林、胡某凤未全面履行出资义务而受让股权,依法应分别对被告蒋某林、胡某凤在未出资本息范围内承担的补充赔偿责任承担连带责任。

童某林与耿某奇、余某等股东损害公司债权人利益责任纠纷案,浙江省宁波市鄞州区人民法院(2019)浙0212民初11881号民事判决书

法院认为:仲裁调解书已确认荣升公司对童某林所负之债务(一次性调解款600000元和违约金50000元),荣升公司未按期履行,经本院强制执行后,童某林仅参与分配实现债权39394元,此外荣升公司名下无其他可供执行财产,本院因此裁定终结执行程序。荣升公司不能清偿到期债务,明显缺乏清偿能力,已具备破产原因,但荣升公司未申请破产,公司股东出资应加速到期。因此被告耿某奇、余某应在未出资本息范围内对荣升公司债务不能清偿的部分承担补充赔偿责任。

张某良、王某与吴某钧、李某平等股东损害公司债权人利益责任纠纷案,浙江省慈溪市人民法院(2020)浙0282民初1821号民事判决书

法院认为:两原告与快而优公司的债权债务关系已被本院判决确定,且快而优公司届期未履行该判决确定的义务,经本院强制执行仍无法清偿债务,快而优公司明显缺乏清偿能力,故快而优公司已具备破产原因。被告吴某钧、李某平、李某会作为快而优公司的股东,在未申请破产及未举证证明已履行出资义务的情形下,应当在未出资范围内对快而优公司的债务承担补充赔偿责任。

马某与曾某、郑某等股东出资纠纷案,浙江省金华市金东区人民法院(2020)浙0703民初2715号民事判决书

法院认为:该债务经人民法院强制执行,因第三人无财产可供执行而终结执行程序,即使第三人与案外人因纠纷在人民法院进行诉前调解,在没有生效裁判文书且执行到位的情况下,也无法证明其还有财产。综上所述,本院认定第三人已具备破产原因。由于第三人不向人民法院申请破产,三被告的出资期限应加速到期。

沈某与钟某法等股东损害债权人利益责任纠纷案,浙江省绍兴市上虞区人民法院(2020)浙0604民初2627号民事判决书

法院认为:根据查明的事实,浙江普达电气有限公司经法院强制执行,无法清偿到期债务,公司明显缺乏清偿能力,符合公司作为被执行人的案件,人民法院穷尽执行措施无财产可供执行,已具备破产原因,但不申请破产的情况,现沈某要求股东钟某法、徐某原出资加速到期并承担补充赔偿责任,本院依法予以支持。

4－14 【出资未缴(诉讼)丨直接主张】可否在原债权债务诉讼中,直接要求股东在未出资范围内对公司债务承担责任?

问题解答

若对方已有案件因公司无可供执行财产终结本次执行程序的,则可以主张。

参考案例

江某萍与赵某伟、陈某庆等借款合同纠纷案,浙江省宁波市中级人民法院(2020)浙02民终4318号民事判决书

法院认为:江某萍主张申翔公司已被多家法院执行,均未能执行到位,申翔公司法定代表人陆某福自认该公司目前已处于停产状态,因尚欠税费故无法申请破产,申翔公司的此种情况符合股东出资义务加速到期的情形,赵某伟、陈某庆、徐某文、赵某尧应承担相应责任。

陆某福未提交证据证明其已履行全部出资义务,江某萍要求陆某福承担相应责任的请求有事实和法律依据。

博臣公司与叶某富、洪某娟等民间借贷纠纷案,浙江省杭州市中级人民法院(2020)浙01民终2905号民事判决书

法院认为:根据查明的事实,杭广公司注册资本采用认缴制,认缴期限为2040年12月31日前,现该认缴期限并未截止,亦无证据证明存在杭广公司作为被执行人的案件经人民法院穷尽执行措施无财产可供执行,公司已具备破产原因但不申请破产,或者在杭广公司债务产生后,公司股东大会决议或以其他方式延长股东出资期限的情形,故博臣公司以杭广公司不能清偿到期债务为由要求其股东叶某富、洪某娟、包某丽、寿某宇、张某青、孙某洋、颜某阳对公司不能清偿的债务承担补充赔偿责任于法无据。

4－15　【抽逃出资】如何追究抽逃出资的股东、出资人的责任？

问题解答

在发现被执行人公司存在缴纳注册资本后又转出，且未有证据表明其后补足出资或交付对价的，可以请求该**股东、出资人，协助抽逃的其他股东、董事、高级管理人员、实际控制人**承担责任。具体方式有申请追加、诉讼追责两种。

（1）**申请追加**：追加抽逃出资的股东、出资人为被执行人。

（2）**诉讼追责**：要求责任主体承担补充赔偿责任。

两种追责方式在审查事项及证明标准上基本一致。

相关证据

验资报告、银行流水、公司章程、企业年报、股东会决议、司法审计报告

相关法律法规及司法观点

《最高人民法院关于适用〈中华人民共和国公司法〉若干问题的规定（三）》

第十二条　公司成立后，公司、股东或者公司债权人以相关股东的行为符合下列情形之一且损害公司权益为由，请求**认定该股东抽逃出资**的，人民法院应予支持：

（一）制作**虚假财务会计报表**虚增利润进行分配；

（二）通过**虚构债权债务关系**将其出资转出；

（三）利用**关联交易**将出资转出；

（四）其他**未经法定程序将出资抽回**的行为。

第十四条　股东抽逃出资，公司或者其他股东请求其向公司返还出资本

息、协助抽逃出资的其他股东、董事、高级管理人员或者实际控制人对此承担连带责任的,人民法院应予支持。

公司债权人请求**抽逃出资的股东**在抽逃出资本息范围内对公司债务不能清偿的部分承担**补充赔偿责任**、协助抽逃出资的其他**股东**、**董事**、**高级管理人员**或者**实际控制人**对此承担连带责任的,人民法院应予支持;抽逃出资的股东已经承担上述责任,其他债权人提出相同请求的,人民法院不予支持。

《最高人民法院关于民事执行中变更、追加当事人若干问题的规定》

第十八条　作为被执行人的营利法人,财产不足以清偿生效法律文书确定的债务,申请执行人申**请变更**、**追加抽逃出资的股东**、**出资人为被执行人**,在抽逃出资的范围内承担责任的,人民法院应予支持。

《广东省高级人民法院关于审查处理执行裁决类纠纷案件若干重点问题的解答》

34. 企业法人为被执行人的,申请执行人要求追加股东、出资人等为被执行人,如何审查

意见:申请执行人以被执行人的股东、出资人等注资不实、抽逃出资、无偿接受被执行人财产,致使被执行人财产不足以清偿债务为由,申请该股东、出资人在注资不实、抽逃出资、接受财产范围内承担责任的:

1. 人民法院执行过程中发现被执行人的**股东**、**出资人**等存在**出资不实**、**抽逃出资**的,**无论行为发生在执行依据作出之前或之后**,**均可直接追加该股东**、**出资人为被执行人**。

2. 人民法院执行过程中发现被执行人股东、出资人或主管部门无偿接受其财产的,上述情形出现在被执行人被注销或出现被吊销营业执照、被撤销、被责令关闭、歇业等解散事由后的,可直接追加该股东、出资人或主管部门为被执行人。

说明:出资不实、抽逃出资、无偿接受财产均严重影响法人清偿能力甚至民事行为能力,即使执行依据作出过程中没有发现上述情形,只要在执行过程中发现,也可直接追加该股东、出资人或主管部门为被执行人,而无需另诉。特别需要注意的是,《变更、追加规定》第十八条、第二十五条所称"作为被执行

人的企业法人”，是对被执行人系企业法人身份的指称，不是对条文所涉情形发生时间的限制，并非要求企业法人成为被执行人之后才能适用该条款。《变更、追加规定》第二十二条，要求股东、出资人或主管部门无偿接受被执行人财产的行为必须发生被执行人被注销或出现被吊销营业执照、被撤销、被责令关闭、歇业等解散事由后，但不要求发生在执行依据作出之前或之后。

4－16　【抽逃出资丨证明标准】抽逃出资的证明标准是什么？

问题解答

验资后短时间转出（**无须形成资金闭环**）无证据证明存在合理业务的，即导致举证责任的转移。

相关法律法规及司法观点

《最高人民法院关于适用〈中华人民共和国公司法〉若干问题的规定（三）》

第二十条　当事人之间对是否已履行出资义务发生争议，原告**提供对股东履行出资义务产生合理怀疑证据的**，被告股东应当就其已履行出资义务承担举证责任。

参考案例

【认定抽逃出资】

申大公司与殷某、汪克某等买卖合同纠纷案,浙江省高级人民法院(2012)浙商提字第78号民事判决书、浙江省金华市中级人民法院(2011)浙金商终字第1024号民事判决书、浙江省金华市婺城区人民法院(2010)金婺商初字第1345号民事判决书

法院认为:公司在完成增资后还未进行工商变更登记前,**即将**1900万**元增资款通过短期借款的方式出借**,且大部分出借款项的**出借对象或系公司的原股东**,或系公司的**后任监事**,这一行为**符合**《最高人民法院关于适用〈中华人民共和国公司法〉若干问题的规定(三)》第十二条规定的"**通过虚构债权债务关系将其出资转出**"的情形,**应认定为抽逃出资行为**。汪克某、朱淑某、陈某、吴某系抽逃出资行为发生时公司的股东,且分别担任公司的董事或监事,应认定为上述抽逃出资行为的实施主体。

由于段成某(事后受让股权)在抽逃出资行为发生时并非铁铠公司的股东,债权人公司要求其承担责任的主张于法无据,不予支持。

荣文公司与钟某股东出资纠纷案,浙江省宁波市中级人民法院(2019)浙02民终3935号民事判决书、浙江省宁波市鄞州区人民法院(2018)浙0212民初9386号民事判决书

法院认为:股东**出资后**,公司**短时间转出**1470000元的项目标的额必然巨大,而公司**与收款单位**当时并**未签订书面协议**,对项目费用负担、项目完工时间、款项支付时间、支付方式等进行书面约定,并不符合常理。

股东提供的协议系目标公司于2019年3月5日与收款单位股东即涉嫌抽逃出资的股东及其配偶签订,签订时间为诉讼之时,且无其他证据印证,而涉嫌抽逃出资的股东至今为公司的法定代表人,该协议中又仅有宁波荣文公司的公章,涉嫌抽逃出资的股东、目标公司亦未提供证据证实目标公司公章由另一股东公司控制,收款单位已经注销,其股东为涉嫌抽逃出资的股东及其配偶,在此情况下,不能排除涉案协议系在涉嫌抽逃出资的股东控制下签订的可能性，故该协议尚不足以证实涉案 1470000 元款项为目标公司支付收款单位的业务预付款项。

《**注册会计师执行商定程序的报告**》为科信公司在核对目标公司注册资本到位情况、公司股权结构、至 2015 年 12 月 31 日的资产、负债情况、2015 年度经营情况、账外资金收支情况后作出，其中载明涉案款项为**抽资款**，现涉嫌抽逃出资的股东又未能提供充足反驳证据，故另一股东公司称目标公司于 2013 年 12 月 31 日汇付给收款单位的 1470000 元款项性质为涉嫌抽逃出资的股东的抽逃出资款项证据更为充足，理由更为充分，本院予以采信。

沈某与夏某、林某等股东损害公司债权人利益责任纠纷案，浙江省杭州市中级人民法院（2019）浙 01 民终 2294 号民事判决书、浙江省杭州市上城区人民法院（2016）浙 0102 民初 4868 号民事判决书

法院认为：将出资款转入到公司验资账户进行**验资后**，于公司**核准成立次日立刻转出**的行为，**明显不属于公司的正常经营往来**。公司已实际丧失偿还能力，给债权人的利益造成了损失，相关股东应在抽逃出资本息范围内对公司债务不能清偿的部分承担补充赔偿责任。

陆某与林某、邹某等申请执行人执行异议之诉案，浙江省杭州市中级人民法院（2018）浙 01 民终 6915 号民事判决书、浙江省杭州市拱墅区人民法院（2018）浙 0105 民初 143 号民事判决书、浙江省杭州市拱墅区人民法院（2017）浙 0105 执异 129 号执行裁定书

法院认为：股东将**新增出资缴纳至公司账户**，在经会计师事务所**验资完成注册资本变更登记后**，公司**电汇转账给第三人**。股东应当对其主张不存在抽逃出资行为负举证责任。

李某与黄某股东损害公司债权人利益责任纠纷案，浙江省温州市中级人民法院（2016）浙 03 民终 6408 号民事判决书、浙江省苍南县人民法院（2016）浙 0327 民初 5155 号民事判决书

法院认为：公司股东在增加公司资本金后又抽逃公司注册资金的事实，已**被**发生法律效力的**工商处罚决定书确认**。公司债权人诉请公司股东在抽逃出资数额范围内对其未受清偿部分的债务承担相应的责任，理由成立,一审法院予以支持。

钜元建设公司与胡某等建设工程施工合同纠纷案,浙江省淳安县人民法院(2019)浙0127民初3229号民事判决书

法院认为:公司股东在公司**验资成立后的第二天**就从公司账户中转走1187.5万元用以归还借款,该事实已被发生法律效力的**行政处罚决定书**予以确认。

林某与尖峰公司等执行异议之诉案,浙江省金华市金东区人民法院(2017)浙0703民初4248号民事判决书、浙江省金华市金东区人民法院(2016)浙0703执异14号执行裁定书

法院认为:本案中二股东验资的**资金均来源于第三方**,而公司被执行人在公司登记注册(验资)**次日即将注册资金全部转账**支付给另外**第三人**。另外第三人又于同日以还款为由将该款项全部转账支付给他人。根据**举证责任就近确定原则**,公司被执行人及该公司股东等有义务举证证明上述款项的转出是因公司被执行人与收到公司注册资本的人之间存在正常合理的业务往来关系,但其并未提供相应证据证明,应承担举证不能的法律后果。

许某与赵某、叶某等申请执行人执行异议之诉案,浙江省台州市黄岩区人民法院(2019)浙1003民初1970号民事判决书

法院认为:债权人虽然未提供直接证据证明公司股东存在该规定所列举的抽逃出资行为,但从债权人提供的公司工商登记信息、公司章程、验资报告所载内容及本院根据债权人申请调取的台州银行存取款信息看,公司于2011年8月22日**实收**股东的**注册资本**1000**万元后**,于**次日**即从公司账户中**以转账的方式**分两笔将该验资账户内的存款1000万元**转入第三人**台州银行账户,该两笔资金转账汇出后**至今没有回**到公司的银行账户。债权人依据上述证据主张公司股东抽逃出资,已完成举证责任。

【不认定抽逃出资】

陈某与官某、徐某等股东损害公司债权人利益责任纠纷案，浙江省杭州市中级人民法院(2019)浙01民终4581号民事判决书、浙江省杭州市江干区人民法院(2018)浙0104民初4118号民事判决书

法院认为：综合证据判断股东与公司间存在**其他往来**。2013年1月30日，公司股东从公司监事处取得源自公司的864715元，但根据已经查明的事实，该股东在取得上述款项的同日，还先后向公司转账165217.25元、3359830.97元，公司也于当日向其转账641133.22元。据此，该**股东与公司之间存在其他的经济往来**，仅根据上述事实，尚不足以认定上述864715元为该股东抽逃的出资。

洪某申请追加被执行人案，浙江省杭州市余杭区人民法院(2019)浙0110执异67号执行裁定书

法院认为：股东完成出资后，公司将出资转汇给他人，**并未转至股东个人名下**，亦无其他证据证明股东存在"抽逃出资"的情形，对追加申请不予支持。

4－17 【抽逃出资丨名义股东】存在股权代持的名义股东，是否需要对抽逃出资承担责任？

问题解答

名义股东应当承担赔偿责任，承担责任后可向实际出资人追偿的。

相关法律法规及司法观点

《最高人民法院关于适用〈中华人民共和国公司法〉若干问题的规定(三)》

第二十六条 公司债权人以登记于公司登记机关的股东**未履行出资义务**为由,请求其对公司债务不能清偿的部分在未出资本息范围内承担补充赔偿责任,股东以其仅为名义股东而非实际出资人为由进行抗辩的,人民法院不予支持。

名义股东根据前款规定承担赔偿责任后,向实际出资人追偿的,人民法院应予支持。

参考案例

赵某与国电民权公司执行异议之诉案,最高人民法院(2020)最高法民申1734号民事裁定书、河南省高级人民法院(2019)豫民终731号民事判决书

法院认为:名义股东作为公司登记的股东,应当履行相应的出资义务,**并应对被代持人的出资瑕疵承担责任**。

4－18 【抽逃出资｜冒名股东】被追加人主张第三人冒用其名义作为股东的，如何审查？

问题解答

对冒名股东抗辩，可以重点调查以下情况还原事实。

（1）向银行调查，被追加人作为股东，向公司验资账户转账时是否出具身份证原件？

（2）被追加人是否丢失过身份证？是否办理过身份证补办手续？

（3）被追加人是否承认出借过身份证？

相关法律法规及司法观点

《浙江省高级人民法院关于在立案和审判中兼顾案件执行问题座谈会纪要》

二十三、执行部门已因股东出资不实追加其为被执行人的情况下，股东为了抗衡法院执行而另案诉讼，请求法院判决确认其对公司的出资已到位或者其根本不是该公司股东；或者执行部门已裁定不予追加公司的股东为被执行人，该公司的债权人提起另案诉讼，请求法院判决确认该股东对公司的出资不到位的，法院在审理涉及股东出资关系及股东资格的诉讼时，均应与前案的相关法院或执行部门做好沟通协调工作，避免法院的判决与执行裁定发生冲突。

参考案例

沈某与夏某、林某等股东损害公司债权人利益责任纠纷案，浙江省高级人民法院（2020）浙民申2677号民事裁定书、浙江省杭州市中级人民法院（2019）浙01民终2294号民事判决书、浙江省杭州市上城区人民法院（2016）浙0102民初4868号民事判决书

法院认为：股东虽已举证证明公司七份**申请注册文件中的签字非其本人所签**，但对于**转入验资账户时出具其身份证原件**的事实并未作出合理解释，而又在庭审中自认**身份证原件从未丢失**，且在关联案件审理、执行过程中从**未提起关于股东身份的抗辩**，故对于相应的抗辩意见，不予采信。

4－19 【抽逃出资丨代为抽逃】股东向公司缴纳注册资金后，公司将资金抽逃至一人账户、公司某股东操盘为所有股东处理抽逃事务的，抽逃资金的责任是否及于相应股东、实际控制人？

问题解答

该问题本质系是否存在共同、帮助抽逃出资的行为。关键在于是否**有证据显示存在共同抽逃出资行为**，而**股东对公司的管理义务**亦是上述关键点的考量因素。

参考案例

【认定抽逃出资】

先锋公司与白某、林某等加工合同纠纷案，浙江省金华市中级人民法院（2020）浙07民申21号民事裁定书、浙江省金华市婺城区人民法院（2016）浙0702民初519号民事判决书

法院认为：各股东于2014年11月19日**以各出资人的名义汇入**公司账户，次日被公司**转入某股东账户**。各股东系认缴出资后又转出，损害公司权益，且未有证据表明其后补足出资或交付对价，其行为系抽逃出资，应当在抽逃出资的范围内对公司的债务不能清偿部分承担补充赔偿责任。

黄某与陈某、郑某股东损害公司债权人利益责任纠纷案，浙江省温州市中级人民法院（2014）浙温商终字第1322号民事判决书、浙江省瑞安市人民法院（2014）温瑞商初字第1469号民事判决书

法院认为：公司实际控制人虽然没有直接将公司的200万元注册资本转出至某增资股东的账户，但根据该200**万元款项在转入另一增资股东账户**后，其中190**万元于同日被转入至该增资股东账户**，10**万元被转入至另一增资股东的弟弟账户**事实，在该增资股东对该转款行为不能作出合理说明且提供充分的证据加以证明的情况下，足以认定两增资股东存在共同抽逃出资的行为，各自出资范围内承担责任。

巨化公司与柴某、陈某等股东损害公司债权人利益责任纠纷案，浙江省杭州市西湖区人民法院（2016）浙0106民初11477号民事判决书

法院认为：公司二股东在公司验资后的一周内，即将公司的**全部注册资金**200**万元转出到公司控股股东个人账户**，且未举证该款项的用途以及在此后的返还情况，两项资金数额完全一致、时间邻近，可以认定为**公司控股股东抽逃出资**、公司**控股股东并帮助其他公司股东抽逃出资**。

注：**另一公司股东于目标公司任监事。**

袁某军与航空技术公司执行异议之诉案,浙江省杭州市拱墅区人民法院(2021)浙0103民初2047号民事判决书、浙江省杭州市拱墅区人民法院(2020)浙0103执异29号执行裁定书

法院认为:袁某军对(2020)浙0103执异29号执行裁定查明的事实无异议,但**提出其虽系巨诺公司股东、董事,却未参与巨诺公司任何经营**,将夏某兴担任巨诺公司法定代表人期间从公司转出资金的行为认定为袁某军抽逃出资属于认定错误,同时未通知袁某军参加听证,程序违法。对此,本院认为,**在本案所涉增资、资金转出行为发生时,袁某军是公司的股东、董事**。股东是公司的投资者,董事是公司的管理者。袁某军认为其未参与巨诺公司经营,首先与夏某兴的陈述不一致,其次也违背法定的股东、董事职责,再次也未提供证据证明其从未参与公司经营和管理。另,即使(2020)浙0103执异29号案审查过程中未通知到袁某军参加听证,但就袁某军提起本案诉讼来看,对袁某军的程序权利并无任何影响。因此,袁某军上述主张的理由不成立,本院不予采信。

现巨诺公司的财产无法清偿债务,(2020)浙0103执异29号执行裁定追加袁某军为被执行人,袁某军在抽逃资金660万元及相应利息的范围内对(2013)杭下商初字第438号调解书所确定的巨诺公司应向航空技术公司履行的债务承担补充赔偿责任,同时**袁某军对夏某兴应承担的补充责任负连带清偿责任并无不当**,袁某军要求撤销该裁定的前述内容的请求,理由不成立,本院不予支持。

中龙公司与李某等股东损害公司债权人利益责任纠纷案,浙江省瑞安市人民法院(2017)浙0381民初3410号民事判决书

法院认为:实际控制人虽非股东,但负责实施诸如增资事项、发放工资、联系业务等具体业务,实际支配公司,且与登记股东存在紧密关系。其协助股东抽逃出资,构成共同侵权,应当承担连带赔偿责任。

根据谈话笔录与破产案件档案材料反映,实际管理人不仅存在自认情节,而且其也陈述到注册资本500万元没有到位,由别人代为垫资,验资手续均由其丈夫办理,公司款项都是打到其卡上,用于工资发放、利息支付等公司运作细节。

结合公司法定代表人、股东变更演变过程及股东之间身份关系，依据证据高度盖然性原则可以认定其为公司的实际控制人。

【不认定抽逃出资】

彭某与朱某、章某等股东损害公司债权人利益责任纠纷案，浙江省高级人民法院(2020)浙民申4093号民事裁定书、浙江省杭州市中级人民法院(2019)浙01民终7078号民事判决书、浙江省杭州市上城区人民法院(2018)浙0102民初5195号民事判决书

法院认为：公司的银行账户交易明细显示二股东已履行了20000000元的出资义务，但当天的交易明细显示定盘星公司将19999000元资金转账至其中某一股东账户，该股东作为当时的法定代表人未提供相关证据证明该转账的用途并履行了合法程序，且事后该股东并未将该笔款项转回公司，故有证据证明该股东存在抽逃出资和占用公司资金等侵害公司资产的行为，其应当在其抽逃出资和占用公司资金本息范围内对公司不能清偿的债务承担补充赔偿责任，利息自抽逃之日起至退还之口止按照中国人民银行同期贷款基准利率标准计算。

至于另一股东，属于债权人未提供证据证明上述情况下该股东存在抽逃出资的行为，因此不予支持。

4－20 【抽逃出资丨股东投资】股东以个人名下资金投入公司运营项目的,是否构成履行出资义务行为?

问题解答

股东对公司承建项目的资金投入与出资法律概念不同,不能免除股东出资不实责任。

该种情形常见于公司利用“私账”进行资金归集、对公司进行运营。

参考案例

赖某与张某等案外人执行异议之诉案,最高人民法院(2019)最高法民申1768号民事裁定书、辽宁省高级人民法院(2018)辽民终343号民事判决书

法院认为:股东对公司的出资在公司会计账簿上表现为公司的资本,是股东缴付给公司用于对公司全体债权人承担责任的特定财产,是公司债权人实现债权的重要保障。而股东对于公司承建项目的资金投入与股东对公司出资并非同一概念,二者在功能、作用上存在重大区别,**即便股东对公司的实际投资超出其认缴的出资,也不能仅因此而免除股东出资不实的责任。**

4－21 【抽逃出资丨受让股东】受让抽逃出资瑕疵股权的股东，是否应当承担责任？

问题解答

不承担，资本充实责任因公司的设立行为而产生，因此责任的承担者应当是公司的设立者或发起人，不因股权的转让而转移，受让有瑕疵的股权成为股东的，不应代替股权出让人承担资本充实责任。

参考案例

童某、廖某等申请执行复议案，浙江省湖州市中级人民法院（2015）浙湖执复字第17号执行裁定书

法院认为：《最高人民法院关于适用〈中华人民共和国公司法〉若干问题的规定（三）》第十二条第一项明确规定"将出资款项转入公司账户验资后又转出"的，可以认定该**股东抽逃出资**而应承担责任，这种法定责任，**不能因股权转让而由受让人承担**。同时，《最高人民法院关于人民法院执行工作若干问题的规定（试行）》第八十条规定，被执行人无财产清偿债务，如果其**开办单位**对其开办时投入的注册资金不实或抽逃注册资金，可以裁定变更或追加其开办单位为被执行人，在注册资金不实或抽逃注册资金的范围内，对申请执行人承担责任。对于公司而言，开办单位就是指公司设立者或发起人。最高人民法院的这一司法解释与公司法的立法精神是一致的，也明确了执行程序中追加抽逃出资股东的法律依据。

4-22 【抽逃出资丨股东已代公司履行债务】抽逃出资股东用个人财产履行公司债务的,是否可在已支付金额范围内减少抽逃出资的责任?

问题解答

浙江省高级人民法院有案例认为,通过个人账户向公司债权人归还的金额属于归还抽逃出资和占用资金部分的本息。

参考案例

彭某与朱军某、章钢某等股东损害公司债权人利益责任纠纷案,浙江省高级人民法院(2020)浙民申4093号民事裁定书、浙江省杭州市中级人民法院(2019)浙01民终7078号民事判决书、浙江省杭州市上城区人民法院(2018)浙0102民初5195号民事判决书

法院认为:根据现有证据查明,2015年12月18日至2017年12月15日,章钢某、朱军某、公司员工**通过**其**个人账户**陆续向定盘星公司的债权人**归还债权**数额合计21755988.56元,在无相反证据推翻的前提下,该**款项应属于**章钢某归还的**抽逃出资和占用资金部分的本息**。结合其归还的金额和时间,在扣除上述归还的资金后,章钢某尚有77269.55元抽逃出资本金未予归还,其应当在尚未归还的抽逃出资本金77269.55元及相应利息范围内就定盘星公司对债权人所负债务保证金2056282.2元及相应利息承担补充赔偿责任。

4-23 【清算不能】无法提交财务账册导致清算不能的，如何追责？

问题解答

上述情况系公司账册灭失导致清算不能后果。

强制清算、破产清算两种清算模式不同，相关人员承担赔偿责任的请求权基础不同，承担责任的主体及标准亦不相同。

鉴于存在公司被执行人出现法定解散事由却未清算，且后续进入破产程序的现状，多数法院对股东追究清算不能责任时，均会同时论证破产过程中怠于履行财务账册保管义务、出现法定解散事由情况下怠于履行清算义务两项责任，相应判决易出现请求权基础重复混乱的问题。

4-24 【清算不能｜账目保管义务】对公司财务账册负有保管义务的责任主体是谁？

问题解答

单位负责人对公司财务账册负有保管义务。

相关法律法规及司法观点

《中华人民共和国会计法》

第四条　单位负责人对本单位的会计工作和会计资料的真实性、完整性负责。

4－25　【清算不能丨账目保管义务丨保管范围】账册保管义务的范围是否及于会计原始凭证？

问题解答

单位负责人对账册保管义务的范围及于会计原始凭证。

相关法律法规及司法观点

《中华人民共和国会计法》

第三条　各单位必须依法设置会计帐簿，并保证其真实、完整。

第四条　单位负责人对本单位的会计工作和会计资料的真实性、完整性负责。

第二十三条　各单位对**会计凭证**、会计帐簿、财务会计报告和其他会计资料应当建立档案，妥善保管。会计档案的保管期限和销毁办法，由国务院财政部门会同有关部门制定。

《会计档案管理办法》

第六条　下列会计资料应当进行归档：

（一）会计凭证，包括原始凭证、记账凭证；

（二）会计账簿，包括总账、明细账、日记账、固定资产卡片及其他辅助性账簿；

（三）财务会计报告，包括月度、季度、半年度、年度财务会计报告；

（四）其他会计资料，包括银行存款余额调节表、银行对账单、纳税申报表、会计档案移交清册、会计档案保管清册、会计档案销毁清册、会计档案鉴定意见书及其他具有保存价值的会计资料。

第十四条　会计档案的保管期限分为永久、定期两类。定期保管期限一般分为10年和30年。

会计档案的保管期限，从会计年度终了后的第一天算起。

附表1

企业和其他组织会计档案保管期限表

序号	档案名称	保管期限	备注
一	会计凭证		
1	原始凭证	30年	
2	记账凭证	30年	
二	会计账簿		
3	总账	30年	
4	明细账	30年	
5	日记账	30年	
6	固定资产卡片		固定资产报废清理后保管5年
7	其他辅助性账簿	30年	
……	……	……	……

参考案例

宁波宝橙公司与叶某、王某等股东损害公司债权人利益责任纠纷案，浙江省宁波市中级人民法院（2019）浙02民终4440号民事判决书、浙江省余姚市人民法院（2018）浙0281民初11352号民事判决书

法院认为：在诉讼过程中提交的会计账册并不完整，即便财务软件系统中的数据全然恢复,但因缺乏原始会计凭证,仍不能改变账册不完整的事实。

4-26 【清算不能|破产清算不能|责任主体】破产清算不能的,责任主体是谁?

问题解答

具体来说,为**董事(含董事会成员)、法定代表人、财务管理人员和其他经营管理人员(法院决定的情况下)**上述人员。

原因在于:法人的董事、理事等执行机构或者决策机构的成员属于**清算义务人**,企业的**法定代表人**和经人民法院决定可以包括企业的财务管理人员和其他经营管理人员属于**债务人的有关人员**。

相关法律法规及司法观点

《最高人民法院关于债权人对人员下落不明或者财产状况不清的债务人申请破产清算案件如何处理的批复》

债务人的有关人员不履行法定义务,人民法院可依据有关法律规定追究其相应法律责任;**其行为导致无法清算或者造成损失,有关权利人起诉请求其承担相应民事责任的**,人民法院应依法予以支持。

《全国法院民商事审判工作会议纪要》

118.【无法清算案件的审理与责任承担】人民法院在审理债务人相关人员

下落不明或者财产状况不清的破产案件时，应当充分贯彻债权人利益保护原则，避免债务人通过破产程序不当损害债权人利益，同时也要避免不当突破股东有限责任原则。

人民法院在适用《最高人民法院关于债权人对人员下落不明或者财产状况不清的债务人申请破产清算案件如何处理的批复》第 3 款的规定，判定债务人相关人员承担责任时，应当依照企业破产法的相关规定来确定相关主体的义务内容和责任范围，**不得根据公司法司法解释（二）第 18 条第 2 款的规定来判定相关主体的责任**。

上述批复第 3 款规定的"**债务人的有关人员**不履行法定义务，人民法院可依据有关法律规定追究其相应法律责任"，系指**债务人的法定代表人、财务管理人员和其他经营管理人员**不履行《企业破产法》第 15 条规定的配合清算义务，人民法院可以根据《企业破产法》第 126 条、第 127 条追究其相应法律责任，或者参照《民事诉讼法》第 111 条[①]的规定，依法拘留，构成犯罪的，依法追究刑事责任；债务人的法定代表人或者实际控制人不配合清算的，人民法院可以依据《出境入境管理法》第 12 条的规定，对其作出不准出境的决定，以确保破产程序顺利进行。

上述**批复第 3 款规定的**"**其行为导致无法清算或者造成损失**"，系指债务人的**有关人员不配合清算的行为导致债务人财产状况不明**，或者**依法负有清算责任的人**未依照**《企业破产法》第 7 条第 3 款的规定**及时履行破产申请义务，导致债务人主要财产、账册、重要文件等灭失，致使管理人无法执行清算职务，给债权人利益造成损害。"有关权利人起诉请求其承担相应民事责任"，系指**管理人请求上述主体承担相应损害赔偿责任并将因此获得的赔偿归入债务人财产。管理人未主张上述赔偿，个别债权人可以代表全体债权人提起上述诉讼**。

上述破产清算案件被裁定终结后，相关主体以债务人主要财产、账册、重要文件等重新出现为由，申请对破产清算程序启动审判监督的，人民法院不予受理，但符合《企业破产法》第 123 条规定的，债权人可以请求人民法院追加

① 对应 2023 年《民事诉讼法》第 114 条。

分配。

《中华人民共和国民法典》

第七十条　法人解散的,除合并或者分立的情形外,清算义务人应当及时组成清算组进行清算。

法人的董事、理事等执行机构或者决策机构的成员为清算义务人。法律、行政法规另有规定的,依照其规定。

清算义务人未及时履行清算义务,造成损害的,应当承担民事责任;主管机关或者利害关系人可以申请人民法院指定有关人员组成清算组进行清算。

《中华人民共和国企业破产法》

第七条　债务人有本法第二条规定的情形,可以向人民法院提出重整、和解或者破产清算申请。

债务人不能清偿到期债务,债权人可以向人民法院提出对债务人进行重整或者破产清算的申请。

企业法人**已解散但未清算**或者未清算完毕,**资产不足以清偿债务**的,**依法负有清算责任的人应当**向人民法院申请破产清算。

第十五条　自人民法院受理破产申请的裁定送达债务人之日起至破产程序终结之日,债务人的**有关人员**承担下列义务:

(一)妥善保管其占有和管理的财产、印章和账簿、文书等资料;

(二)根据人民法院、管理人的要求进行工作,并如实回答询问;

(三)列席债权人会议并如实回答债权人的询问;

(四)未经人民法院许可,不得离开住所地;

(五)不得新任其他企业的董事、监事、高级管理人员。

前款所称**有关人员,是指企业的法定代表人;经人民法院决定,可以包括企业的财务管理人员和其他经营管理人员。**

4－27 【清算不能丨破产清算不能丨股东责任】破产清算不能的，是否可以追究被执行人公司所有股东的责任？

问题解答

该问题关键在于**所有股东是否均系公司清算义务人。**

目前，公司的清算义务人已由《民法典》确定为法人的董事、理事等执行机构或者决策机构的成员。

相关法律法规及司法观点

《中华人民共和国民法典》

第七十条　法人解散的，除合并或者分立的情形外，清算义务人应当及时组成清算组进行清算。

法人的董事、理事等执行机构或者决策机构的成员为清算义务人。法律、行政法规另有规定的，依照其规定。

清算义务人未及时履行清算义务，造成损害的，应当承担民事责任；主管机关或者利害关系人可以申请人民法院指定有关人员组成清算组进行清算。

参考案例

【历史观点1】法院股东身份作为标准，确定需承担赔偿责任的股东的案例

鹏盛公司与黄某、余某等股东损害公司债权人利益责任纠纷案，浙江省温州市中级人民法院(2017)浙03民终603号民事判决书

法院认为：股东在公司运营过程中是否掌握财务账册、对公司财务账册灭失是否存在过错，并不影响其对公司债权人民事责任的承担。

【历史观点 2】法院以负有清算义务的股东作为标准,确定需承担赔偿责任的股东的案例

宁波宝橙公司与叶某、王某等股东损害公司债权人利益责任纠纷案,浙江省宁波市中级人民法院(2019)浙 02 民终 4440 号民事判决书、浙江省余姚市人民法院(2018)浙 0281 民初 11352 号民事判决书

法院认为:对于其他股东而言,重点应在其对财产不明的后果是否存在因果关系,如果股东能够证明自己没有参与经营,也没有管理账册文件的,可以认为不构成于履行清算义务。

担任被破产公司业务主管、停止经营期间离职的股东,系直接参与公司经营管理,离职时清算义务已经产生,其至少对审计报告中截至离职时的保留事项负有解释义务,并不符合免责条件。

另一股东持股 23%,工商登记担任公司监事职务的股东,从其他股东事后提供的账册来看,不存在与公司之间的任何款项往来、工资记录,且其他股东均陈述其未参与公司经营,故应认定该股东未参与公司经营且未管理公司账册。

陈某、李志某等股东损害公司债权人利益责任纠纷案,浙江省宁波市中级人民法院(2020)浙 02 民终 4217 号民事判决书

法院认为:公司股东中,李智某担任公司的法定代表人,李志某系公司监事,负责市场经营,均系法定清算义务人。在普莱蒙公司出现被吊销营业执照的法定解散事由后十五日内未成立清算组进行清算,构成怠于履行义务;且在公司进入破产清算程序后,两股东也未积极配合管理人进行破产清算,致使管理人未能接收到公司的任何财产及财务账册,导致公司无法进行清算。

磁业公司与田某等股东损害公司债权人利益责任纠纷案,浙江省宁波市鄞州区人民法院(2020)浙 0212 民初 2363 号之一民事判决书

法院认为:《最高人民法院关于适用〈中华人民共和国公司法〉若干问题的规定(二)》系对审理公司解散和清算案件所作的规定,并不适用于破产案件。在债务人破产程序终结后,债权人再以《最高人民法院关于适用

〈中华人民共和国公司法〉若干问题的规定(二)》第十八条的规定**要求债务人的原股东承担民事责任,缺乏法律依据**。即使债务人原股东的行为符合《最高人民法院关于债权人对人员下落不明或者财产状况不清的债务人申请破产清算案件如何处理的批复》第三款规定情形,也应由破产管理人或有权的债权人依法追回分配给全体债权人,而不是由债权人个别进行追偿并用于清偿其自身债权。

4-28 【清算不能丨破产清算不能丨诉讼主体】破产清算不能的,谁有权提起诉讼,利益归于何人?

问题解答

破产管理人系有权起诉的主体,若未起诉的,个别债权人可以代表全体债权人提起诉讼,因此获得的赔偿归入债务人财产,进行分配。

个别债权人代表全体债权人中,"代表"的行为较难认定。

相关证据

原审判决书、终本裁定、破产裁定书、债权人会议资料

相关法律法规及司法观点

《全国法院民商事审判工作会议纪要》

118.【无法清算案件的审理与责任承担】……

……“有关权利人起诉请求其承担相应民事责任”,系指**管理人**请求上述主体承担相应损害赔偿责任并将因此获得的赔偿归入债务人财产。**管理人未主张**上述赔偿,**个别债权人**可以**代表全体债权人**提起上述诉讼。

……

4-29 【清算不能|强制清算不能|启动条件】强制清算的启动条件是什么?

问题解答

强制清算程序常见启动条件是被执行人公司依法被吊销营业执照、责令关闭或者被撤销,该解散事项发生15日后,债权人可申请强制清算。

相关法律法规及司法观点

《中华人民共和国公司法》

第一百八十条　公司因下列原因解散:

(一)公司章程规定的营业期限届满或者公司章程规定的其他解散事由出现;

(二)股东会或者股东大会决议解散;

(三)因公司合并或者分立需要解散;

(四)**依法被吊销营业执照、责令关闭或者被撤销;**

(五)人民法院依照本法第一百八十二条的规定予以解散。

第一百八十三条　公司因本法第一百八十条第(一)项、第(二)项、第

（四）项、第（五）项规定而解散的，应当在解散事由出现之日起**十五日内成立清算组**，开始清算。有限责任公司的清算组由股东组成，股份有限公司的清算组由董事或者股东大会确定的人员组成。逾期不成立清算组进行清算的，债权人可以申请人民法院指定有关人员组成清算组进行清算。人民法院应当受理该申请，并及时组织清算组进行清算。

4-30　【清算不能｜强制清算不能｜责任主体】公司账册灭失导致强制清算不能的，责任主体是谁？

问题解答

责任主体为怠于履行义务导致公司**主要财产、账册、重要文件**等灭失的**责任股东及实际控制人**。

相关法律法规及司法观点

《最高人民法院关于适用〈中华人民共和国公司法〉若干问题的规定（二）》

第十八条　有限责任公司的股东、股份有限公司的董事和控股股东未在法定期限内成立清算组开始清算，导致公司财产贬值、流失、毁损或者灭失，债权人主张其在造成损失范围内对公司债务承担赔偿责任的，人民法院应依法予以支持。

有限责任公司的股东、股份有限公司的董事和控股股东因**怠于履行义务**，导致公司**主要财产、账册、重要文件**等灭失，无法进行清算，债权人主张其对公司债务承担连带清偿责任的,人民法院应依法予以支持。

上述情形系**实际控制人**原因造成,债权人主张实际控制人对公司债务承担相应民事责任的,人民法院应依法予以支持。

《中华人民共和国公司法》

第二百一十六条　本法下列用语的含义:

……

(三)实际控制人,是指虽不是公司的股东,但通过投资关系、协议或者其他安排,能够实际支配公司行为的人。

……

4-31　【清算不能|强制清算不能|过错标准】如何认定小股东亦构成怠于履行清算义务?

问题解答

股东不是公司董事会或者监事会成员,也没有选派人员担任该机关成员,且从未参与公司经营管理的,不构成怠于履行清算义务。

注:该概念来源于《全国法院民商事审判工作会议纪要》,其中非董事会成员的观点与《民法典》一致,至于《民法典》中对清算义务人的表述"法律、行政法规另有规定的,依照其规定",是否适用于《最高人民法院关于适用〈中华人民共和国公司法〉若干问题的规定(二)》第十八条中对公司股东规定的清算义务,仍需论证。

相关法律法规及司法观点

《中华人民共和国民法典》

第七十条　法人解散的，除合并或者分立的情形外，清算义务人应当及时组成清算组进行清算。

法人的董事、理事等执行机构或者决策机构的成员为清算义务人。法律、行政法规另有规定的，依照其规定。

清算义务人未及时履行清算义务，造成损害的，应当承担民事责任；主管机关或者利害关系人可以申请人民法院指定有关人员组成清算组进行清算。

《全国法院民商事审判工作会议纪要》

(五)关于有限责任公司清算义务人的责任

……

14.【怠于履行清算义务的认定】公司法司法解释(二)第18条第2款规定的"怠于履行义务"，是指有限责任公司的股东在法定清算事由出现后，在能够履行清算义务的情况下，故意拖延、拒绝履行清算义务，或者因过失导致无法进行清算的消极行为。股东举证证明其已经为履行清算义务采取了积极措施，或者**小股东举证证明其既不是公司董事会或者监事会成员，也没有选派人员担任该机关成员，且从未参与公司经营管理，以不构成"怠于履行义务"为由，主张其不应当对公司债务承担连带清偿责任的，人民法院依法予以支持。**

15.【因果关系抗辩】有限责任公司的股东举证证明其"怠于履行义务"的消极不作为与"公司主要财产、账册、重要文件等灭失，无法进行清算"的结果之间没有因果关系，主张其不应对公司债务承担连带清偿责任的，人民法院依法予以支持。

……

4－32 【不当注销】被执行人被不当注销的,如何追责?

问题解答

在公司被不当注销的情况下,可以要求股东、董事、控股股东、清算组成员对公司债务承担连带责任。

具体来说,不当注销责任存在**未经清算即办理注销登记、未按规定履行通知和公告义务**两种情形。

4－33 【不当注销丨简易注销】未经清算即办理注销登记的,如何处理?

问题解答

可以追加**有限责任公司的股东**、股份有限公司的**董事和控股股东、书面承诺对被执行人的债务承担清偿责任的第三人**为被执行人。若尚在诉讼中的,可直接请求股东承担赔偿责任。

相关证据

工商内档(清算报告、股东会决议、注销登记申请书)、全体投资人承诺书

相关法律法规及司法观点

《最高人民法院关于民事执行中变更、追加当事人若干问题的规定》

第二十一条　作为被执行人的公司，**未经清算即办理注销登记**，导致公司无法进行清算，申请执行人申请变更、追加**有限责任公司的股东、股份有限公司的董事和控股股**东为被执行人，对公司债务承担连带清偿责任的，人民法院应予支持。

第二十三条　作为被执行人的法人或非法人组织，**未经依法清算即办理注销登记**，在登记机关办理注销登记时，**第三人书面承诺对被执行人的债务承担清偿责任**，申请执行人申请变更、追加该第三人为被执行人，在承诺范围内承担清偿责任的，人民法院应予支持。

《最高人民法院关于适用〈中华人民共和国公司法〉若干问题的规定(二)》

第二十条　公司解散应当在依法清算完毕后，申请办理注销登记。公司未**经清算即办理注销登记**，导致公司无法进行清算，债权人主张有限责任公司的股东、股份有限公司的董事和控股股东，以及公司的实际控制人对公司债务承担清偿责任的，人民法院应依法予以支持。

公司**未经依法清算即办理注销登记**，**股东或者第三人在公司登记机关办理注销登记时承诺对公司债务承担责任**，债权人主张其对公司债务承担相应民事责任的，人民法院应依法予以支持。

参考案例

欧罗拉克公司申请追加被执行人案，浙江省杭州市余杭区人民法院(2020)浙0110执异8号执行裁定书

法院认为：公司未履行生效法律文书确定的付款义务，对外存在债务，并不符合办理注销登记手续的条件，其公司全体投资人在《简易注销全体投资人承诺书》中关于公司对外不存在债务，清算工作已经全面完结的承诺并不属实，且上述投资人自愿承担如承诺不实和违法失信产生的法律后果和责任。在公司对外所负债务尚未清偿完毕，作为公司的全体投资人未经依法清算即办理了彩忱公司的注销登记，且承诺承担相应的法律后果和责任。

杨某申请变更被执行人案,北京市房山区人民法院(2018)京0111执异238号执行裁定书

法院认为:股东明知有债权未予清偿,通过股东会决议同意注销,并未经清算即办理注销登记,导致公司无法进行清算,应当被追加为被执行人。

4-34 【不当注销丨未予通知】未按规定履行通知和公告义务的,如何处理?由谁承担相应责任?

问题解答

应当启动清算责任诉讼,由负有法定清算义务的责任人、被注销公司的股东(依据注销时依据的清算报告中相关的股东会决议)承担相应责任。

相关法律法规及司法观点

《中华人民共和国公司法》

第一百八十五条　清算组应当自成立之日起十日内通知债权人,并于六十日内在报纸上公告。债权人应当自接到通知书之日起三十日内,未接到通知书的自公告之日起四十五日内,向清算组申报其债权。

债权人申报债权,应当说明债权的有关事项,并提供证明材料。清算组应当对债权进行登记。

在申报债权期间,清算组不得对债权人进行清偿。

《最高人民法院关于适用〈中华人民共和国公司法〉若干问题的规定(二)》

第十一条　公司清算时,清算组应当按照公司法第一百八十五条的规定,将公司解散清算事宜书面通知全体已知债权人,并**根据公司规模和营业地域范围在全国或者公司注册登记地省级有影响的报纸上进行公告**。

清算组未按照前款规定履行通知和公告义务,导致债权人未及时申报债权而未获清偿,债权人主张**清算组成员**对因此造成的损失承担赔偿责任的,人民法院应依法予以支持。

参考案例

富力公司与韩某、陈某等清算责任纠纷案,广东省高级人民法院(2019)粤民终2608号民事判决书

法院认为:被注销公司清算报告所列的清算组成员中,仅为代表公司股东执行清算事务的人员,相关清算责任应由公司股东承担。**法定清算义务责任人**明知案涉债权债务关系,仍未履行法定通知义务即启动清算程序,**导致其全资子公司的合法债权无法通过清算程序获得清偿**,应承担相应的赔偿责任。

河之洲公司与舒某玲、郭某军等清算责任纠纷案,浙江省宁波市中级人民法院(2021)浙02民终957号民事判决书、浙江省宁波市江北区人民法院(2020)浙0205民初5048号民事判决书

法院认为:上诉人舒某玲、郭某军、郭某儿系尤巴图斯公司**股东**,**且系**该公司**清算组成员**,**应对公司的清算事宜负责**。尤巴图斯公司清算时,三上诉人未向河之洲公司进行书面通知,导致河之洲公司未及时申报债权而未获清偿,三上诉人作为清算组成员存在过错,损害了债权人利益,理应依法承担相应的赔偿责任,三上诉人提出不承担赔偿责任,缺乏事实和法律依据,本院不予支持。

杭州设备公司与北京金源公司、北京金州公司等清算责任纠纷案,浙江省杭州市西湖区人民法院(2020)浙0106民初803号民事判决书

法院认为:被注销公司股东在针对上述清算报告形成的股东决议中确认,该清算报告不含虚假内容,如有虚假,其愿承担一切法律责任。故被注销公司股东亦应当对原告未获清偿的债权承担赔偿责任。

西岸公司与王某、葛某广告合同纠纷案,浙江省宁波市海曙区人民法院(2017)浙0203民初696号民事判决书

法院认为:被注销公司的两股东系清算组的成员,清算组未履行通知和公告义务,导致债权人未及时申报债权而未获清偿,债权人有权要求两股东赔偿广告费及相应的损失。

4-35 【不当注销丨因果关系抗辩】申请执行后因无可供执行财产终本,被执行人注销时未及时通知相关债权人的,清算义务人是否必然承担责任?

问题解答

该类诉讼,需综合判断清算组未履行通知、公告义务与债权人未及时申报债权而未获清偿之间是否存在因果关系。

参考案例

浦某、母某与吕某、顾某清算责任纠纷案，云南省高级人民法院(2020)云民申167号民事裁定书、云南省曲靖市中级人民法院(2018)云03民终1404号民事判决书

法院认为：公司债权人没有证据证实清算义务人因清算注销公司的行为而获益，也没有证据证实清算义务人的清算注销行为导致公司资产流失、损毁或灭失，清算义务人的清算注销行为虽然被一审法院认定为无效行为，但并不必然导致债权人未及时申报债权而未获清偿，公司债权人要求清算义务人对因此造成的债权损失承担赔偿责任的理由缺乏事实和法律依据，不能成立。

新龙公司与唐某、张某良清算责任纠纷案，浙江省宁波市中级人民法院(2021)浙02民终3744号民事判决书、浙江省宁波市海曙区人民法院(2021)浙0203民初3187号民事判决书

一审观点：清算组成员承担赔偿责任的前提，一是清算组未履行通知、公告义务；二是债权人债权未获清偿；**三是清算组违法行为与债权人未获清偿的损害后果存在因果关系**。换言之，清算组未依法履行通知或者公告义务，必须导致债权人未获清偿的后果，且赔偿的范围仅限于与未依法履行通知和告知义务有因果关系的部分。案件中，唐某、张某良在清算过程中确实未通知新龙公司申报债权，但根据查明事实，在汇通公司2020年8月自行清算之前，其与新龙公司的买卖合同纠纷因其无财产可供执行而被裁定终结执行，而唐某作为公司的连带保证人亦承担相应的担保责任，新龙公司作为申请执行人对该情况应予以明知。虽然《清算报告》载明的"汇通公司的债务已清理完毕……截至2020年9月23日，共有总资产0万元、总负债0万元、净资产0万元……"等内容并不完全准确，**但此时汇通公司在穷尽执行手段后确已无财产可供执行**，清算报告内容中的不准确且新龙公司未能完全受偿并无法推定出清算组存在恶意侵占公司资产或者非法损害债权人利益的主观恶意。**退一步讲，即便清算的通知程序上存在瑕**

疵,**鉴于汇通公司在其作为被执行人的案件法院已执行终结,无财产可供执行的事实发生在公司清算之前,其时间间隔一年有余,新龙公司并未能提供证据证明在此期间汇通公司尚在经营并取得经营性收入**,而在汇通公司与新龙公司的货款纠纷中,生效判决亦确认自2018年1月起,汇通公司通过以设备、产品或转让债权等向新龙公司抵债,故现有证据并不足以认定因汇通公司的注销与新龙公司债权的未获清偿之间存在必然的因果关系,也并不足以证明新龙公司的损失因此进一步扩大。新龙公司主张唐某、张某良对汇通公司的未尽债务承担连带责任的法律和事实依据不足,依法不予支持。

二审观点:本案二审的主要争议焦点为唐某、张某良作为汇通公司的股东和清算组成员,对汇通公司未偿还新龙公司的债务应否承担连带赔偿责任或按出资比例承担清偿责任。……汇通公司于2020年8月自行进行清算,但**海曙法院在清算之前**已依法通过网络执行查控系统对汇通公司的存款、不动产、车辆、有价证券等财产进行查询,确认汇通公司已无可供执行财产。自执行程序终结至汇通公司注销登记期间,也无证据证明汇通公司恢复经营并取得经营收入,据此可以明确,汇通公司在注销之前**已无清偿债务**的能力,新龙公司对汇通公司的债权未获清偿与汇通公司清算程序存在瑕疵,清算报告记载不准确并无直接关联。**一审法院认定汇通公司的注销与新龙公司债权未获清偿不存在必然的因果关系,新龙公司的损失并未因汇通公司的注销进一步扩大**,并不违反法律规定。**新龙公司认为汇通公司注销登记与其债权损失之间存在直接的因果关系,一审法院将此举证责任分配给新龙公司,并无不当。**

杭州设备公司与北京金源公司、北京金州公司等清算责任纠纷案,浙江省杭州市西湖区人民法院(2020)浙0106民初803号民事判决书

法院认为:清算组在进行公司清算时在《每日商报》进行公告,但未及时通知原告,导致原告未申报债权。根据清算组出具的清算报告,注销时的被注销公司净资产达320087031元,足以清偿原告的债务。**清算组成员的上述行为导致原告对被清算公司的债权未获清偿,应承担相应的赔偿责任。**

4－36　【不当减资】债务发生后，公司被执行人减资的，如何追责？

问题解答

法定减资程序要求减资公司对债权人承担通知义务，未履行通知义务办理减资的，可通过诉讼方式要求公司股东承担责任。

相关法律法规及司法观点

《中华人民共和国公司法》

第一百七十七条　公司需要减少注册资本时，必须编制资产负债表及财产清单。

公司应当自作出减少注册资本决议之日起十日内通知债权人，并于三十日内在报纸上公告。债权人自接到通知书之日起三十日内，未接到通知书的自公告之日起四十五日内，有权要求公司清偿债务或者提供相应的担保。

《最高人民法院关于适用〈中华人民共和国公司法〉若干问题的规定（三）》

第十四条　股东抽逃出资，公司或者其他股东请求其向公司返还出资本息、协助抽逃出资的其他股东、董事、高级管理人员或者实际控制人对此承担连带责任的，人民法院应予支持。

公司债权人请求**抽逃出资的股东**在抽逃出资本息范围内对公司债务不能清偿的部分承担**补充赔偿责任**、协助抽逃出资的其他**股东**、**董事**、**高级管理人员**或者**实际控制人**对此承担连带责任的，人民法院应予支持；抽逃出资的股东已经承担上述责任，其他债权人提出相同请求的，人民法院不予支持。

参考案例

精工公司与张某军、王某等股东损害公司债权人利益责任纠纷案,安徽省高级人民法院(2019)皖民终211号民事判决书、安徽省合肥市中级人民法院(2018)皖01民初96号民事判决书

法院认为:关于争议焦点一。《中华人民共和国公司法》第一百七十七条关于公司减资应通知债权人并在报纸上公告的规定,既是公司减资前对债权人应当履行的义务,也是股东对公司减资部分免责的前提……二审中,张某军明确除《情况说明》外,并**无其他证据证明**赢天公司**已通知**精工公司**减资事宜**,其作为主张权利的一方当事人,应承担举证不能的不利后果,故一审法院认定赢天公司减资程序不当依据充分。

关于争议焦点二。诉讼时效制度设立的目的在于敦促权利人及时行使权利。如前所述,张某军并无证据证明赢天公司减资时履行了通知精工公司的义务,其以赢天公司和精工公司**存在诉讼为由主张精工公司理应知晓赢天公司减资事宜,仅系其推论,并无事实依据**。鉴于此,一审法院结合精工公司知晓赢天公司减资时点,认定精工公司起诉未超过诉讼时效于法有据,张某军有关此节的上诉主张不能成立。

关于争议焦点三。公司注册资金是公司股东承担有限责任的基础,本案赢天公司不当减资直接降低了公司的偿债能力,损害了公司债权人的利益,并使减资的股东实际受益,故一审法院**比照**《最高人民法院关于适用〈中华人民共和国公司法〉若干问题的规定(三)》**第十三条第二款**规定予以处理并无不当。由于该条仅就公司债权人诉请范围作出限定,即责任性质应为补充责任,责任范围应为公司债务不能清偿的部分,并未将公司不能清偿债务作为起诉条件,故赢天公司是否有厂房足以抵偿其对精工公司的负债,并不影响精工公司基于赢天公司不当减资而对其股东享有的诉权。况且,本案中,精工公司亦举证证明赢天公司确实存在不能清偿债务的情形。故张某军认为本案不存在该解释规定的公司债务不能清偿的情形,精工公司要求其承担责任与事实不符的理由不能成立。

格林美公司与孙某华、宋某诚等股东损害债权人利益责任纠纷案，浙江省宁波市中级人民法院(2018)浙02民终3347号民事判决书、浙江省慈溪市人民法院(2018)浙0282民初5411号民事判决书

法院认为：公司未对已知债权人进行减资通知时，该情形与股东违法抽逃出资的实质以及对债权人利益受损的影响，在本质上并无不同。金橙公司向格林美公司订购镍钴锰酸锂(三元材料)货物，付款方式为货到60天付款。因此，金橙公司在减资时应当知晓其尚欠格林美公司货款4613790.68元，也即格林美公司为金橙公司减资时的已知债权人。公司应当自作出减少注册资本决议之日起10日内通知债权人，并于30日内在报纸上公告。现金橙公司未依法通知，**可参照股东违法抽逃出资的相关规定予以处理**。认缴制下的公司股东的出资义务只是暂缓缴纳，而不是永久免除，在公司实有资产无法清偿对外债务时，为平衡公司债权人和股东的利益，债权人可以要求公司股东缴纳出资，以用于清偿公司债务。现金橙公司无法清偿对外债务，格林美公司可以要求股东在未出资范围内按出资比例承担补充责任。

一审观点：首先，金橙公司与原告之间的业务往来发生于2015年5月至2016年8月，在金橙公司股东会作出减资决议前后，原告仍有向金橙公司送货的事实发生，且根据法律规定公司减资时必须编制资产负债表及资产清单，而根据我国会计制度，资产负债表中包括应付账款，因此金橙公司对其应付原告的货款应属明知，该部分债务属于已知债务，金橙公司应当明知原告为债权人，而金橙公司**在股东会作出减资决议后未依法通知原告，其减资程序不当**。公司减资系股东会决议的结果，系基于全体股东的共同意志作出，决定权在全体股东，本案被告孙某华、宋某诚、罗某利作为**减资时的股东存在主观过错**。前述三被告**在未足额缴纳其认缴出资的情况下，又通过股东会决议进行减资，达到了免除其出资义务的效果**，客观上损害了金橙公司的偿债能力，侵害了原告的债权，**本质上造成了与股东抽逃出资相同的效果**，参照《最高人民法院关于适用〈中华人民共和国公司法〉若干问题的规定(三)》第十四条，被告孙某华、宋某诚、罗某利应分别在其减资金额范围内对原告未获清偿的债权承担连带补充赔偿责任。其次,关于原告可以向被告孙某华、宋某诚、罗某利主张的债权金额。由于减资行为并不会损及减资发生后的债权及其派生的逾期利息、损失等债权,故**减资股东承担补充赔偿责任应当以减资前形成的债权为准**,本案中在减资决议作出且完成变更登记后原告仍有42万元货物发送给金橙公司,该部分债权及相应的利息应予排除。

城建开发公司与黄某恩、王某元等股东损害公司利益责任纠纷案,广东省广州市中级人民法院(2020)粤01民终12284号民事判决书、广东省广州市越秀区人民法院(2019)粤0104民初9352号民事判决书

法院认为:公司减资时,应当采取及时有效的方式通知债权人,以确保债权人有机会在公司责任财产减少之前作出相应的权衡并作出利益选择,公司则根据债权人的要求进行清偿或者提供担保。上述行为既是公司减资前对债权人应当履行的义务,同时也是股东对公司**减资部分免责的前提**。

潮府馆公司及其股东仅在报纸上刊登减资公告,未就减资事项采取及时、有效的方式告知城建开发公司,未向工商登记部门如实报告其**负有大额债务未清偿的事实就办理了工商变更登记**,其行为不符合公司减少注册资本的法定程序。黄某恩、黄某源、王某元、陈某雄作为**减资股东**,其**不当减资行为**违反了公司资本维持原则,导致潮府馆公司不能全面清偿其减资前所负债务,**损害了债权人**城建开发公司的**利益**,黄某恩、黄某源、王某元、陈某雄应承担相应责任。

关于2016年1月29日**减资登记后的债务**,黄某恩、黄某源、王某元、陈某雄应否承担责任的问题。本院认为,潮府馆公司在公司减资前拖欠租金,且**拖欠的状态一直持续**至减资登记后。城建开发公司与潮府馆公司的租赁关系是建立在对潮府馆公司清偿能力的信赖基础上,涉案债务的形成同样是基于对潮府馆公司减资前注册资本的信赖。因此,黄某恩、黄某源、王某元、陈某雄的不当减资导致公司清偿能力和责任财产减损,其对**一直持续拖欠的租金应承担责任**。综上,黄某恩、黄某源、王某元、陈某雄的不当减资行为，导致城建开发公司利益受损，城建开发公司请求黄某恩、黄某源、王某元、陈某雄按照《债权债务担保说明》的承诺在原出资范围内对潮府馆公司拖欠城建开发公司2015年9月1日至2016年8月31日的租金及违约金承担连带清偿责任，合法有据，本院予以支持。

德通公司与王某生、杨某股东损害公司债权人利益责任纠纷案，北京市第一中级人民法院（2022）京01民终8104号民事判决书、北京市昌平区人民法院（2021）京0114民初15881号民事判决书

法院认为：格瑞纳仕公司在作出减资决议时对于已明知的债权人德通公司，未依法告知，致使德通公司无从得知减资情况，丧失了在减资前要求格瑞纳仕公司清偿债务或者提供担保的权利，格瑞纳仕公司的行为违反了《中华人民共和国公司法》的上述规定，故格瑞纳仕公司的**减资行为对德通公司不发生法律效力**。《中华人民共和国**公司法**》**对**因**不当减资**给债权人造成损失问题**未作出明确规定**，基于股东负有诚信出资担保责任以保障公司债权人的交易安全的基本法律原则，在格瑞纳仕公司减资**未依法通知债权人**的情形下，一审法院判令王某生、杨某在**减资范围内对**格瑞纳仕公司**不能还款部分承担补充赔偿责任**，既未超出王某生、杨某的认缴出资额，也与其在减资过程中向工商部门出具的说明不悖，未超出其合理预期，一审判决其承担补充赔偿责任，本院予以维持。

三、混同责任

4－37 【私账收款】长期使用股东个人账户收款、还款，股东账户与公司账户之间存在大量、频繁资金往来无法解释清楚，如何追责？

问题解答

上述情况系常见的“两套账”的表现形式，该种情况涉嫌股东个人财产与公司财产混同，属于股东滥用公司法人独立地位和股东有限责任，逃避债务的行为。

申请执行人可以通过启动**股东损害债权人利益诉讼**，要求公司股东对相关债务承担连带责任。

实践中一般来说，对上述情节的证明标准如下：

（1）股东个人账户直接收取、支付公司款项；

（2）股东未向法院提交财务报表、账户信息交易记录；

（3）公司账户的资金往来情况与其营业状况严重不符；

（4）公司、股东大量频繁资金往来，且未举证说明或做出合理解释。

相关法律法规及司法观点

《中华人民共和国公司法》

第二十条　公司股东应当遵守法律、行政法规和公司章程，依法行使股东权利，不得滥用股东权利损害公司或者其他股东的利益；不得滥用公司法人独立地位和股东有限责任损害公司债权人的利益。

公司股东滥用股东权利给公司或者其他股东造成损失的，应当依法承担赔偿责任。

公司股东滥用公司法人独立地位和股东有限责任，逃避债务，严重损害公

司债权人利益的,应当对公司债务承担连带责任。

《中华人民共和国民法典》

第八十三条 营利法人的出资人不得滥用出资人权利损害法人或者其他出资人的利益;滥用出资人权利造成法人或者其他出资人损失的,应当依法承担民事责任。

营利法人的出资人不得滥用法人独立地位和出资人有限责任损害法人债权人的利益;滥用法人独立地位和出资人有限责任,逃避债务,严重损害法人债权人的利益的,应当对法人债务承担连带责任。

参考案例

李某与协同教育公司、田某等民间借贷纠纷案,最高人民法院(2017)最高法民申2646号民事裁定书、山东省高级人民法院(2016)鲁民终67号民事判决书

法院认为:公司账户与管理人员、股东账户之间不得进行非法的资金往来,以保证公司财产的独立性和正常的经济秩序。公司通过股东个人账号收款、公司账号还款。同时,公司的账户与股东的账户之间存在大量、频繁的资金往来,且资金用途复杂,导致公司财产与股东财产无法进行区分。被告公司及股东申请再审称公司实际控制股东账户,股东账户的资金属于公司资金,但未提供充足的证据。因此,原判决认定因公司与股东之间构成财产混同,公司已经失去了独立承担债务的基础,有事实和法律依据。

佳亿公司与陈某等股东损害公司债权人利益责任纠纷案,最高人民法院(2020)最高法民申463号民事裁定书

法院认为:诉讼过程中查实,被告公司没有财产可供执行、控股股东个人账户直接收取公司的工程款。公司的财务账册资料不仅缺失严重,而且对于公司资产锐减的事实,所能提供的记账凭证均为收款收据,未附相关款项支出凭证,无法证明公司的资产是如何合理损耗的。

被告股东为公司法定代表人、绝对控股股东,公司财务账簿缺失、财务管理混乱,公司资产流向不明,控股股东代收公司工程款,致使债权人对公司债权至今无法清偿等案件事实，认定债权人主张该股东滥用公司法人独立地位和股东有限责任，损害公司债权人利益的理由成立，该股东应当对公司债务承担连带责任。

刘某与李某、吕某等教育培训合同纠纷案，北京市第三中级人民法院（2018）京03民终8529号民事判决书

法院认为：在二股东经营公司期间**主要财务往来、收取的大部分服务费均未使用公司账户**，而是使用某股东的个人账户。公司账户的**资金往来情况与其营业状况严重不符**。且在一、二审审理期间均未能向法院提交二人经营期间公司的财务报表、账户信息及交易记录等，足以认定本案中公司与二股东存在个人财产混同，二股东存在滥用股东权利的情形，其行为已经损害了众多债权人的利益，应依法对公司债务承担连带清偿责任。

另外，个别股东滥用股东权利的行为引起的法律纠纷导致公司人格否认的法律后果仅及于该股东，并不影响其他股东的有限责任，所以公司的现股东对涉案债务不承担连带责任。

建投金服公司与陶某股东损害公司债权人利益责任纠纷案，湖南省长沙市中级人民法院（2020）湘01民终3816号民事判决书、湖南省长沙市芙蓉区人民法院（2019）湘0102民初14819号民事判决书

法院认为：第一，股东与公司之间的银行转账记录以及股东的银行流水，可以证明在公司经营过程中股东以其个人账户对外收取、支付公司租金，该行为表明公司与公司股东的资金存在混同；第二，公司应当依照法律、行政法规和国务院财政部门的规定建立本公司的财务、会计制度。经一审法院释明，股东未能就其个人收取的租金去向进行解释，亦未提交证据证明该笔款项已在公司的财务账目中予以记载，该行为表明，公司财产与股东个人财产无法区分。因此，股东利用其公司法定代表人的职务便利，采用个人财务、资金与公司财务、资金混同的方式，致使公司丧失独立性，侵犯了公司法人的独立人格，降低了公司对外偿债能力，致使建投金服公司的债权无法受偿，其利益受到严重损害，故对股东**个人财产与公司财产存在财产混同**的事实足以认定。

4－38 【私账收款丨起诉条件】相应债权未执行终本的，可否提起诉讼?

问题解答

应当在查无财产终结本次执行后提起诉讼。因为在上述情况下提起诉讼极易造成原告无证据证明公司没有履行任何债务的能力的后果,相应诉求会被驳回。

行为人因滥用公司法人独立地位和股东有限责任并须承担连带赔偿责任,需要具备以下条件:

(1)行为人滥用公司法人独立地位和股东有限责任,包括对公司过度控制,造成公司财产与个人财产混同,致使公司形骸化;

(2)行为人的滥用行为严重损害了公司债权人的利益。

参考案例

SMC株式会社因与中气公司、倪某侵害发明专利权纠纷案,最高人民法院(2018)最高法民再200号民事判决书

法院认为:虽然股东以个人银行账户收取公司货款,且无证据表明已经将相应货款归还公司,直接损害了公司利益,但债权人**未提供证据证明公司、股东的滥用行为导致其没有履行任何债务的能力**,从而导致债权人的债权无法实现。在这种情况下,股东的上述行为并不构成滥用公司法人独立地位和股东有限责任,严重损害公司债权人利益的情形,不违反《公司法》第20条的规定。债权人的上述申请再审理由不能成立。

4-39　【换壳经营】换壳经营逃避债务的，如何追责？

问题解答

换壳经营易构成前后公司的人格混同（人员、业务、财产），可起诉要求关联公司、公司被执行人股东承担连带责任。人员、业务、财产混同的认定标准如下：

人员混同：人员重叠。

业务混同：在实际经营过程中存在同种业务行为且名称互用达到使交易对方无法区分。

财产混同：资金财产归属不明、收益不区分、财务管理不清晰。

应当注意的是，公司人格混同的证明标准较高，诉讼难度较大，提起此种诉讼应充分准备。

相关法律法规及司法观点

《中华人民共和国公司法》

第二十条　公司股东应当遵守法律、行政法规和公司章程，依法行使股东权利，不得滥用股东权利损害公司或者其他股东的利益；不得滥用公司法人独立地位和股东有限责任损害公司债权人的利益。

公司股东滥用股东权利给公司或者其他股东造成损失的，应当依法承担赔偿责任。

公司股东滥用公司法人独立地位和股东有限责任，逃避债务，严重损害公司债权人利益的，应当对公司债务承担连带责任。

《中华人民共和国民法典》

第八十三条　营利法人的出资人不得滥用出资人权利损害法人或者其他

出资人的利益;滥用出资人权利造成法人或者其他出资人损失的,应当依法承担民事责任。

营利法人的出资人不得滥用法人独立地位和出资人有限责任损害法人债权人的利益;滥用法人独立地位和出资人有限责任,逃避债务,严重损害法人债权人的利益的,应当对法人债务承担连带责任。

参考案例

【人员混同】

联合资产公司与鹿业发展公司等借款合同纠纷案,最高人民法院(2018)最高法民申4702号民事裁定书、海南省高级人民法院(2017)琼民终346号民事判决书

法院认为:一人同时或者前后兼任两公司法定代表人、**曾在不同时期不同场合均出具《证明》称该两公司是“一套人马,两块牌子”**,判定人员混同。

建兴公司与标志服厂、标志服公司等追偿权纠纷案,最高人民法院(2017)最高法民申1162号民事裁定书、山东省高级人民法院(2016)鲁民终1574号民事判决书

法院认为:目标公司与关联公司虽存在**法定代表人互相兼职**,以及目标公司的**部分职工下岗后到关联公司工作**,但二者尚未达到人员严重混同、重叠的程度,不足以认定为人员混同。

亿置公司与江门中行、金融大厦等房屋买卖合同纠纷案,最高人民法院(2018)最高法民申4021号民事裁定书、广东省高级人民法院(2016)粤民终1162号民事判决书

法院认为:设立人因管理需要向公司**委派的管理人员并未在设立人处兼职**,设立人、公司的**住所地一致并不等同两者是使用同一办公场所办公**,判定人员混同不成立。**设立人是目标公司的实际控制人,亦不能直接得出两者构成人格混同的结论。**

朱某与昆和公司、源丰公司买卖合同纠纷案，最高人民法院(2016)最高法民申3168号民事裁定书、山东省高级人民法院(2016)鲁民终345号民事判决书

法院认为：目标公司与关联公司法定代表人、股东不同，两公司在具体员工范围上并不完全重合，只是存在交叉。公司作为拟制的民事主体，其意志是通过股东、董事、经理、负责人等表达出来的。目标公司与关联公司存在关联关系，**两公司存在被同一人实际控制的情形**。

【财产混同、财务混同】

联合资产公司与鹿业发展公司等借款合同纠纷案，最高人民法院(2018)最高法民申4702号民事裁定书、海南省高级人民法院(2017)琼民终346号民事判决书

法院认为：无偿使用关联公司财产、以自己名义出租关联公司财产、以自己名义为关联公司财产缴纳税款，系两公司对相关财产共同享有权益，判定财产混同。目标公司为关联公司补缴税款、为共同的员工共同缴纳一份社保，判定财务混同。

建兴公司与标志服厂、标志服公司等追偿权纠纷案，最高人民法院(2017)最高法民申1162号民事裁定书、山东省高级人民法院(2016)鲁民终1574号民事判决书

法院认为：目标公司与关联公司就经营所需资产如厂房存在租赁合同，彼此拥有自己的实物资产；目标公司与关联公司独立缴纳经营税费；目标公司与关联公司不存在**交叉持股**情形；亦无其他证据表明二者存在**资金财产归属不明、收益不区分、财务管理不清晰**的情形。据此，二者尚**未达到财产无法区分、丧失企业独立人格**的程度，不足以认定为财产混同。

亿置公司与江门中行、金融大厦等房屋买卖合同纠纷案，最高人民法院(2018)最高法民申4021号民事裁定书、广东省高级人民法院(2016)粤民终1162号民事判决书

法院认为：设立人以目标公司设立人的身份为设立目标公司所从事的

民事活动,比如有关部门申请办理业务许可、对外进行签章等,不能据此判定财产混同;**目标公司股东作出股东会决议处置目标公司的财产**(将案涉房产作为设立人债权的抵押物)系目标公司全体股东作出的决定,不能据此判定财产混同;**即使设立人控制着目标公司的公章**,亦不能据此判定财产混同。

朱某与昆和公司、源丰公司买卖合同纠纷案,最高人民法院(2016)最高法民申3168号民事裁定书、山东省高级人民法院(2016)鲁民终345号民事判决书

法院认为:未提供证据证实目标公司与关联公司之间资金转移频繁任意,据此认定证据证明两公司之间财产界限不明确,两公司账簿、账户混同或者两者之间不当冲账,并无不妥。

【业务混同】

建兴公司与标志服厂、标志服公司等追偿权纠纷案,最高人民法院(2017)最高法民申1162号民事裁定书、山东省高级人民法院(2016)鲁民终1574号民事判决书

法院认为:目标公司与关联公司**登记的经营范围**存在部分重合,但并**无证据证明二者在实际经营过程中存在同种业务行为,且名称互用达到使交易对方无法区分**的程度,不足以认定为业务混同。

朱某与昆和公司、源丰公司买卖合同纠纷案,最高人民法院(2016)最高法民申3168号民事裁定书、山东省高级人民法院(2016)鲁民终345号民事判决书

法院认为:业务范围均包括钢材买卖,但另有不同业务范围,目标公司与关联公司主张彼此有独立收入来源,判定业务范围存在差别。

4-40　【关联企业】被执行人实际控制人控制多家公司，滥用法人人格独立地位损害债权人利益，如何追责？

问题解答

几家公司通过共同的自然人股东相互转款，构成滥用公司法人独立地位和股东有限责任，逃避债务，严重损害公司债权人利益的，关联公司及股东对公司债务承担连带责任。

相关法律法规及司法观点

《中华人民共和国公司法》

第二十条　公司股东应当遵守法律、行政法规和公司章程，依法行使股东权利，不得滥用股东权利损害公司或者其他股东的利益；不得滥用公司法人独立地位和股东有限责任损害公司债权人的利益。

公司股东滥用股东权利给公司或者其他股东造成损失的，应当依法承担赔偿责任。

公司股东滥用公司法人独立地位和股东有限责任，逃避债务，严重损害公司债权人利益的，应当对公司债务承担连带责任。

《中华人民共和国民法典》

第八十三条　营利法人的出资人不得滥用出资人权利损害法人或者其他出资人的利益；滥用出资人权利造成法人或者其他出资人损失的，应当依法承担民事责任。

营利法人的出资人不得滥用法人独立地位和出资人有限责任损害法人债权人的利益；滥用法人独立地位和出资人有限责任，逃避债务，严重损害法人债权人的利益的，应当对法人债务承担连带责任。

参考案例

唐某亮与伟祺园林公司、王某等合作开发合同纠纷案,最高人民法院(2020)最高法民申1106号民事裁定书

法院认为:原审亦查明,伟民置业公司、伟祺置业公司与伟祺园林公司登记为独立的企业法人,其中伟民置业公司、伟祺置业公司住所地相同;张某分别为伟祺园林公司、伟祺置业公司的股东;伟祺置业公司的股东、法定代表人叶某东代表伟祺园林公司与业主签订《PPP项目合同》等文件,且经手收取苏州科环公司的保证金;唐某亮提交的伟祺园林公司的两个银行账户交易明细以及张某个人多个银行账户的交易明细证明,伟祺园林公司直接或通过张某的个人账户将鹿邑县财政国库支付中心汇入其账户的多笔款项直接转入了伟民置业公司、伟祺置业公司账户,而且**伟民置业公司、伟祺置业公司还通过张某个人账户与伟祺园林公司存在其他的大量、频繁资金往来**。伟祺园林公司、伟民置业公司、伟祺置业公司**未对上述资金往来的用途举证说明或作出合理解释**,原审据此判决伟民置业公司、伟祺置业公司对伟祺园林公司的债务承担连带责任并不缺乏证据证明,适用法律亦无不当。

第五章

执 行 制 裁

一、拒不执行判决、裁定罪

5-1 【保护范围】执行依据为调解书的,是否可追究刑事责任?

问题解答

可以,但被执行人拒不执行的裁定系人民法院为依法执行生效的调解书所作的裁定。

人民法院为依法执行支付令、生效的调解书、仲裁裁决、公证债权文书等所作的裁定属于《刑法》第313条规定的裁定。

相关法律法规及司法观点

《中华人民共和国刑法》

第三百一十三条 [拒不执行判决、裁定罪]对人民法院的判决、裁定有能力执行而拒不执行,情节严重的,处三年以下有期徒刑、拘役或者罚金;情节特别严重的,处三年以上七年以下有期徒刑,并处罚金。

单位犯前款罪的,对单位判处罚金,并对其直接负责的主管人员和其他直接责任人员,依照前款的规定处罚。

《全国人民代表大会常务委员会关于〈中华人民共和国刑法〉第三百一十三条的解释》

……人民法院**为依法执行支付令、生效的调解书、仲裁裁决、公证债权文书等所作的裁定**属于该条规定的裁定……

《浙江省高级人民法院、浙江省人民检察院、浙江省公安厅关于依法惩处拒执犯罪若干问题的会议纪要》

一、判决、裁定的范围

拒不执行判决、裁定罪中的"判决、裁定",是指**人民法院**依法**作出**的具有执行内容并已发生法律效力的**判决、裁定**。拒执罪中的裁定,除全国人大常委会解释中列举的外，还包括人民法院准予强制执行行政处罚决定、行政处理决定等作出的裁定。

拒不执行判决、裁定的对象本质上应当包含人民法院生效调解书、人民调解确认决定书，但由于立法解释规定人民法院**为生效的调解书等所作的裁定**属于刑法第三百一十三条规定的裁定，因此，执行部门在执行立案后要及时对生效调解书、人民调解确认决定书作出裁定。

人民法院**对认可并执行仲裁调解协议所作的裁定**属于拒不执行裁定罪中裁定的范围。

5-2 【量刑标准】拒不执行判决、裁定罪的起刑点及其量刑标准是什么？

问题解答

拒不执行判决、裁定罪包括以下两项量刑标准：(1)3年以下有期徒刑、拘役或者罚金；(2)3年以上7年以下有期徒刑，并处罚金。

各省对起刑点有不同的司法政策，应当基于当地司法政策予以判断。

相关法律法规及司法观点

《中华人民共和国刑法》

第三百一十三条 【拒不执行判决、裁定罪】对人民法院的判决、裁定有能力执行而拒不执行，情节严重的，处三年以下有期徒刑、拘役或者罚金；情节特别严重的，处三年以上七年以下有期徒刑，并处罚金。

单位犯前款罪的,对单位判处罚金,并对其直接负责的主管人员和其他直接责任人员,依照前款的规定处罚。

《浙江省高级人民法院、浙江省人民检察院、浙江省公安厅关于依法惩处拒执犯罪若干问题的会议纪要》

十二、情节特别严重的判断标准

刑法第三百一十三条规定的情节特别严重情形是指:

1. 负有执行义务的人有能力执行而拒不执行,致使法院判决、裁定无法执行数额达500万元以上的;

……

《福建省高级人民法院、福建省人民检察院、福建省公安厅关于办理拒不执行判决、裁定刑事案件若干问题的指导意见》

第十六条 《全国人大常委会关于〈中华人民共和国刑法〉第三百一十三条的解释》及《最高人民法院关于审理拒不执行判决、裁定刑事案件适用法律若干问题的解释》关于"有能力执行而拒不执行,情节严重"情形中规定的"致使判决、裁定无法执行的",包括以下情形:

(一)被执行人隐藏、转移、故意毁损或者无偿转让财产额个人达1万元(币种人民币,下同)、单位达到3万元的;

担保人或者被执行人隐藏、转移、故意毁损或者转让已向人民法院提供担保的财产额个人达到1万元、单位达到3万元的;

……

第十八条 "拒不执行判决、裁定,情节特别严重的"包括以下情形:

(一)被执行人隐藏、转移、故意毁损或者无偿转让财产额达到执行标的额的30%,但个人未达25万元、单位未达100万元的除外;

担保人或者被执行人隐藏、转移、故意毁损或者转让已向人民法院提供担保的财产达到担保额的30%,但个人未达25万元、单位未达100万元的除外;

(二)追索赡养费、抚养费、医疗费等案件,申请执行人经济损失达到15万元的;

(三)追索赡养费、抚养费、医疗费等案件的申请执行人因被执行人、担保人、协助执行义务人的拒不执行行为导致身体健康遭受重伤以上伤害后果或死亡的；

（四）其他情节特别严重的情形。

5-3 【构罪行为】被执行人哪些行为涉嫌构成拒不执行判决、裁定罪?

问题解答

实务中常见的拒不执行判决、裁定罪的行为包括：

（1）判决生效后单独清偿未被法律文书确定的债务；

（2）违反财产申报、限制高消费制度，经罚款、拘留仍拒不执行；

（3）拒不交付法院指定交付的财物。

协助执行义务人亦存在构成拒不执行判决、裁定罪的可能。

相关法律法规及司法观点

《最高人民法院关于审理拒不执行判决、裁定刑事案件适用法律若干问题的解释》

第一条 被执行人、协助执行义务人、担保人等负有执行义务的人对人民法院的判决、裁定有能力执行而拒不执行，情节严重的，应当依照刑法第三百一十三条的规定，以拒不执行判决、裁定罪处罚。

第二条 负有执行义务的人有能力执行而实施下列行为之一的，应当认定为全国人民代表大会常务委员会关于刑法第三百一十三条的解释中规定的

“其他有能力执行而拒不执行,情节严重的情形”:

(一)具有拒绝报告或者虚假报告财产情况、违反人民法院限制高消费及有关消费令等拒不执行行为,经采取罚款或者拘留等强制措施后仍拒不执行的;

(二)伪造、毁灭有关被执行人履行能力的重要证据,以暴力、威胁、贿买方法阻止他人作证或者指使、贿买、胁迫他人作伪证,妨碍人民法院查明被执行人财产情况,致使判决、裁定无法执行的;

(三)拒不交付法律文书指定交付的财物、票证或者拒不迁出房屋、退出土地,致使判决、裁定无法执行的;

(四)与他人串通,通过虚假诉讼、虚假仲裁、虚假和解等方式妨害执行,致使判决、裁定无法执行的;

(五)以暴力、威胁方法阻碍执行人员进入执行现场或者聚众哄闹、冲击执行现场,致使执行工作无法进行的;

(六)对执行人员进行侮辱、围攻、扣押、殴打,致使执行工作无法进行的;

(七)毁损、抢夺执行案件材料、执行公务车辆和其他执行器械、执行人员服装以及执行公务证件,致使执行工作无法进行的;

(八)拒不执行法院判决、裁定,致使债权人遭受重大损失的。

《福建省高级人民法院、福建省人民检察院、福建省公安厅关于办理拒不执行判决、裁定刑事案件若干问题的指导意见》

第七条　被执行人、担保人、**协助执行义务人**拒不履行生效裁判文书载明的法律义务的,致使判决、裁定无法执行或执行工作无法进行等,应当认定为“对人民法院的判决、裁定拒不执行”。

……

第九条　下列情形属于《中华人民共和国刑法》第三百一十三条规定的“有能力执行而拒不执行,情节严重的情形”:

……

(三)**协助执行义务人接到人民法院协助执行通知书后,有能力执行而拒**

不协助执行，致使判决、裁定无法执行的；

……

第二十二条 有协助调查、执行义务的人员，有拒不执行判决、裁定行为的，可以以拒不执行判决、裁定罪追究责任；符合刑法关于共犯规定的，按共同犯罪处理。

5-4 【构罪行为｜拥有财产】经查被执行人名下银行账户、网络资金账户存在提现、支出等情况，数额超起刑点的是否构罪？

问题解答

该类证据存在证明被执行人拥有清偿判决、裁定确定债务的全部或者部分财产的可能，可能认定被执行人“有能力执行”。

相关法律法规及司法观点

《浙江省高级人民法院、浙江省人民检察院、浙江省公安厅关于依法惩处拒执犯罪若干问题的会议纪要》

八、“有能力执行”的判断标准

刑法第三百一十三条规定的“有能力执行”是指负有执行人民法院判决、裁定确定义务的人拥有清偿判决、裁定确定债务的全部或者部分财产，或者能够以自己的行为在判决、裁定确定的期限内履行判决、裁定确定的全部或者部分义务。

《福建省高级人民法院、福建省人民检察院、福建省公安厅关于办理拒不执行判决、裁定刑事案件若干问题的指导意见》

第十一条　本意见第九条第(一)项中“被执行人隐藏、转移、故意毁损财产或者无偿转让财产”包括但不限于以下情形:

……

(八)名下银行、证券等账户有资金往来,无法说明合理用途的;

……

参考案例

吴某犯拒不执行判决、裁定罪等案,浙江省温州市中级人民法院(2020)浙03刑终207号刑事判决书、浙江省永嘉县人民法院(2019)浙0324刑初1195号刑事判决书

具体案情:被告人从其持有的浙江永嘉农村商业银行股份有限公司的银行卡(尾号8756)**取款**5万元,未用于履行上述判决确定的义务,致使法院生效民事判决、裁定无法执行。

张某进、毛某珠犯拒不执行判决、裁定罪案,浙江省温州市中级人民法院(2019)浙03刑终1108号刑事判决书、浙江省平阳县人民法院(2019)浙0326刑初493号刑事判决书

具体案情:毛某珠所有的太平洋保险、人寿保险保险单价值共计18.47万元,其尾号0914的中国农业银行账户于2017年5月1日至同年10月27日共**支取**99005.81元,但毛某珠未将上述款项用于清偿债务。张某进、毛某珠的上述行为致使法院裁判文书无法执行。

潘某龙犯拒不执行判决、裁定罪案,浙江省温州市中级人民法院(2019)浙03刑终685号刑事判决书、浙江省乐清市人民法院(2019)浙0382刑初245号刑事判决书

具体案情:自衢州市鑫通融资担保有限公司的相关判决2014年11月20日生效以来,潘某龙银行账户**累计支取**款项高达人民币50.7万余元,均未用于履行生效判决确定的义务,即便扣除合理生活费用,也已远高于刑事处罚标准，潘某龙辩称自己不具有执行能力，辩护人以执行材料未直接送达潘某龙为由辩解其不具有犯罪故意，不构成情节严重，均不予采纳。

陈某犯拒不执行判决、裁定罪等案，浙江省温州市中级人民法院（2019）浙03刑终678号刑事判决书、浙江省瑞安市人民法院（2019）浙0381刑初61号刑事判决书

具体案情：被执行人于2015年5月12日**领取其名下公积金**198900元，均未用于偿还生效判决确定的债务。

王某寅犯拒不执行判决、裁定罪案，浙江省温州市中级人民法院（2018）浙03刑终1591号刑事判决书、浙江省温州市龙湾区人民法院（2017）浙0303刑初986号刑事判决书

具体案情：原审被告人王某寅在未履行法院判决、裁定的情况下，**收取16.5万元租金**后未予申报而私自处置，情节严重，其行为已构成拒不执行判决、裁定罪。

夏某明犯拒不执行判决、裁定罪案，浙江省金华市中级人民法院（2018）浙07刑终795号刑事判决书、浙江省永康市人民法院（2018）浙0784刑初481号刑事判决书

具体案情：上诉人夏某明在调解书生效并进入执行程序后，**收取大额租金**，未用于支付执行款项，其行为属于有能力执行而拒不执行，情节严重，构成拒不执行判决、裁定罪。

曹某治犯拒不执行判决、裁定罪案，浙江省宁波市江北区人民法院（2021）浙0205刑初68号刑事判决书

具体案情：2019年7月2日至今，被告人曹某治通过向殷某、张某出售废旧设备、为王某德的公司解决生产技术问题共计**收入**109050元，但曹某治未向江北法院报备，其间仅向郑某支付欠款20000元，其余89050元用于个人开支。

刘某犯拒不执行判决、裁定罪案，浙江省象山县人民法院（2021）浙0225刑初18号刑事判决书

具体案情：2020年2月28日，被告人刘某向其子就读的由宁波华贸教育集团、宁波华贸投资控股股份有限公司举办的宁波华贸外国语学校**支付**一学期**学费**人民币24000元。2020年8月28日,被告人刘某向其子就读的宁波华贸外国语学校**支付**一学期**学费**人民币26380元。本院认为,被告人刘某对人民法院的判决、裁定有能力执行而拒不执行,情节严重,其行为已构成拒不执行判决、裁定罪。

陈某杰犯拒不执行判决、裁定罪案,浙江省宁波市奉化区人民法院(2020)浙0213刑初717号刑事判决书

具体案情:被告人陈某杰从2018年8月开始,通过帮他人代写材料、介绍律师、销售营养粉等方式**收取相关费用**,并将上述款项转入弟弟陈某的工商银行卡内共计48万余元,陈某杰将其中部分资金用于履行法院其他判决,剩余资金用于自行分配、生活开支等,至案发时卡内资金尚余23万余元。陈某杰未将上述款项用于履行判决,致使法院生效判决无法履行。

雷某犯拒不执行判决、裁定罪案,浙江省台州市黄岩区人民法院(2020)浙1003刑初601号刑事判决书

具体案情:2020年1月24日至2020年5月11日,被告人雷某微信账户**收入人民币3.3万余元**。被告人雷某明知在本院有生效判决待履行,未在规定期限内向本院申报财产,并**将个人收入用于整容、酒吧玩乐等高消费**,导致生效判决无法执行。

刘某云犯拒不执行判决、裁定罪案,浙江省永嘉县人民法院(2020)浙0324刑初584号刑事判决书

具体案情:另查明,2019年8月1日至2020年7月30日,被告人刘某云通过**微信**、**支付宝**分别**支取**人民币862738.15元、120689.93元,其中2020年2月至7月通过微信**支取**人民币14万余元,均未用于履行法院判决确定的义务,又未向本院报备。

胡某诉楼某利犯拒不执行判决、裁定罪案,浙江省安吉县人民法院(2020)浙0523刑初394号刑事判决书

具体案情:在恢复执行期间,查明被告人楼某利名下**财付通账户**自

2020 年 5 月 1 日至 2020 年 6 月 23 日入账人民币 51473.5 元，出账人民币 51473.5 元；支付宝账户入账人民币 37200 余元。

王某水犯拒不执行判决、裁定罪案，浙江省绍兴市上虞区人民法院（2021）浙 0604 刑初 194 号刑事判决书

具体案情：2020 年 3 月 25 日至 2021 年 1 月，被告人王某水实际控制的支付宝账户（账号为 137××××6321）内收入 6 万余元、支出 5 万余元。

林某文犯拒不执行判决、裁定罪案，浙江省温岭市人民法院（2021）浙 1081 刑初 259 号刑事判决书

具体案情：2020 年 1 月 7 日，温岭市人民法院抓获林某文，并当场扣押其在用手机一部，经查，该手机为林某文使用，微信钱包在温岭市人民法院执行立案后有多笔大额款项进账，出账方式为对外支付及提现。

5－5 【构罪行为｜单独清偿】单独清偿尚未被生效法律文书确定的债务，是否构罪？

问题解答

浙江省高级人民法院认为：单独清偿未被生效法律文书确定的债务，除非系正常生产经营或合理生活支出，且已向人民法院报备的，否则亦构罪。

福建省高级人民法院认为：将财产用于偿还经判决、裁定确定的债务之外的其他债务，且该债务并非法律规定应优先清偿的债务的，构罪。

相关法律法规及司法观点

《浙江省高级人民法院、浙江省人民检察院、浙江省公安厅关于依法惩处拒执犯罪若干问题的会议纪要》

十六、被执行人将财产用于履行其他债务的行为性质

被执行人擅自将财产用于履行尚未被生效法律文书确定的其他债务，致使生效判决、裁定无法履行的，应认定被执行人构成拒不执行判决、裁定罪。被执行人款项支出系正常生产经营或合理生活支出，且已向人民法院报备的除外。

《福建省高级人民法院、福建省人民检察院、福建省公安厅关于办理拒不执行判决、裁定刑事案件若干问题的指导意见》

第十一条　本意见第九条第（一）项中“被执行人隐藏、转移、故意毁损财产或者无偿转让财产”包括但不限于以下情形：

……

（二）自行变卖、处置财产，并将变卖、处置款用于偿还经判决、裁定确定的债务之外的其他债务，且该债务并非法律规定应优先清偿之债务的；

……

参考案例

朗圣公司、吴某、应某犯拒不执行判决、裁定罪案，浙江省金华市中级人民法院（2020）浙07刑终132号刑事判决书、浙江省永康市人民法院（2019）浙0784刑初232号刑事判决书

法院认为：关于租金未实际支付而用于抵偿与郎顺公司的债务的问题，即使租金未实际支付，但用于抵债，消灭了部分债务，实质上已获取租金收益，郎圣公司**未经申报，将租金收益抵偿未经法院依法判决的债务的行为，亦应认定为拒执行为。**

机器设备的转让款直接抵了欠郎顺公司的货款，可见，该1300万余元转让价款虽未实际支付，但郎圣公司因此消灭了与郎顺公司的部分债务，郎圣公司转让时是否已取得全部机器设备的所有权并未影响其获取转让的收益，故郎圣公司**将机器设备转让款直接抵偿未经法院依法判决的债务**

的行为，应认定为拒执行为。

即使该160万元系向施某、应某2的**借款，其将之用于归还未经法院判决确认的债务的行为依然构成拒执行为。**

其虽系在判决生效之前转移股权，但根据收到的执行通知书及财产申报令，仍应当明知该行为属于财产申报范围。此外，根据吴某剑、应某巧的供述以及施某的证言，股权转让的价款未实际支付而用于抵债，但**即使用于抵债，作为债务人消灭了相应债务，已实际获得收益，且所谓债务并未经过法院判决确认**。综上，应某巧的股权转让行为应认定为拒执行为。

徐某明犯拒不执行判决、裁定罪案，浙江省温州市中级人民法院(2019)浙03刑终1110号刑事判决书、浙江省永嘉县人民法院(2019)浙0324刑初352号刑事判决书

法院认为：徐某明在判决、裁定执行期间，有能力执行而拒不执行法院判决、裁定内容，而是先行偿还其他欠款或用于消费，徐某明本人也供称在胡某烧起诉并判决后，其就不再支付胡某烧的欠款，选择**先行偿还其他较为小额的欠款**，因此其主观上抗拒执行的故意明显，也实施了相应行为，行为应当**构成拒不执行判决、裁定罪**。

李某犯拒不执行判决、裁定罪等案，浙江省金华市中级人民法院(2020)浙07刑终570号刑事判决书、浙江省永康市人民法院(2019)浙0784刑初994号刑事判决书

具体案情：被执行人明知法院的民事判决已经发生法律效力，却将收取的个人退股款550万元转入其控制的他人账户，**用于归还其他并未经过法院判决确认的个人债务及其他个人开支**，显属拒不执行生效裁判的行为。

陈某、黄某犯拒不执行判决、裁定罪案，浙江省温州市中级人民法院(2020)浙03刑终550号刑事判决书、浙江省苍南县人民法院(2020)浙0327刑初387号刑事判决书

具体案情：被执行人在明知需要执行浙江省苍南县人民法院判决的执

行款本金900000元及利息的情况下，仍然将其位于广西壮族自治区房屋的拍卖余款240810.4元委托他人向北海市海城区人民法院代为领取，后该笔**款项被用于偿还被执行人信用卡、债务**和创业经营，而拒不执行苍南县人民法院的生效判决。

赵某犯拒不执行判决、裁定罪案，浙江省绍兴市中级人民法院（2020）浙06刑终186号刑事判决书、浙江省绍兴市越城区人民法院（2020）浙0602刑初397号刑事判决书

具体案情：为逃避法院执行，被执行人利用其实际控制并使用的尾号0564的建设银行卡（卡主为其子），接收并转移钱款人民币70余万元，**用于归还其他未生效判决的债务**。被执行人所得款项既未向人民法院申报，也未清偿法院判决案件的债务，致使法院判决案件无法执行，情节严重。

邵某犯拒不执行判决、裁定罪案，浙江省宁波市鄞州区人民法院（2021）浙0212刑初299号刑事判决书

具体案情：被告人邵某在明知该判决书且其名下厂房将被拆迁，其将得赔偿款100余万元的情况下，于2019年8月30日要求村里直接将拆迁补偿款中的80万元转账给未经诉讼程序的另一债权人顾某。顾某于当日将其中41万元又打回被告人邵某实际控制的银行账户上（户名为王某），后邵某将上述钱款**归还信用卡欠款、借贷平台及其他债权人**，严重侵害了申请执行人的合法权益，影响法院正常执行工作，致使案件无法有效执行。

徐某梅犯拒不执行判决、裁定罪案，浙江省宁波市鄞州区人民法院（2020）浙0212刑初565号刑事判决书

具体案情：同年4月23日，被告人徐某梅将其名下的浙B×××××大众辉腾轿车（经鉴定价值25万元）作价60万元用于**抵偿欠徐某2的债务，但该债务尚未被生效法律文书确定**。

林某挺犯拒不执行判决罪案，浙江省象山县人民法院（2021）浙0225刑初23号刑事判决书

具体案情：2013年8月5日至2020年4月8日，被告人林某挺所属的上海市遵义路797弄2,4号地下1层车位4号、40号、48号等车位共产生租金收益共计人民币29.02万元。被告人林某挺未将上述款项归还卢某,且未经申报,**擅自将**其中的人民币11.02万元赠予顾某,**人民币13万元归还徐某**。被告人林某挺对人民法院的判决有能力执行而拒不执行,情节严重,其行为已构成拒不执行判决罪。

郑某森犯拒不执行判决罪案,浙江省象山县人民法院(2021)浙0225刑初16号刑事判决书

具体案情:后郑某通过银行转账的方式向被告人郑某森支付股权转让款人民币800000元。被告人郑某森在收到上述股权转让款后并**未将上述款项用于履行生效判决确定的义务而是用于支付其他欠款**。本院认为,被告人郑某森对人民法院的判决有能力执行而拒不执行,情节严重,其行为已构成拒不执行判决罪。

奚某辉犯拒不执行判决、裁定罪案,浙江省象山县人民法院(2020)浙0225刑初322号刑事判决书

具体案情:2017年2月14日,象山定塘汐姑娘客栈由象山县市场监督管理局核准成立,经营者为被告人奚某辉,经营地为象山县定塘镇定山村建设路××号,该房屋产权属于被告人奚某辉。上述判决生效后,被告人奚某辉**将经营客栈的营业收入用于归还其银行贷款及个人欠款**。

岑某芬犯拒不执行判决、裁定罪案,浙江省慈溪市人民法院(2021)浙0282刑初11号刑事判决书

具体案情:2016年4月,被告人岑某芬在名下银行账户被法院冻结期间,为逃避法院的强制执行,将亨佳公司的6台注塑机以现金交易方式转让给他人,得款106万元用于**归还其他公司的日常经营、其他未进入法院执行程序的债务**等,未履行法院生效裁判确定的义务。本院认为,宁波亨佳电器实业有限公司对人民法院的判决、裁定有能力执行而拒不执行,情节严重,被告人岑某芬系该公司直接负责的主管人员,其行为已构成拒不执行判决、裁定罪。

鸿运公司、余某琴犯拒不执行判决、裁定罪案，浙江省宁波市奉化区人民法院（2020）浙0213刑初389号刑事判决书

具体案情：2010年至2019年6月，宁波市奉化鸿运建材有限公司及余某琴将名下位于奉化区塘下城山路77号的奉化区××号房××公寓，以投资合作协议的形式出售，**收到了刘某、张某、王某等人的购房款254.64万元，未向法院申报，也未到法院履行执行款，而是用于归还其他债务。**

朱某成犯拒不执行判决、裁定罪案，浙江省宁海县人民法院（2020）浙0226刑初326号刑事判决书

具体案情：同年7月，被告人朱某成私自将其名下位于宁海县跃龙街道的房屋出售给王某，并于同年8月6日**将196万元房款所得用于归还个人债务**，未将收益付至宁海县人民法院或者归还给应某，致使上述生效法律文书确定的内容无法执行。

长城公司、冯某犯拒不执行判决、裁定罪案，浙江省绍兴市上虞区人民法院（2019）浙0604刑初975号刑事判决书

具体案情：2014年5月30日，被告单位上虞长城公司将其所有的坐落于××街道××村××幢××室的附房**折抵给罗某，冲抵上虞长城公司欠罗某的20万元债务**。2014年6月19日，上述房屋所有权人已变更登记为罗某。2015年5月28日，被告单位上虞长城公司将其所有的车牌号为浙DK××××的奥迪牌越野客车转让给罗某，经绍兴市上虞区价格认证中心认定，上述车辆价值284000元。

王某祥犯拒不执行判决、裁定罪案，浙江省绍兴市上虞区人民法院（2021）浙0604刑初200号刑事判决书

具体案情：2019年10月至2021年1月25日，被告人王某祥名下的尾号为6676的中国农业银行卡内有资金收入370余万元，被告人王某祥**将款项用于支付其他尚未被法院生效判决、裁定确定的债务**，导致生效的民事判决书、裁定书无法履行。

5-6 【构罪行为丨借钱还债】借钱还债是否构罪？

问题解答

司法实践中有部分法院认为，即便系借钱还债，亦构成单独清偿尚未被生效法律文书确定的债务，构成拒不执行判决、裁定罪。

参考案例

董某芬犯拒不执行判决、裁定罪案，浙江省慈溪市人民法院（2021）浙0282刑初66号刑事判决书

具体案情：2017年10月，被告人董某芬经与韩某商议，向同村沈某君借款人民币50万元，后被告人董某芬将上述款项用于偿还尚未被法院生效法律文书确定的其他债权人戴某的债务，致使法院生效判决无法执行。

韩某路犯拒不执行判决、裁定罪案，浙江省慈溪市人民法院（2020）浙0282刑初1314号刑事判决书

具体案情：同年10月，被告人韩某路经与董某（另案处理）商议，向他人借款人民币50万元，后被告人韩某路将上述款项共计人民币92万元用于偿还尚未被法院生效法律文书确定的其他债权人陈某2、戴某的债务，致使法院生效的判决、裁定无法执行。

马某犯拒不执行判决、裁定罪案，浙江省湖州市吴兴区人民法院（2020）浙0502刑初625号刑事判决书

具体案情：马某于2020年5月1日将自己名下的浙EO××××大众牌小型汽车质押典当于浙江电联典当有限责任公司湖州分公司，并将当金用于还车贷及个人开支。

唐某犯拒不执行判决罪案,安徽省滁州市中级人民法院(2020)皖11刑终280号刑事判决书、安徽省滁州市琅琊区人民法院(2020)皖1102刑初77号刑事判决书

具体案情:2013年5月23日,滁州唐人包装有限公司从皖东银行丰乐支行借款600万元,2014年12月29日,该公司从徽行凤凰路支行贷款600万元,次日,用该款偿还皖东银行丰乐支行贷款5999000元及利息。

5-7 【构罪行为丨无偿转让】将财产无偿或低价转让至他人名下,是否构成拒不执行判决、裁定罪?

问题解答

上述情形虽较为少见,但亦有发生。如执行阶段与配偶离婚放弃财产、换壳经营将财产交新公司使用等。

相关法律法规及司法观点

《福建省高级人民法院、福建省人民检察院、福建省公安厅关于办理拒不执行判决、裁定刑事案件若干问题的指导意见》

第十一条　本意见第九条第(一)项中"被执行人隐藏、转移、故意毁损财产或者无偿转让财产"包括但不限于以下情形:

……

(五)将财产无偿或低价转移至亲属、朋友等他人名下的;

（六）虽未办理所有权转移或质押、抵押等物权登记，但将车辆、房产等财产交付他人使用或用于质押、抵押的；

……

参考案例

王某某犯拒不执行判决、裁定罪案，山东省平阴县人民法院（2019）鲁0124刑初73号刑事判决书（山东省济南市中级人民法院2019年十大执行案例）

具体案情：被告人王某某与赵某原系夫妻，二人于1995年1月24日登记结婚。2015年1月22日协议离婚，两人协议离婚日期为王某某收到本院（2014）平民初字第64号民事判决书的第三日。二人**离婚时约定**，环秀山庄B8－1－402室楼房一处、车牌号为鲁A889××的汽车一辆、西平洛村房屋**均归赵某所有**。环秀山庄房产及鲁A889××号车辆系二人婚内于2011年购置，属夫妻共同财产。其中鲁A889××号车辆登记在王某某名下，二人**协议离婚**后于2015年4月19日**变更登记**至赵某名下，车牌号变更为鲁A757××。被告人王某某与赵某虽然协议离婚，但二人仍然共同生活在一起，居住于环秀山庄B8－1号楼1－402房产内。

奚某辉犯拒不执行判决、裁定罪案，浙江省象山县人民法院（2020）浙0225刑初322号刑事判决书

具体案情：2018年10月8日，被告人奚某辉将其名下的象山定塘汐姑娘客栈注销并以其大儿子奚某的名义重新注册登记象山定塘汐姑娘客栈。同日，被告人奚某辉出具了一份**无偿使用证明**，证明被告人奚某辉将象山县定塘镇定山村建设路××号无偿提供给奚某使用20年，但被告人奚某辉仍实际经营象山定塘汐姑娘客栈。

马某犯拒不执行判决、裁定罪案，浙江省湖州市吴兴区人民法院（2020）浙0502刑初625号刑事判决书

具体案情：被告人马某为逃避执行，仍未向法院交付车辆，并于2020年5月27日将自己和妻子翟某名下的湖州市理想城32幢××××室、B322、

B323号车位均**转移至翟某个人名下**，并向不动产登记服务中心**书面表示放弃上述不动产**，归翟某单独所有。

5-8 【构罪行为丨拒不交付】拒不腾退不动产、拒不交付车辆，何种情况下构罪？

问题解答

浙江省高级人民法院认为：被执行人车辆被查封后，经人民法院通知执行仍拒不移交该车辆给人民法院的，构成拒不执行判决、裁定罪。

福建省高级人民法院认为：经法院通知拒不腾退房屋的，构成拒不执行判决、裁定罪。

相关法律法规及司法观点

《浙江省高级人民法院、浙江省人民检察院、浙江省公安厅关于依法惩处拒执犯罪若干问题的会议纪要》

十五、拒不交付被查封车辆行为的定性

对被执行人车辆被人民法院查封，经人民法院通知执行仍拒不移交该车辆给人民法院，致使判决、裁定无法执行，应认定被执行人构成拒不执行判决、裁定罪，并同时触犯非法处置查封的财产罪，从一重处罚。被执行人提出车辆非其所有或已经抵债给第三人，但未经案外人异议程序、诉讼程序审查确定的，仍应当认定为被执行人名下车辆。涉案车辆未实际扣押的，不影响拒不执行判决、裁定罪立案。

《福建省高级人民法院、福建省人民检察院、福建省公安厅关于办理拒不执行判决、裁定刑事案件若干问题的指导意见》

第十四条　本意见第九条第(七)项“拒不迁出房屋、退出土地”的情形,包括如下情形:

(一)金钱债权执行中,执行机关为拍卖处置而责令迁出,符合下列情形之一,但被执行人或者协助执行义务人仍拒不迁出的:

1. 对被执行人有扶养义务的人名下有其他能够维持生活必需的居住房屋的;

2. 执行依据生效后,被执行人为逃避债务转让其名下其他房屋的;

3. 申请执行人按照当地廉租住房保障面积标准为被执行人及所扶养家属提供居住房屋,或者同意参照当地房屋租赁市场平均租金标准从该房屋的变价款中扣除五至八年租金的;

4. 被执行人占用商用房屋、店铺、厂房、土地,经执行机关电话、传票、公告等责令迁出并给予其两个月宽限期,被执行人仍拒不迁出或将上述不动产又交由他人占用的。

(二)执行依据确定被执行人交付居住的房屋,自执行通知送达之日起,已经给予三个月的宽限期,被执行人仍拒不迁出或将房屋交由他人占用的。

(三)协助执行人、房屋实际占用人无合法权限占有房屋,或经依法裁定涤除其租赁权,或异议期间申请执行人申请继续执行并提供担保的,经电话、传票、公告等方式通知迁出并给予其两个月宽限期,仍拒不迁出或将房屋交由他人占用的。

(四)执行依据确定被执行人迁出商用房屋、店铺、厂房、土地的,经电话、传票、公告等方式通知其迁出并给予三个月宽限期,被执行人仍拒不迁出的。

(五)协助执行义务人、实际占用人无合法权限占有商用房屋、店铺、厂房、土地或已被依法裁定涤除其租赁权,或异议期间申请执行人申请继续执行并提供担保的,经电话、传票、公告等方式通知其迁出并给予两个月宽限期仍拒不迁出的。

(六)房屋、土地已经被执行机关采取封条查封、换锁、换门等实体查封、控制措施后,被执行人或者案外人又通过撕毁封条、换锁、撬门等方式取回对房屋、土地控制权的,无论其后续是否实际占用或出售、出租、交由他人占用,均应视为"拒不迁出房屋、退出土地"的行为。

(七)其他拒不迁出房屋、土地的行为。

参考案例

毛某华犯拒不执行判决、裁定罪案,浙江省金华市中级人民法院(2019)浙07刑终891号刑事判决书、浙江省金华市婺城区人民法院(2019)浙0702刑初693号刑事判决书

具体案情:2017年7月27日,金华市婺城区人民法院裁定拍卖毛某华名下的兰溪市云山街道云山路131号住宅楼8-×××室房屋,要求其于15日内腾空房屋,并于2017年7月27日、11月1日两次发函给国家电网兰溪供电公司,请求协助对该房产采取停电措施,毛某华均私自接电使用,拒不腾空房屋,导致法院裁定无法执行。

李某凤犯拒不执行判决、裁定罪案,浙江省金华市中级人民法院(2019)浙07刑终806号刑事判决书、浙江省金华市婺城区人民法院(2019)浙0702刑初630号刑事判决书

具体案情:2018年8月30日,金华市婺城区人民法院公告拍卖李某凤名下位于金华市的房屋,并责令李某凤限期腾空。2019年3月14日,李某凤向金华市婺城区人民法院提交承诺书一份,承诺迁出房屋、配合法院评估、拍卖房屋,但未予配合。李某凤向金华市人民检察院申请监督,金华市人民检察院于2019年3月19日作出不支持李某凤的监督申请的决定。2019年6月8日,因未履行付款义务及腾空房屋,被告人李某凤被民警传唤归案。

周某莲犯拒不执行判决、裁定罪案,浙江省温州市中级人民法院(2020)浙03刑终447号刑事判决书、浙江省温州市龙湾区人民法院(2020)浙0303刑初167号刑事判决书

具体案情:2017年5月25日龙湾法院在海城街道中星村城河中路20号房屋处张贴了该房屋的**腾空公告**、拍卖预告,责令于2017年6月15日前将房屋腾空。因周某莲等人**拒不配合**,自同年9月11日起法院**中止了该房屋的供电**,但周某莲仍将该房屋一楼出租给张某1,其婆婆高某弟亦居住在该房屋内,并拉电线从别处接电供日常使用,拒不腾空房屋,致使法院判决、裁定无法执行。

张某进、毛某珠犯拒不执行判决、裁定罪案,浙江省温州市中级人民法院(2019)浙03刑终1108号刑事判决书、浙江省平阳县人民法院(2019)浙0326刑初493号刑事判决书

具体案情:2017年8月3日,平阳县人民法院查封张某进所有的平阳县的房屋,但张某进以其父亲**年老重病无法租到住房为由拒不履行房屋迁出义务**,直至其父亲去世后才予腾空。张某进、毛某珠的上述行为致使法院裁判文书无法执行。

范某宗犯拒不执行判决、裁定罪案,浙江省宁海县人民法院(2021)浙0226刑初624号刑事判决书

具体案情:2021年5月14日,本院查明被告人范某宗对本院的判决逾期拒不履行,决定司法拘留15日,同时作出**责令交出车辆通知书**并送达被告人范某宗,责令其于2021年5月30日前将其经营的宁海县××压铸厂名下已由本院查封的号牌为×××、×××两辆小型汽车交至本院依法扣押。直至2021年8月12日,被告人范某宗拒不交付责令通知书中指定的两辆小型汽车,致使本院判决无法执行。案发后,被告人范某宗已向本院交付上述车辆,本院对该案予以结案。

柴某庆犯拒不执行判决、裁定罪案,浙江省宁波市北仑区人民法院(2021)浙0206刑初66号刑事判决书

法院认为:2018年1月24日,宁波市北仑区人民法院作出(2016)浙

0206 执 36 号**公告**，责令被告人柴某庆在 2018 年 2 月 5 日自行腾空并搬离上述房产，并将该公告于 2018 年 1 月 25 日张贴于该房产大门上，被执行人柴某庆明知该公告责令腾空涉案房产，不仅拒不腾空，反而**私自接通水电**，被告人柴某庆名下的房产，在房产市场价格明显上涨后，其价值远超其应负担的债务，完全可以处置履行生效判决、裁定，但拒不腾空，有能力履行而拒不履行生效判决。被告人柴某庆对人民法院的判决、裁定有能力执行而拒不执行，情节严重，其行为已构成拒不执行判决、裁定罪，依法应予惩处。

严某修犯拒不执行判决、裁定罪案，浙江省宁波市奉化区人民法院（2019）浙 0213 刑初 683 号刑事判决书

具体案情：2019 年 7 月 29 日，宁波市奉化区人民法院在严某修占用的茶厂房屋处张贴**腾退公告**，责令其于 2019 年 8 月 7 日自行迁出。严某修拒不迁出茶厂内的设备，并拒不恢复原状。

陈某雄犯拒不执行判决、裁定罪案，浙江省慈溪市人民法院（2020）浙 0282 刑初 1527 号刑事判决书

具体案情：向被告人陈某雄发出**执行通知书**，要求陈某雄履行还款义务，上报个人财产，**上交**陈某雄名下被查封的牌照为浙 BS××××的**小型汽车**。被告人陈某雄拒不履行法院执行通知的义务，造成本院无法正常执行。

许某慷犯拒不执行判决、裁定罪案，浙江省慈溪市人民法院（2020）浙 0282 刑初 1072 号刑事判决书

具体案情：同月 9 日，慈溪市人民法院依法查封被告人许某慷所有的车牌号为闽 CP××××、闽 CR××××、闽 CR××××、闽 CP××××、闽 C6××××的机动车。被告人许某慷以做生意为由**拒绝**向慈溪市人民法院**交出名下车辆**用以偿还债务，致使法院判决、裁定无法执行。

5-9 【构罪行为丨虚假和解】以执行和解名义解封财产,后又拒不履行执行和解协议的,是否构成拒不执行判决、裁定罪?

问题解答

福建省高级人民法院认为:通过和解使申请执行人同意解封被查封的财产,私自变卖解封财产后拒不履行和解协议的,构成拒不执行判决、裁定罪。

相关法律法规及司法观点

《福建省高级人民法院、福建省人民检察院、福建省公安厅关于办理拒不执行判决、裁定刑事案件若干问题的指导意见》

第十一条 本意见第九条第(一)项中"被执行人隐藏、转移、故意毁损财产或者无偿转让财产"包括但不限于以下情形:

……

(四)通过和解使申请执行人同意解封被查封的财产,被执行人自行处置、变卖解封财产后又拒不履行和解协议的;

……

5－10 【合理支出】款项支出系正常生产经营或合理生活支出的,是否应当承担刑事责任?

问题解答

浙江省高级人民法院认为:单独清偿其他债务,构成拒不执行判决、裁定罪,款项支出系正常生产经营或合理生活支出,且已向人民法院报备的除外。

相关法律法规及司法观点

《浙江省高级人民法院、浙江省人民检察院、浙江省公安厅关于依法惩处拒执犯罪若干问题的会议纪要》

十六、被执行人将财产用于履行其他债务的行为性质

被执行人擅自将财产用于履行尚未被生效法律文书确定的其他债务,致使生效判决、裁定无法履行的,应认定被执行人构成拒不执行判决、裁定罪。**被执行人款项支出系正常生产经营或合理生活支出,且已向人民法院报备的除外。**

参考案例

朗圣公司、吴某、应某犯拒不执行判决、裁定罪案,浙江省金华市中级人民法院(2020)浙07刑终132号刑事判决书、浙江省永康市人民法院(2019)浙0784刑初232号刑事判决书

法院认为:被执行人擅自将财产用于履行尚未被生效法律文书确定的其他债务,致使生效判决、裁定无法履行的,应认定被执行人构成拒不执行

判决、裁定罪。被执行人款项支出系正常生产经营或合理生活支出，且已向人民法院报备的除外。具体到本案中，首先，本案所涉最早生效的判决是2014年12月18日，原判只将被告单位朗圣公司于2015年1月开始，即判决生效后处置企业公户资金的行为认定为拒执行为；其次，虽朗圣公司系以**货款**、**水电费**、**工资**等维持**企业正常生产经营**的名义处置企业公户资金，但**未向法院报备**，依照上述相关规定**仍应认定为拒执行为**。综上，被告单位朗圣公司及被告人吴某剑就此所提上诉理由不能成立，本院不予采纳。

宋某荣犯拒不执行判决罪案，浙江省绍兴市中级人民法院(2020)浙06刑终365号刑事判决书

法院认为：被执行人擅自将财产用于履行尚未被生效法律文书确定的其他债务，致生效判决无法执行，应认定其构成拒不执行判决的行为。其款项支出属于正常生产经营或合理生活支出，且已向人民法院报备的除外……为了逃避执行，上诉人宋某荣通过其岳母、妻妹银行账户收款，并长期使用其女儿的银行卡，足以认定被告人在主观上有逃避执行的故意，同时其既未向人民法院申报上述财产情况，也未向人民法院进行报备，擅自将52万元可供支配的款项**部分用于清偿生效判决确定以外的债务**，部分用于**家庭其他消费**，致使无法履行的生效法律文书确定的债务超过5万元，其行为已具备拒不执行判决罪的构成要件。

陈某荣犯拒不执行判决、裁定罪案，浙江省绍兴市中级人民法院(2018)浙06刑终627号刑事判决书

法院认为：为准确认定被执行人的执行能力，**扣除被执行人及其抚养人最低限度的生活必要保障资金外的财产均属于需要查实的被执行人的财产状况**，上诉人陈某荣对其正常生产经营的支出应向法院报备，由人民法院综合判断，其拒不报告的行为侵犯了人民法院裁判的权威，属于拒执行为。

长城公司、冯某犯拒不执行判决、裁定罪案，浙江省绍兴市上虞区人民法院(2019)浙0604刑初975号刑事判决书

法院认为：被告单位上虞长城公司擅自将财产用于履行尚未被生效法

律文书确定的其他债务,致使生效判决、裁定无法履行,**即便款项支出系正常生产经营或合理生活支出**,也应当向人民法院报备。

东亚公司、李某彦犯拒不执行判决罪案,浙江省绍兴市越城区人民法院(2019)浙0602刑初845号刑事判决书

法院认为:被告单位**正常生产经营或合理生活支出应向法院进行报备**,但根据现有证据,被告单位**未作报备**,且被告单位通过另设账户收取货款、租金等,收入均由被告人李某彦自行支配,明显系隐藏、转移财产逃避执行的行为,应作否定性评价。

谢某国犯拒不执行判决、裁定罪案,浙江省温州市鹿城区人民法院(2018)浙0302刑初740号刑事判决书

法院认为:关于用于生产经营的423万余元是否应从拒执数额中剔除的问题。首先,谢某国擅自将被执行人名下的钱款用于企业生产经营支出的行为,虽然发生在《会议纪要》之前,但谢某国作为被执行人,仍然有向人民法院申报财产的义务,而钱款的支出,当然属于申报财产的内容。其次,辩护人一方面称谢某国的行为发生于《会议纪要》出台之前,不应苛求谢某国提前预知需要履行报备手续,故不应适用《会议纪要》的规定继而要求谢某国履行报备的义务;另一方面又称应依照《会议纪要》的规定对谢某国用于生产经营的资金从拒执数额中剔除,其就是否适用《会议纪要》的辩护意见自相矛盾。本院认为,"报备"与"除外"是为因果关系,不能将二者割裂开来,没有履行"报备"的义务,自然不能享有"除外"的益处。就本案而言,**即便如被告人所说是将423万余元钱款用于生产经营支出,也不应将该钱款依照《会议纪要》的相关规定从拒执数额中剔除**。但基于对《会议纪要》精神的理解,对被告人将钱款用于支付生产经营费用的行为,可酌情从轻处罚。

国信公司、朱某犯拒不执行判决、裁定罪案,浙江省温州市龙湾区人民法院(2019)浙0303刑初732号刑事判决书

法院认为:国信公司将墙改办退回的资金用于偿还所欠的材料款、工资等,系擅自将财产用于履行尚未被生效法律文书确定的其他债务,**即便款项支出是国信公司用于正常生产经营活动**,也应向执行法院申报。

5－11　【单位犯罪】单位犯拒不执行判决、裁定罪的，其法定代表人是否应当承担刑事责任？

问题解答

对单位犯拒不执行判决、裁定罪的，对其直接负责的主管人员和其他直接责任人员追究刑事责任。

相关法律法规及司法观点

《中华人民共和国刑法》

第三百一十三条　【拒不执行判决、裁定罪】对人民法院的判决、裁定有能力执行而拒不执行，情节严重的，处三年以下有期徒刑、拘役或者罚金；情节特别严重的，处三年以上七年以下有期徒刑，并处罚金。

单位犯前款罪的，对单位判处罚金，并对其**直接负责的主管人员和其他直接责任人员**，依照前款的规定处罚。

《最高人民法院、最高人民检察院、公安部关于依法严肃查处拒不执行判决裁定和暴力抗拒法院执行犯罪行为有关问题的通知》

三、负有执行人民法院判决、裁定义务的**单位直接负责的主管人员和其他直接责任人员**，为了本单位的利益实施本《通知》第一条、第二条所列行为之一的，对该主管人员和其他直接责任人员，依照刑法第三百一十三条和第二百七十七条的规定，分别以拒不执行判决、裁定罪和妨害公务罪论处。

参考案例

朗圣公司、吴某、应某犯拒不执行判决、裁定罪案,浙江省金华市中级人民法院(2020)浙07刑终132号刑事判决书、浙江省永康市人民法院(2019)浙0784刑初232号刑事判决书

法院认为:根据2007年8月30日起施行的《最高人民法院、最高人民检察院、公安部关于依法严肃查处拒不执行判决裁定和暴力抗拒法院执行犯罪行为有关问题的通知》第三条的规定,负有执行人民法院判决、裁定义务的单位直接负责的主管人员和其他直接责任人员,为了本单位的利益实施拒不执行判决、裁定行为的,对该主管人员和其他直接责任人员,以拒不执行判决、裁定罪论处。因此,对朗圣公司的上述两起行为仍应追究被执行人**法定代表人**、被执行人**股东(财务总管)**作为**主管人员**和**其他直接责任人员**的刑事责任。

被告人在朗圣公司主管财务,拥有财务签字权,并掌握企业公户密码,依法应认定为被告单位朗圣公司的直接责任人员。

麓南公司、杨某犯拒不执行判决罪案,浙江省诸暨市人民法院(2018)浙0681刑初1027号刑事判决书

法院认为:被告人杨某系**直接负责的主管人员**,亦应以拒不执行判决罪追究其刑事责任。公诉机关指控的罪名成立,本院予以支持。

岑某芬犯拒不执行判决、裁定罪案,浙江省慈溪市人民法院(2021)浙0282刑初11号刑事判决书

法院认为:宁波亨佳电器实业有限公司(以下简称亨佳公司)有股东两名,分别为**法定代表人**丁某、被告人岑某芬(双方系夫妻关系)。本院认为,宁波亨佳电器实业有限公司对人民法院的判决、裁定有能力执行而拒不执行,情节严重,被告人岑某芬系该公司**直接负责的主管人员**,其行为已构成拒不执行判决、裁定罪。

迪泰公司、陈某犯拒不执行判决、裁定罪案，浙江省宁波市北仑区人民法院(2021)浙0206刑初49号刑事判决书

法院认为：公诉机关当庭出示并宣读了证明上述事实的相关证据，并认为被告单位迪泰公司及其**法定代表人**被告人陈某的行为均构成拒不履行判决、裁定罪，提请本院依法判处。本院认为，被告单位宁波迪泰检具有限公司及其**法定代表人**被告人陈某对人民法院的判决、裁定，有能力执行而拒不执行，情节严重，其行为均已构成拒不执行判决、裁定罪，依法应予惩处。

5－12　【共同犯罪】帮助被执行人隐匿财产，是否构成共同犯罪？

问题解答

帮助被执行人隐匿财产，妨碍人民法院查明其实际财产状况，致使涉案判决无法执行的，构成拒不执行判决、裁定罪。

参考案例

杨某及颜某犯妨害作证罪、姜某富犯帮助伪造证据罪案，浙江省衢州市中级人民法院(2018)浙08刑终33号刑事判决书

法院认为：被执行人考虑到日后可能会面临民事诉讼，涉案房产会被人民法院拍卖用以执行，才起意、预谋转移该房产，以达到抗拒人民法院执行的目的,执行法官多次找二人核实财产状况,二人虽表示愿意和解,但一直隐瞒其有能力执行却以虚构高额债务为名将涉案房产转移的真相,又指使姜某富按事先预谋在执行法官面前作伪证,妨碍人民法院查明其实际财产状况,致使涉案判决长期无法执行。

5-13 【判前转移】判决、裁定生效前就转移财产,是否可追究刑事责任?

问题解答

在判决生效前,行为人为了逃避执行而实施隐藏、转移财产;判决生效后继续隐匿财产的,可视为行为处于持续状态,构成拒不执行判决、裁定罪。

相关法律法规及司法观点

《浙江省高级人民法院、浙江省人民检察院、浙江省公安厅关于依法惩处拒执犯罪若干问题的会议纪要》

七、"有能力执行"的时间起算

刑法第三百一十三条规定的"有能力执行"的时间起算是从判决、裁定生效时开始,即**判决、裁定生效后,执行案件立案前**,行为人实施隐藏、转移财产、毁损财物等行为的,可以构成拒不执行判决、裁定罪。

在**判决生效前**,行为人**为了逃避执行**而实施隐藏、转移财产,判决生效后继续隐匿财产的,可视为**行为处于持续状态**,构成拒不执行判决、裁定罪。

对拒不执行判决、裁定罪的追究不以执行通知书送达为前提。

《福建省高级人民法院、福建省人民检察院、福建省公安厅关于办理拒不执行判决、裁定刑事案件若干问题的指导意见》

第六条 刑法第三百一十三条规定的“有能力执行”的时间从判决、裁定发生法律效力时起算，执行依据为支付令、生效调解书、仲裁裁决、公证债权文书等的，从上述执行依据发生法律效力时起算，**即执行依据生效后，执行案件立案前**，行为人实施隐藏、转移财产、损毁财物等行为的，可以构成拒不执行判决、裁定罪。

人民法院为执行支付令、生效调解书、仲裁裁决、公证债权文书等作出的执行裁定书，不以送达执行裁定书作为认定拒不执行判决、裁定罪的要件。

第十一条 本意见第九条第（一）项中“被执行人隐藏、转移、故意毁损财产或者无偿转让财产”包括但不限于以下情形：

……

（九）**判决生效前**，行为人为了**逃避执行而实施隐藏、转移财产，判决生效后继续隐匿财产**的；

（十）在法院审理期间，判决生效前，被执行人转移财产，在判决、裁定生效后无法说明其转移财产资金的合理用途的；

……

参考案例

陈某犯拒不执行判决、裁定罪等案，浙江省温州市中级人民法院(2019)浙03刑终678号刑事判决书、浙江省瑞安市人民法院(2019)浙0381刑初61号刑事判决书

法院认为：生效法律文书的执行力不是在进入强制执行程序后才产生的，而是自法律文书生效之日起即产生；法律并未将拒不执行的主体仅限定为进入强制执行程序后的被执行人或者协助执行义务人等，更**未将拒不执行判决、裁定罪的调整范围仅限于生效法律文书进入强制执行程序后发生的行为**。陈某先后由生效的瑞安市人民法院(2012)温瑞商民初字第

2037号民事判决、本院(2015)浙温民再字第37号民事判决判令偿还借款本息,始终受人民法院具有执行内容并已发生法律效力的判决拘束,其**辩护人以再审后应重新执行立案及法院执行时送达材料所依据的判决文号**问题为由辩称陈某应执行的依据已不存在,没有执行义务,**不予采纳**。

5-14 【制裁前置】何种情况下,需要以采取罚款或者拘留等强制措施为追究拒不执行判决、裁定罪的前置要件?

问题解答

以虚假申报、拒绝申报、违反限制消费令为由追究拒不执行判决、裁定罪的,需以罚款或拘留为前置要件。

相关法律法规及司法观点

《最高人民法院关于审理拒不执行判决、裁定刑事案件适用法律若干问题的解释》

第二条 负有执行义务的人有能力执行而实施下列行为之一的,应当认定为全国人民代表大会常务委员会关于刑法第三百一十三条的解释中规定的"其他有能力执行而拒不执行,情节严重的情形":

(一)具有**拒绝报告**或者**虚假报告财产情况、违反人民法院限制高消费**及有关消费令等拒不执行行为,经采取**罚款或者拘留**等强制措施后仍拒不执行的;

……

《浙江省高级人民法院、浙江省人民检察院、浙江省公安厅关于依法惩处拒执犯罪若干问题的会议纪要》

十三、以罚款或拘留为构罪前置条件条款的理解

对2015年《司法解释》第二条第(一)款“被执行人具有拒绝报告或者虚假报告财产情况、违反人民法院限制高消费及有关消费令等拒不执行行为，经采取罚款或者拘留等强制措施后仍拒不执行的”，其中“罚款或者拘留等强制措施”应当理解为被执行人知道或者应当知道人民法院已作出罚款或者拘留等强制措施，不以对被执行人实际执行罚款或拘留等强制措施为必要；“仍拒不执行”应当理解为具有拒绝报告或者虚假报告财产情况、违反人民法院限制高消费及有关消费令等前述拒不执行行为之一，或者具有其他拒不执行行为。

司法解释中规定的其他情形，**不以**采取**罚款**、**拘留**等强制措施为构罪的**前置条件**。

十四、罚款、拘留等执行文书的送达标准

审判程序中，被执行人在送达地址确认书中确认的送达地址，适用于执行程序。执行程序中已按审判程序确认的送达地址直接送达或邮寄送达财产报告令、限制消费令、拘留决定书、罚款决定书等执行文书，其中，直接送达的，文书留在该地址之日为送达之日；邮寄送达的，签收之日为送达之日；被执行人拒绝签收或者因被执行人离开该地址而未能签收的，文书被退回之日可视为送达之日。审判程序中未在送达地址确认书中确认送达地址的，执行程序中按照最高人民法院《关于进一步加强民事送达工作的若干意见》第八条、第九条的规定进行送达。已按上述规定送达执行文书，被执行人仍拒不履行的，可以作为认定构成拒不执行判决、裁定罪的依据。

《福建省高级人民法院、福建省人民检察院、福建省公安厅关于办理拒不执行判决、裁定刑事案件若干问题的指导意见》

第九条 下列情形属于《中华人民共和国刑法》第三百一十三条规定的“有能力执行而拒不执行，情节严重的情形”：

……

（五）具有**拒绝报告**或者**虚假报告**财产情况、**违反人民法院限制高消费**及有关消费令等拒不执行行为，经采取罚款或者拘留等强制措施后仍拒不执行的；

……

5－15 【定罪金额】以判决确定的义务还是以实际金额确定"情节特别严重"?

问题解答

应当以实际拒不履行的数额，确定"导致无法执行"的具体金额。

参考案例

王某寅犯拒不执行判决、裁定罪案，浙江省温州市中级人民法院(2018)浙03刑终1591号刑事判决书、浙江省温州市龙湾区人民法院(2017)浙0303刑初986号刑事判决书

法院认为：原审被告人王某寅在未履行法院判决、裁定的情况下，收取16.5万元租金后未予申报而私自处置，情节严重，其行为已构成拒不执行判决、裁定罪。王某寅当时未履行完毕的**法律文书标的额虽已达500万元以上**，但其**隐瞒并私自处置的财产金额只有16.5万元**，因此不能认为其行为属致使法律判决、裁定无法执行数额达500万元以上的情形，故抗诉机关抗诉称王某寅犯罪情节特别严重，一审适用法律错误的意见不能成立，不予支持。

5－16 【管辖机构】提级执行、指定执行、委托执行的执行案件的拒不执行判决、裁定罪的管辖机构如何确定?

问题解答

一般来说,由执行该判决、裁定法院所在地的公安机关、人民检察院、人民法院管辖。部分地区认为,由原执行地管辖更为适宜的,亦可由原执行地公安机关、人民检察院、人民法院管辖。

相关法律法规及司法观点

《福建省高级人民法院、福建省人民检察院、福建省公安厅关于办理拒不执行判决、裁定刑事案件若干问题的指导意见》

第二十一条　拒不执行判决、裁定刑事案件一般由执行该判决、裁定法院所在地的公安机关、人民检察院、人民法院管辖。被提级执行、指定执行、委托执行的执行案件中涉嫌拒不执行判决、裁定刑事案件的,由受提级执行、指定执行、委托执行的法院所在地的公安机关、人民检察院、人民法院管辖。由原执行地的公安机关、人民检察院、人民法院管辖更为适宜的,也可以由原执行地的公安机关、人民检察院、人民法院管辖。

被执行人在两个或两个以上法院被执行的,拒不执行判决、裁定刑事案件若发生管辖争议,依照刑事诉讼法相关规定办理。

《河南省高级人民法院、河南省人民检察院、河南省公安厅关于办理拒不执行判决、裁定刑事案件若干问题的暂行规定》

第二条　拒不执行判决、裁定刑事案件一般由执行判决、裁定法院所在地的公安机关、人民检察院、人民法院管辖。如果发生管辖争议或者由其它有管辖权的公安机关、人民检察院、人民法院办理更为适宜的,依照刑事诉讼法的相关规定办理。

5-17 【诉讼材料】追究拒不执行判决、裁定罪的,需要收集哪些证据材料?

问题解答

具体包括身份材料、负有执行义务材料、履行能力证据、拒不执行行为证据、损害后果证据。

相关法律法规及司法观点

《浙江省高级人民法院、浙江省人民检察院、浙江省公安厅关于依法惩处拒执犯罪若干问题的会议纪要》

五、移送犯罪线索材料范围

人民法院在办理执行案件时,应当注意相关证据材料的收集、固定、保存。对被执行人、协助执行义务人、担保人等的行为涉嫌犯罪,人民法院向公安机关移送犯罪线索时,应当移送下列材料:

1.人民法院已经掌握的证明犯罪嫌疑人身份情况的相关材料。如户籍证明、身份证、护照、出入境证件、社会信用证代码、工商登记材料等。

犯罪嫌疑人已经被人民法院司法拘留的,应当向公安机关移送相关材料,并同时办理相关人员移交手续。

犯罪嫌疑人下落不明的,人民法院应当向公安机关提供犯罪嫌疑人下落的相关线索。

2. 人民法院已经掌握的证明犯罪嫌疑人负有执行义务或者协助执行义务的基本材料。如生效裁判文书，诉前财产保全裁定书、先予执行裁定书，追加、变更被执行人裁定书、执行通知书，及人民法院为执行支付令、仲裁裁决、公正债权文书、行政处理决定、行政处罚决定而出具的裁定等。

3. 人民法院已经掌握的证明犯罪嫌疑人拥有或者曾经拥有履行判决、裁定确定的全部或者部分义务能力的货币或者其他财产的证据。如人民法院为调查被执行人、担保人财产情况出具的搜查令及相关笔录；人民法院查封、扣押、冻结被执行人、担保人财产而出具的裁定书、协助执行通知书、查封公告、查封、扣押、冻结物品清单；查询存款、股权的通知书及回执；被执行人、担保人不动产、车辆登记情况记录；被执行人向人民法院提交的财产情况报告及相关被执行人具有执行能力的调查笔录、证人证言、文件、查询记录等以及协助执行义务人持有、控制判决、裁定指定交付的财产、财产权证或者其他物品的证据材料等。

4. 人民法院已经掌握的证明犯罪嫌疑人有拒不履行或者妨害执行行为的相关材料。如证实被执行人、担保人隐藏、转移、故意损毁财产或者无偿转让、明显低价转让财产的调查笔录、证人证言、银行存款记录、交易记录、财产过户登记记录等；证实协助执行义务人拒不协助的相关证据；证实被执行人、担保人、协助执行义务人暴力殴打、威胁执行人员、抢夺执行人员物品等妨害执行活动顺利进行的证据；罚款决定书、拘留决定书、拘传票及妨害执行被采取民事强制措施的证明材料等。

5. 人民法院已经掌握的证明犯罪嫌疑人拒不履行或者妨害执行相关情节或者造成后果的相关材料。如人民法院出具的中止、终结执行裁定书；证实执行不能的相关证人证言、证明材料。包括证实财产已经被隐藏、转移、故意损毁、转让的照片、录像、合同、过户证明及执行人员被殴打致伤等证据。

对人民法院移送的材料不符合刑事诉讼法规定的证据形式的，应当进行转化，包括讯问犯罪嫌疑人、重新调查、核实相关证据等。

5-18 【移送期限】法院认为执行义务人拒不执行判决、裁定的行为已经涉嫌犯罪的,应当在几日内移送?

问题解答

目前,仅有为数不多的省份,对该事项有司法政策予以明确。

比如,河南省高级人民法院认为应当在5日内移送,福建省高级人民法院认为应当在30日内移送。

同时河南省高级人民法院认为:公安机关收到材料后应当在3日内作出是否立案的决定。

相关法律法规及司法观点

《河南省高级人民法院、河南省人民检察院、河南省公安厅关于办理拒不执行判决、裁定刑事案件若干问题的暂行规定》

第三条　人民法院在执行判决、裁定过程中,对拒不执行判决、裁定情节严重的被执行人、协助执行义务人、担保人等负有执行义务的人(以下简称执行义务人),可以先行司法拘留。发现涉嫌拒不执行判决、裁定犯罪的,应当在**5日内**将案件线索及相关证据材料移送公安机关。

公安机关法制部门统一接收人民法院移送的涉嫌拒不执行判决、裁定刑事案件,并及时转交、督促刑事侦查部门依法办理。

第四条　公安机关接到人民法院移送的材料后,应当在**3日内**作出立案或不立案的决定并书面通知人民法院。公安机关决定立案的,应当在法定侦查期限内及时侦查终结;决定不予立案的,应当书面说明不立案的理由。

《福建省高级人民法院、福建省人民检察院、福建省公安厅关于办理拒不执行判决、裁定刑事案件若干问题的指导意见》

第二条　人民法院在办理执行案件时,应当对相关证据材料进行收集、甄别、固定、保存。人民法院在执行判决、裁定过程中,认为拒不执行判决、裁定的行为已涉嫌犯罪的,应当在30日内将案件依法移送有管辖权的公安机关立案侦查。

……

5－19　【和解撤案】侦查过程中或者审查起诉过程中被执行人主动履行执行判决、裁定的,公安机关可否撤案?

问题解答

鉴于拒不执行判决、裁定罪损害的是法院的裁判文书的权威性,和解履行并非法定的撤案理由。实务中应当依据各省不同的司法政策,予以处理。

福建省高级人民法院认为:公安机关可以撤销案件、人民检察院可以不起诉。

浙江省高级人民法院认为:公安机关可以撤销案件、人民检察院可以不起诉。

河南省高级人民法院认为:检察机关可以作出不起诉的决定。

相关法律法规及司法观点

《福建省高级人民法院、福建省人民检察院、福建省公安厅关于办理拒不执行判决、裁定刑事案件若干问题的指导意见》

第二十四条　侦查过程中或者审查起诉过程中,犯罪嫌疑人自动履行或者协助执行判决、裁定,确有悔改表现且未造成其他严重后果的,公安机关根据具体情况可以采取撤销案件,移送审查起诉时对犯罪嫌疑人作出从宽处罚建议;人民检察院可以作出不起诉决定,或者向人民法院提出从宽处罚的建议。

《浙江省高级人民法院、浙江省人民检察院、浙江省公安厅关于依法惩处拒执犯罪若干问题的会议纪要》

二十一、贯彻宽严相济刑事政策

……对于经人民法院移送后立案侦查的案件,犯罪嫌疑人自动履行或者协助执行判决、裁定,确有悔改表现且未造成其他严重后果的,经与人民法院沟通后,公安机关可以作出撤销案件的决定;在审查起诉过程中,犯罪嫌疑人自动履行或者协助执行判决、裁定,确有悔改表现且未造成后果的,经与人民法院沟通后,人民检察院可以作出不起诉的决定,或者向人民法院建议对被告人从轻处罚;在人民法院作出一审判决前,被告人自动履行或者协助执行判决、裁定,确有悔改表现的,可以酌情从轻处罚。

《河南省高级人民法院、河南省人民检察院、河南省公安厅关于办理拒不执行判决、裁定刑事案件若干问题的暂行规定》

第十条　侦查过程中或审查起诉过程中,犯罪嫌疑人自动履行或者协助执行判决、裁定,确有悔改表现且未造成其它严重后果的,公安机关可以采取非羁押措施,移送审查起诉时对犯罪嫌疑人提出从宽处罚建议;检察机关可以作出不起诉的决定,或者向人民法院建议对被告人从宽处罚。

第十一条　人民法院作出一审判决前,被告人自动履行或者协助执行判决、裁定,确有悔改表现的,可以酌情从宽处罚。

5－20　【启动自诉】如何通过控告、自诉等程序，启动追究刑事责任程序？

问题解答

首先，建议申请法院移送侦查。其次，申请执行人向公安机关控告负有执行义务的人涉嫌拒不执行判决、裁定罪的线索。

超过一定期限（各省不同），公安机关没有答复或者公安机关不予接受控告材料的、公安明确不予立案的，可以自诉。

相关法律法规及司法观点

《人民法院办理执行案件规范》①

252.【拒不执行判决、裁定罪的先行拘留和移送侦查】

人民法院在执行判决、裁定过程中，对拒不执行判决、裁定情节严重的人，可以先行司法拘留；拒不执行判决、裁定的行为人涉嫌犯罪的，应当将案件依法移送有管辖权的公安机关立案侦查。

《最高人民法院、最高人民检察院、公安部关于依法严肃查处拒不执行判决裁定和暴力抗拒法院执行犯罪行为有关问题的通知》

七、人民法院在执行判决、裁定过程中，对拒不执行判决、裁定情节严重的人，可以先行司法拘留；拒不执行判决、裁定的行为人涉嫌犯罪的，应当将案件依法移送有管辖权的公安机关立案侦查。

---

①　最高人民法院执行局编：《人民法院办理执行案件规范》，人民法院出版社 2022 年版，第 119 页。

《最高人民法院关于审理拒不执行判决、裁定刑事案件适用法律若干问题的解释》

第三条　申请执行人有证据证明同时具有下列情形,人民法院认为符合刑事诉讼法第二百一十条第三项规定的,以**自诉案件**立案审理:

(一)负有执行义务的人拒不执行判决、裁定,侵犯了申请执行人的人身、财产权利,应当依法追究刑事责任的;

(二)申请执行人**曾经提出控告**,而公安机关或者人民检察院对负有执行义务的人不予追究刑事责任的。

《浙江省高级人民法院、浙江省人民检察院、浙江省公安厅关于依法惩处拒执犯罪若干问题的会议纪要》

二、控告与自诉案件受理

对申请执行人向公安机关控告负有执行义务的人涉嫌拒不执行判决、裁定罪的线索,公安机关对于犯罪事实清楚的,应当立案侦查;涉嫌犯罪线索需要查证的,立案审查期限不超过7日;重大疑难复杂案件,经县级以上公安机关负责人批准,立案审查期限可以延长至30日。超过30日公安机关**没有答复**或者公安机关**不予接受控告材料**的,申请执行人有证据证明该拒不执行判决、裁定行为侵犯了其人身、财产权利,应当依法追究刑事责任的,申请执行人可以向人民法院提起自诉,人民法院可以以自诉案件立案审理。

人民法院向公安机关移送拒不执行判决、裁定犯罪线索,公安机关决定不予立案或者在接受线索后**30日内**不予书面答复的,或者人民检察院决定不起诉的,人民法院可以向申请执行人释明,告知其可以提起自诉;申请执行人有证据证明负有执行义务的人拒不执行判决、裁定侵犯了其人身、财产权利,应当依法追究刑事责任,申请执行人向人民法院提起自诉的,人民法院可以以自诉案件立案审理。

公安机关接受申请执行人的控告材料或者人民法院移送的拒不执行判决、裁定犯罪线索,经过30日之后又决定立案的,对于申请执行人的自诉,人民法院未受理的,裁定不予受理;已经受理的,可以向自诉人释明让其撤回自诉或者裁定终止审理。此后再出现公安机关或者人民检察院不予追究情形的，申请执行人可以依法重新提起自诉。

《江苏省高级人民法院关于拒不执行判决、裁定刑事案件自诉程序相关问题的意见》

第一条　申请执行人有证据证明同时具有最高人民法院《关于审理拒不执行判决、裁定刑事案件适用法律若干问题的解释》第三条规定的情形，可以自收到公安机关或者人民检察院出具的《不予立案通知书》或《不起诉决定书》之日起，向执行法院提起自诉。

申请执行人以被执行人涉嫌拒不执行判决、裁定罪（以下简称拒执罪）向公安机关、检察机关**报案**，有证据证明公安机关、检察机关不予接收材料或者超过**十五日**不予答复的，可以向执行法院提起自诉。

人民法院以涉嫌拒执罪向公安机关**移送**的案件，公安机关作出不予立案的决定并予以退回或公安机关超过**十五日**不予答复，或公安机关侦查结束移送检察机关，检察机关作出不起诉决定的，人民法院可以向申请执行人释明，告知其可以向执行法院提起自诉。

5－21　【自诉立案】自诉案件的审查期限是多久？不予受理的条件是什么？如何救济？

问题解答

自诉案件的审查期限为15日，一般来说不予受理的情形为证据不足，对不予受理裁定的救济途径为上诉。

相关法律法规及司法观点

《最高人民法院关于适用〈中华人民共和国刑事诉讼法〉的解释》

第三百二十条　对自诉案件,人民法院应当在十五日以内审查完毕。经审查,符合受理条件的,应当决定立案,并书面通知自诉人或者代为告诉人。

具有下列情形之一的,应当说服自诉人撤回起诉;自诉人不撤回起诉的,裁定不予受理:

(一)不属于本解释第一条规定的案件的;

(二)缺乏罪证的;

(三)犯罪已过追诉时效期限的;

(四)被告人死亡的;

(五)被告人下落不明的;

(六)除因证据不足而撤诉的以外,自诉人撤诉后,就同一事实又告诉的;

(七)经人民法院调解结案后,自诉人反悔,就同一事实再行告诉的;

(八)属于本解释第一条第二项规定的案件,公安机关正在立案侦查或者人民检察院正在审查起诉的;

(九)不服人民检察院对未成年犯罪嫌疑人作出的附条件不起诉决定或者附条件不起诉考验期满后作出的不起诉决定,向人民法院起诉的。

第三百二十二条　自诉人对不予受理或者驳回起诉的裁定不服的,可以提起上诉。

第二审人民法院查明第一审人民法院作出的不予受理裁定有错误的,应当在撤销原裁定的同时,指令第一审人民法院立案受理;查明第一审人民法院驳回起诉裁定有错误的,应当在撤销原裁定的同时,指令第一审人民法院进行审理。

《江苏省高级人民法院关于拒不执行判决、裁定刑事案件自诉程序相关问题的意见》

第二条第一款　执行法院立案部门对申请执行人提交的材料进行审查后,对于符合立案条件的拒执罪自诉案件,应当及时予以立案。对于申请执行人提起刑事自诉时被告人下落不明的,**立案部门应当说服自诉人撤回起诉,自诉人拒不撤回的,裁定不予受理。**

5-22　【拒不到庭】自诉过程中，被告人拒不到庭、下落不明的如何处理？

问题解答

法院可以中止审理，亦可决定逮捕。但立案时下落不明的，应当裁定不予受理。

相关法律法规及司法观点

《最高人民法院关于适用〈中华人民共和国刑事诉讼法〉的解释》

第三百二十条　对自诉案件，人民法院应当在十五日以内审查完毕。经审查，符合受理条件的，应当决定立案，并书面通知自诉人或者代为告诉人。

具有下列情形之一的，应当说服自诉人撤回起诉；自诉人不撤回起诉的，裁定不予受理：

……

（五）**被告人下落不明**的；

……

第三百三十二条　被告人在自诉案件审判期间下落不明的，人民法院可以裁定中止审理；符合条件的，可以对被告人依法决定逮捕。

《江苏省高级人民法院关于拒不执行判决、裁定刑事案件自诉程序相关问题的意见》

第五条　刑事审判庭经审查，认为被告人犯罪事实清楚，证据确实充分，有逮捕必要的，应及时决定逮捕，并开庭审判。对于**立案后**被告人下落不明有逮捕必要的，应及时决定逮捕，并交由公安机关将被告人缉拿归案。对于缺乏罪证，自诉人提不出补充证据的，应当说服其撤回起诉或裁定驳回起诉。

二、限制消费措施

5－23　【限制对象】被执行人为公司的，可以对哪些人采取限制消费措施？

问题解答

具体为4类人员：**法定代表人**、主要负责人、影响债务履行的直接责任人员、实际控制人。

诉讼期间、执行阶段变更法定代表人的：在申请对原法定代表人采取限制消费措施过程中，应当提交原法定代表人系被执行人的主要负责人、影响债务履行的直接责任人员、实际控制人的证据。

采取限制消费措施后变更法定代表人的：是否已将股权全部转让给案外第三人、股权转让合同是否虚假、是否担任要职（担任董事、执行董事、经理）、是否系争议发生时的法定代表人。

以上均会对被执行人是否采取限制消费措施产生影响。

相关法律法规及司法观点

《最高人民法院关于限制被执行人高消费及有关消费的若干规定》

第三条第二款　被执行人为单位的，被采取限制消费措施后，被执行人及其**法定代表人、主要负责人、影响债务履行的直接责任人员、实际控制人**不得实施前款规定的行为。因私消费以个人财产实施前款规定行为的，可以向执行法院提出申请。执行法院审查属实的，应予准许。

《中华人民共和国公司法》

第二百一十六条　本法下列用语的含义：

（一）高级管理人员，是指公司的经理、副经理、财务负责人，上市公司董事会秘书和公司章程规定的其他人员。

（二）**控股股东**，是指其出资额占有限责任公司资本总额百分之五十以上或者其持有的股份占股份有限公司股本总额百分之五十以上的股东；出资额或者持有股份的比例虽然不足百分之五十，但依其出资额或者持有的股份所享有的表决权已足以对股东会、股东大会的决议产生重大影响的股东。

（三）**实际控制人**，是指虽不是公司的股东，但通过投资关系、协议或者其他安排，能够实际支配公司行为的人。

（四）**关联关系**，是指公司控股股东、实际控制人、董事、监事、高级管理人员与其直接或者间接控制的企业之间的关系，以及可能导致公司利益转移的其他关系。但是，国家控股的企业之间不仅因为同受国家控股而具有关联关系。

5-24 【认定标准】债务发生时被执行人的法定代表人，是否系影响债务履行的直接责任人员？主要负责人、实际控制人又如何认定？

问题解答

仅以债务发生时的法定代表人为由不足以认定直接责任人地位。

需要根据所持股权份额、变更身份及对公司实际控制等综合情况，来判断是否属于公司的实际控制人或者影响债务履行的直接责任人。

司法实践中以下几种情况若同时存在，则会被认定为对本案债务的履行负有直接责任的人员的可能性较高：

【时间层面】如合同签订、履行、发生争议、审判、调解、执行时任职

【岗位层面】如任董事、董事长、经理

【控制权层面】如大股东

注意：**仅任职监事**不构成影响债务履行的直接责任人。

参考案例

陈某妮申请执行复议案，广东省高级人民法院（2020）粤执监30号执行裁定书

法院认为：广州市中级人民法院认定陈某妮为“影响债务履行的直接责任人员”，则需有事实证明其通过一定的行为直接对单位的实际经营活动产生了重要影响。广州市中级人民法院仅从《中华人民共和国公司法》对“监事”的有关规定认定陈某妮为“影响债务履行的直接责任人员”，依据尚不充分。因此，在缺乏充分事实依据之前提下，不应对申诉人限制消费。

海外建筑公司申请执行申诉案，最高人民法院（2019）最高法执监150号执行裁定书

变更时间：判决作出后，限制消费前变更法定代表人。

法院认为：本案的焦点问题是，北京市第一中级人民法院以（2018）京01执27号限制高消费令对徐某安采取限制消费措施是否妥当。

虽然徐某安在本案北京市第一中级人民法院**采取限制消费措施**时不是国勤公司的**法定代表人**，但其作为**发生争议时**国勤公司的**法定代表人**，同时为**董事成员及经理**，根据上述事实，可以认定其对本案**债务的履行负有直接责任**，故北京市第一中级人民法院对其采取限制消费措施并无不当。北京市第一中级人民法院（2018）京01执异308号执行裁定、（2018）京01执27号限制高消费令正确，北京市高级人民法院（2018）京执复149号执行裁定撤销上述裁定及执行措施不当，本院予以纠正。

孟某国申请执行申诉案，最高人民法院（2020）最高法执监320号执行裁定书

变更时间：诉讼期间，限制消费前变更法定代表人。

法院认为:虽然孟某国在上海市第三中级人民法院**采取限制消费措施时已不是**斯坦福公司的**法定代表人**,但其作为**发生争议时**斯坦福公司、酒井公司的**法定代表人及大股东**,同时**参与**了案件**调解过程**,案件执行过程中**仍是**本案主**债务人**斯坦福公司的**监事**,且根据该公司章程显示,公司**仅设有执行董事和监事**,综合本案事实,可以认定孟某国对本案**债务履行仍负有直接责任**。

拜登公司申请执行申诉案,最高人民法院(2020)最高法执监420号执行裁定书

变更时间:诉讼期间,限制消费前变更法定代表人

法院认为:本案重点审查的问题是对肖某、何某采取拘留、限制消费措施是否有事实和法律依据?

需要根据肖某、何某所持股权份额、变更身份及对公司实际控制等综合情况,来判断二者是否属于公司的实际控制人或者影响债务履行的直接责任人。

本案纠纷发生时,债权债务尚处于审查确定期间,肖某在仲裁过程中向益街公司、赵某转让股权、变更法定代表人的行为并非法律禁止的行为,在无其他相应证据证实的情况下,不能视为执行中逃避债务的行为。又根据《中华人民共和国公司法》第二百一十六条第三项关于"实际控制人,是指虽不是公司的股东,但通过投资关系、协议或者其他安排,能够实际支配公司行为的人"的规定,如果认为肖某在转让股权后,仍能够通过投资关系、协议或者其他安排,实际支配公司行为,需要举证证明。现申诉人**仅以**肖某作为《酒店合作经营协议》**签订**、**履行及发生争议时的**被执行人**法定代表人认为其为实际控制人**或者**影响本案债务履行的直接责任人**依据不足。

根据本案查明的事实,何某系洲际公司监事,并未直接持有洲际公司的股权,在益街公司的持股比例为10%,即便如申诉人所述,何某通过益街公司间接持有被执行人9.9%的股份,也不能仅由此视为洲际公司的实际控制人,或者是影响债务履行的直接责任人员,否则就有扩大适用法律及司法解释之嫌,亦不符合善意文明执行理念。故申诉人认为应对何某采取

拘留、限制消费措施亦依据不足。

江西卓越电力发展有限公司与江西双盈电气有限公司申请执行案，江西省南昌市湾里区人民法院（2019）赣0105执145号执行裁定书（江西高院2019执行十大典型案例）

具体案情：2019年8月12日，卓越公司及杨某艳分别向法院递交变更法定代表人的证明材料，要求法院变更卓越公司法定代表人，即要求消除限制消费令对杨某艳个人的影响。经查，卓越公司确于2018年8月5日将法定代表人杨某艳变更为王某兰。通过深入调查，执行法官发现**变更后的法定代表人**王某兰**系**杨某艳**配偶的奶奶**，且是一名年近八旬的家庭妇女，乘坐飞机、高铁的需求不大。案件合议庭法官综合本案**民事调解协议系**杨某艳代表公司**签订**，后又**于执行期间在法院限制其高消费后变更高龄亲属为法定代表人**等事实，一致认定杨某艳及卓越公司拒不履行债务，存在规避执行，逃避法律责任的情节，遂决定对杨某艳司法拘留15日。被拘留后，杨某艳主动承认错误，并与申请执行人双盈公司达成和解，且履行完毕和解协议，湾里法院遂决定提前解除对杨某艳司法拘留强制措施。2019年10月17日，该案执行完毕。

姜某申请执行复议案，浙江省高级人民法院（2019）浙执复74号执行裁定书

法院认为：虽然姜某在案件进入执行程序前不再担任被执行人洲际公司的法定代表人和董事长，但根据国家企业信用信息公示系统的信息显示，截至2019年12月17日，姜某**仍为**洲际公司**董事**。姜某作为本案**借款合同签订、履行及发生争议时**洲际公司的**法定代表人和公司董事长**，对本案**债务履行负有直接责任**，且其未提供证据证明其对洲际公司履行本案债务的影响已经消除。姜某因个人就医、探亲等需要以个人财产实施最高人民法院《关于限制被执行人高消费及有关消费的若干规定》第三条第一款规定的消费行为的，可以向执行法院提出申请，由执行法院依法审查决定。因此，对姜某的复议理由和请求，本院不予支持。

李某倩申请执行复议案,贵州省高级人民法院(2020)黔执复153号执行裁定书

法院认为:李某倩系被执行人鸿诚房开公司在登记机关登记的大股东、监事,其认缴出资464万元,持股比例达58%,虽然遵义市中级人民法院生效的(2017)黔03民终5831号、5832号民事判决书,在查明事实部分,认定李某倩为名义股东,罗某强为实际出资人,但均未否认其股东资格和身份,也未否认李某倩作为大股东对公司经营的影响,且至今李某倩也未提出不当该公司股东的意思表示,故遵义市中级人民法院依据《公司法》的相关规定,综合考虑李某倩**大股东的身份及担任监事**的职务影响,以其系**影响公司债务履行的直接责任人员**,对其限制高消费及非生活和工作必需的消费行为并无不当,李某倩提出的复议理由没有事实和法律依据,本院不予支持。

陈某生申请执行复议案,广东省高级人民法院(2019)粤执复461号执行裁定书

法院认为:据此规定,作为被执行人的单位,人民法院对其法定代表人、主要负责人、影响债务履行的直接责任人员和实际控制人采取限制消费措施的条件,应当是在案件执行过程中仍然担任职务、履行职责或者对公司经营管理有重大、直接影响从而对债务履行产生直接影响的人员。

汕头市中级人民法院认为陈某生仍然属于影响债务履行的直接责任人员的主要依据为其在**担任**凯城公司**总经理**、**法定代表人**期间,对本案涉及债务的产生、各方纠纷和相关案件一、二审以及执行情况充分了解,清楚凯城公司经营状况、盈利能力和资产转移情况。但该点依据并未能充分说明陈凯生**不再担任法定代表人**之后,**仍然**是凯城公司的**实际控制人或有直接的影响**,或者对债务履行有直接的责任。根据查明的事实,凯城公司已于2018年12月13日完成了法定代表人的变更,因此,认定其为“影响债务履行的直接责任人员”尚缺乏事实依据。

光度公司申请执行异议案，浙江省宁波市鄞州区人民法院（2019）浙0212执异90号执行裁定书；王某申请执行异议案，浙江省宁波市鄞州区人民法院（2019）浙0212执异123号执行裁定书；肖某申请执行异议案，浙江省宁波市鄞州区人民法院（2018）浙0212执异184号执行裁定书

法院认为：由于异议人在本案**审理期间**曾担任被执行人的**法定代表人**，且至今**仍为**被执行人的**股东**，直接影响债务履行，故本院在对被执行人采取限制消费措施后，对异议人个人限制消费符合法律规定。

5－25　【申请解除】变更法定代表人后，具备哪些条件的可以申请解除限制消费措施？

问题解答

申请解除时，原法定代表人需提交其并非被执行人的实际控制人、影响债务履行的直接责任人员的证据。

从实践情况来看，在法定代表人变更、股权全部转让的情况下，可构成已非影响债务履行的直接责任人员，但法院会审查股权、法定代表人变更是否存在逃避执行的嫌疑。

各地高级人民法院对并非被执行人的实际控制人、影响债务履行的直接责任人员的举证责任如何分配态度不一，应按照案例检索结果制订诉讼策略。

相关法律法规及司法观点

《最高人民法院关于在执行工作中进一步强化善意文明执行理念的意见》

17.解除限制消费措施的几类情形。人民法院在对被执行人采取限制消费措施后，被执行人及其有关人员申请解除或暂时解除的，按照下列情形分别处理：

……

（2）单位被执行人被限制消费后，其法定代表人、主要负责人确因经营管理需要发生变更，原法定代表人、主要负责人申请解除对其本人的限制消费措施的，应举证证明其并非单位的实际控制人、影响债务履行的直接责任人员。人民法院经审查属实的，应予准许，并对变更后的法定代表人、主要负责人依法采取限制消费措施。

……

18.畅通惩戒措施救济渠道。自然人、法人或其他组织对被纳入失信名单申请纠正的，人民法院应当依照失信名单规定第十二条规定的程序和时限及时审查并作出处理决定。对被采取限制消费措施申请纠正的，参照失信名单规定第十二条规定办理。

人民法院发现纳入失信名单、采取限制消费措施可能存在错误的，应当及时进行自查并作出相应处理；上级法院发现下级法院纳入失信名单、采取限制消费措施存在错误的，应当责令其及时纠正，也可以依法直接纠正。

《最高人民法院关于公布失信被执行人名单信息的若干规定》

第十二条　公民、法人或其他组织对被纳入失信被执行人名单申请纠正的，执行法院应当自收到书面纠正申请之日起十五日内审查，理由成立的，应当在三个工作日内纠正；理由不成立的，决定驳回。公民、法人或其他组织对驳回决定不服的，可以自决定书送达之日起十日内向上一级人民法院申请复议。上一级人民法院应当自收到复议申请之日起十五日内作出决定。

复议期间，不停止原决定的执行。

参考案例

【支持解除】

吉利木业申请执行申诉案,最高人民法院(2020)最高法执监102号执行裁定书

法院认为:第一,应依法判断徐某是否仍属于可以采取限制消费措施的人员范围。即在执行过程中,被执行人的法定代表人发生变化时,要判断原法定代表人是否为被执行人的主要负责人或者影响债务履行的直接责任人员。本案中,徐某**系被执行人的原法定代表人**,在被执行人**法定代表人已变更**为王某梅**且**徐某**已将62%股权进行转让的情况下,执行法院变更对王某梅限制消费,解除了对徐某的限制消费措施并无不当。**如申请执行人认为仍应对徐某继续限制消费,应当提供充分证据证明徐某系被执行人的主要负责人或影响债务履行的直接责任人员,**或者证明徐某与王某梅之间的转让股权行为虚假。**

第二,申诉人现**有证据可以证明**徐某与王某梅之间的**股权转让合同属无效合同**,损害其合法利益。申诉人提交的新证据唐山市中级人民法院(2019)冀02民终6365号民事判决,确认徐某与王某梅于2018年10月26日签订的铭友公司股权转让合同系双方恶意串通,损害了第三人利益,应为无效合同,故唐山市中级人民法院执行异议、河北省高级人民法院复议裁定书中认定的“徐某已不是铭友公司的法定代表人,且其持有的股份已全部转让给现法定代表人王某梅,并有证据支持”的裁定依据已发生变化。执行异议及复议裁定驳回吉利木业的异议、复议请求确有不当,应予撤销。执行法院应根据案件执行情况,决定对徐某是否继续采取限制高消费措施。

关联案件:唐山市中级人民法院(2019)冀02民终6365号民事判决书

法院认为:在上诉人吉利大福木业(北京)有限公司与唐山铭友电子科技有限公司(2018)冀02执2878号执行案件中,被上诉人**徐某作为被执行人唐山铭友电子科技有限公司的法定代表人和掌握公司62%股份的控股**

股东,对双方的执行案件有重要影响,并被人民法院采取了限高措施。在此期间,徐某将其所有的唐山铭友电子科技有限公司的股权转让给被上诉人王某梅,**虽然法律对被执行人在执行阶段变更法定代表人或转让股权没有禁止性规定,但转让双方应当保证转让合同的真实性,否则有利用虚假股权转让合同逃避执行限制措施的嫌疑**。本案中,被上诉人王某梅以310万元的对价受让了被上诉人徐某62%的股权,但**王某梅一、二审均未到庭参加诉讼亦未举证,徐某亦不能提供证据证实股权转让行为的真实性**,故本院对二被上诉人转让股权行为的真实性不予认定,徐某与王某梅于2018年10月26日签订的唐山铭友电子科技有限公司股权转让合同是虚假的,系双方恶意串通,损害了第三人利益,应为无效合同。被上诉人徐某称转让合同系双方真实意思表示,应为合法有效的抗辩,本院不予采信。一审法院认定股权转让不导致公司财产发生变化,亦不当然影响公司承担民事责任的能力,针对本案的情况,该认定不妥,本院予以纠正。**原法定代表人徐某因虚假的转让股权行为被解除限高措施,对执行案件及申请执行人的利益有着直接的影响**。综上,上诉人吉利大福木业(北京)有限公司的上诉请求成立,本院予以支持。

马某丽申请执行复议案,北京市高级人民法院(2021)京执复274号执行裁定书

法院认为:目前法律并没有明文规定禁止被执行人单位限制消费后变更法定代表人或主要负责人,被执行人字里行间文化公司变更法定代表人后,执行法院已对其新的法定代表人李某华采取限制消费惩戒措施。考虑到孙某已不是被执行人的法定代表人,与被执行人不再存在投资或间接持股关系,现有证据尚不足以证明孙某实际控制公司或恶意逃避债务,复议申请人马某丽请求对孙某采取恢复限制消费惩戒措施缺少事实根据和法律依据,对马某丽的复议申请,应予驳回。

中钢集团天津公司申请执行复议案,天津市高级人民法院(2019)津执复97号执行裁定书

法院认为:首先,本市河西区人民法院(2018)津0103民初14913号民事判决确认:如中能滨海电力燃料天津有限公司未于判决生效后10日内办理法定代表人变更登记,视为宋某不再担任该公司法定代表人。目前该判决已经发生法律效力,宋某亦不能对外代表中能滨海电力燃料天津有限公司。其次,宋某不再担任被执行人法定代表人的原因系因中能燃料配送有限公司已将其持有的被执行人60%股权全部转让给天津市佳泰投资担保有限公司;复议申请人在异议及复议审查程序中均未提供证据证明宋某不再担任被执行人的法定代表人是为了“逃避债务及人民法院的限制高消费措施”。故二中院(2019)津02执异122号执行裁定关于“再继续对宋某采取限制高消费措施没有依据”的结论,并无不当。综上,二中院(2019)津02执异122号执行裁定认定事实清楚,适用法律正确,结果应予维持。

刘某良申请执行复议案,四川省高级人民法院(2021)川执复47号执行裁定书

法院认为:影响债务履行的直接责任人员是指虽不具有法定代表人、主要负责人等特定身份,但能够通过其行为直接对单位的经营活动产生重要影响的人员。本案中,刘某良已不具有法定代表人的特定身份,其作为被执行人金傲公司的原法定代表人,仅在作为实际控制人和影响债务履行的直接责任人员的情形下,可依法对其采取限制消费措施,但本案尚无证据证明刘某良为被执行人金傲公司的实际控制人及影响债务履行的直接责任人员。据此,刘某良申请解除对其采取的限制消费措施,符合法律规定。

备注:四川省高级人民法院在(2021)川执监72号、(2021)川执复21号两案中亦持上述观点。

浦发银行成都分行申请执行复议案,四川省高级人民法院(2020)川执复190号执行裁定书

法院认为:根据本院查明的事实,执行法院作出限制消费令时,卫某已不是太平洋房产公司的法定代表人。另外,根据太平洋房产公司企业登记档案,该公司自成立以来注册资本多次增加,卫某均非实际的出资股东,且根据其持股不足一个月时间又将股权变更登记回科创集团公司名下这一事实,可以认定卫某登记为公司股东期间仅系太平洋房产公司名义上的股东,并非实际出资人,不享有股东权益,在其担任太平洋房产公司法定代表人期间,亦不享有实际的决策管理权。因此,卫某并非太平洋房产公司的实际控制人、主要负责人,对案涉债务的履行不构成影响,故执行法院对其采取限制消费措施,不符合前述司法解释的规定。卫某申请执行法院撤销对其采取的限制消费措施,理由成立。

郭某申请执行复议案,河北省高级人民法院(2020)冀执复362号执行裁定书

法院认为:(1)国家企业信用信息公示系统查询结果显示,澳润公司成立于2008年8月13日,法定代表人为郭某。2016年3月17日,澳润公司法定代表人变更为郭某英。本案于2016年8月3日起诉立案,并于2019年7月25日立案执行,郭某均已不属于被执行公司的法定代表人。(2)国家企业信用信息公示系统中显示郭某为澳润公司的总经理,澳润《公司章程》第17条、第32条规定:"董事会为公司最高权力机构""总经理的职责是执行董事会会议的各项决议,组织领导合营公司日常经营管理工作""总经理职权范围由董事会讨论决定"。2020年1月15日,天津市正元孵化器有限公司出具了郭某的在职证明,证明郭某自2018年7月1日起在该公司担任总经理一职,长期在该公司上班。2020年4月30日,澳润公司出具证明,证明郭某于2016年3月25日不再担任澳润公司总经理一职,因公司自身原因未办理工商变更登记手续。上述证据证明,总经理主要职责为执行董事会的各项决议及组织日常经营,郭某于2016年3月25日不再担任澳润公司总经理一职,因澳润公司自身原因未办理工商变更登记手续。(3)根据国家企业信用信息公示系统的查询结果,澳润公司现有股东分别为:斯克赛尔(天津)科技有限公司,占股45%;世恒集团有限公司(注册地我国澳门特别行政区),占股55%。郭某担任斯克赛尔(天津)科技有限公司的法定代表人和股东(占股25.09%)。上述证据证明,郭某在斯克赛尔(天津)科技有限公司的占股比例较小(占股25.09%),郭某系澳润公司股东的法定代表人和股东,因此郭某和澳润公司没有直接联系。原审以郭某和澳润公司存在间接联系为由认定郭某系实际控制人欠妥。综上，郭某不是被执行人澳润公司法定代表人、主要负责人、影响债务履行的直接责任人、实际控制人，对其采取限制高消费措施于法无据。

冯某申请执行复议案，广东省高级人民法院（2021）粤执复165号执行裁定书

法院认为：根据复议申请人提出的复议事由，本案主要审查深圳市中级人民法院认定复议申请人冯某为被执行人东方财智公司的实际控制人或属于影响债务履行的直接责任人而对其采取限制消费措施是否符合法律规定。

本案中，因冯某非被执行人，执行法院能否对其限制消费，主要审查冯某是否为被执行人东方财智公司的法定代表人、主要负责人、影响债务履行的直接责任人员、实际控制人。根据查明事实，在2019年5月5日本院作出（2018）粤民终1788号二审判决之前，冯某已经于2018年2月7日将所持有的被执行人股权转让予苏某，不再担任被执行人的法定代表人、董事长（执行董事）、总经理，由苏某接任。2018年3月22日，被执行人的法定代表人又由苏某变更为杨某。根据公司登记规范，冯某已经不是东方财智公司的法定代表人、主要负责人。虽然在中国证券投资基金业协会网站的私募基金管理人公示信息中，东方财智公司的"实际控制人信息"仍登记为冯某，但该网站登记与企业登记冲突，应以后登记的信息进行认定，故冯某不应认定是东方财智公司的法定代表人、主要负责人。

对于冯某是否为东方财智公司的实际控制人问题，所谓实际控制人，是指虽不是公司的股东，但通过投资关系、协议或者其他安排，能够实际支配公司行为的人。因在申请执行人美尚企业与被执行人东方财智公司合同纠纷诉讼作出判决之前，冯某已将所持股权转让予苏某，也无证据证明冯某与东方财智公司存在投资关系、协议或者其他安排，故公司股权转让的结果，认定冯某为"能够实际支配公司行为的人"，是东方财智公司的实际控制人，依据不充分。另外，虽然苏某是冯某实际控制的另一公司东方君盛公司的法定代表人，但因东方财智公司的法定代表人后来又由苏某变更为杨某，杨某与冯某是何关系无相关证据证明，故认定冯某是东方财智公司的实际控制人，依据也不充分。

至于冯某是否为影响债务履行的直接责任人员的问题，虽然冯某作为本案争议发生时东方财智公司的法定代表人和实际控制人，对本案债务的发生及履行负有责任，但其对生效裁判文书的履行不负有义务，现在非被执行人的股东，也无足够证据证明是东方财智公司的实际控制人，冯某是否影响被执行人东方财智公司履行债务难以判断，故认定冯某属于影响债务履行的直接责任人员，依据不足。

综上，深圳市中级人民法院认定复议申请人冯某仍为被执行人东方财智公司的实际控制人，或属于影响债务履行的直接责任人员，因此决定对复议申请人采取限制消费措施，缺乏事实依据，该决定应予撤销。

刘某申请执行复议案，广东省高级人民法院(2019)粤执复735号执行裁定书

法院认为：齐某林原为被执行人红楼投资公司法定代表人及股东，但2018年10月2日，红楼投资公司法定代表人由齐某林变更登记为王某章，股东由齐某林、夏某光、李某变更登记为张某诚、夏某光、李某。因此，在齐某林已不是法定代表人，也不是股东的情况下，其对本案债务履行已不能产生直接影响，故广州市中级人民法院不应再将齐某林纳入限制消费范围的行为，符合前述法律规定，并无不当。

陈某强申请执行复议案，浙江省宁波市中级人民法院(2021)浙02执复74号执行裁定书

法院认为：由于上海宏乾国际旅行社有限公司宁波分公司已注销，陈某强不再是被执行人的负责人，且陈某强与涉案被执行人不存在劳动关系，亦不在上海宏乾国际旅行社有限公司或该公司宁波分公司担任任何职务，因此，可不再因本案执行继续对陈某强采取限制消费措施。

【否定解除】

杨某冰申请执行申诉案,最高人民法院(2021)最高法执监7号执行裁定书

法院认为:本案的审查重点是,在杨某冰已不再担任被执行人华隆公司法定代表人的情形下,应否解除对其采取的限制消费措施。

根据《最高人民法院关于限制被执行人高消费及有关消费的若干规定》第三条第二款规定可知,被执行人为单位的,被采取限制消费措施后,被执行人及其法定代表人、主要负责人、影响债务履行的直接责任人员、实际控制人不得实施该条第一款所列高消费及非生活和工作必需的消费行为。本案中,在重庆市第五中级人民法院作出限制消费令,对华隆公司及其法定代表人**采取限制消费措施时**,杨某冰**为**该公司**法定代表人**,故重庆市第五中级人民法院对杨某冰采取限制消费措施于法有据。此后,**虽**然华隆公司将其**法定代表人变更为**陈某增,杨某冰已不再担任该公司法定代表人,但参照《最高人民法院关于在执行工作中进一步强化善意文明执行理念的意见》第十七条第一款第二项规定,杨某冰**仍须举证**证明其并**非**华隆公司的**实际控制人、影响债务履行的直接责任人员,否则**,其关于解除或者暂时解除限制消费措施的申请**不能**得到人民法院**准许**。而本案中,杨某冰所举证据尚不足以证实其并非华隆公司的实际控制人、影响债务履行的直接责任人员。因此,原审法院结合杨某冰在被采取限制消费措施后较短时间内不再担任华隆公司法定代表人等事实,裁定不予准许其关于解除限制消费措施的申请,并无不当。

李某申请执行复议案,陕西省高级人民法院(2021)陕执复97号执行裁定书

法院认为:被执行人阿诺肯公司在刑事判决生效后一直未履行判决书确定的缴纳罚金义务,西安市中级人民法院对该公司实施犯罪行为时的法定代表人李某采取了限制消费措施,后该公司两次变更法定代表人,变更后的法定代表人范某娜系李某之妻,现法定代表人马某琴系李某之母,均与李某存在亲属关系,且李某**仍**是该公司**股东,亦影响公司的债务履行**。

现李某主张其对债务履行不产生任何影响**没有充分的证据予以证明**,其提供的该公司相关财务账目等证据仅能证明该公司的经营状况,无法证明本案待证事实,故李某所提复议理由不能成立,西安市中级人民法院对其采取限制消费措施并无不当,应予维持。

刘某奎申请执行复议案,陕西省高级人民法院(2021)陕执复139号执行裁定书

法院认为:虽然刘某奎在本案西安市中级人民法院采取限制消费措施时不是沈阳荣昌汽车运输有限公司的法定代表人,但本案**执行依据**载明沈阳荣昌汽车运输有限公司的**法定代表人**为**刘某奎**,并**持有**该公司77.7778%的**股权的股东**,作为被执行人沈阳荣昌汽车运输有限公司曾经的法定代表人及第一大股东,刘某奎未提供充分证据证明其未参与沈阳荣昌汽车运输有限公司的经营、管理,不是该企业的实际控制人等证据,故对刘某奎的复议申请,本院不予支持。

全某林申请执行复议案,陕西省高级人民法院(2021)陕执复166号执行裁定书

法院认为:全某林虽然在西安市中级人民法院采取限制高某某措施时不是辉煌公司的法定代表人,但本案执行依据载明辉煌公司的法定代表人为全某林。本案执行中,辉煌公司的法定代表人由全某林变更为陈某保,故西安市中级人民法院对全某林采取限制消费措施符合上述规定。全某林以其已不再担任辉煌公司的法定代表人为由,申请解除对其本人的限制消费措施,其就**应当举证证明**自己并**非单位的实际控制人及影响债务履行的直接责任人**,但对全某林未能提供充分证据予以证明,故全某林的复议理由不能成立。

欧阳某申请执行复议案,广东省高级人民法院(2020)粤执复409号执行裁定书

法院认为:案件执行期间,单位被执行人的**原法定代表人、主要负责人申请解除**对其本人的**限制消费措施**的,需要确因经营管理需要发生变更,并应对其并非单位的实际控制人、影响债务履行的直接责任人员**负有举证**

责任。就本案而言,在案件执行过程中,被执行人的法定代表人由40余岁正值壮年的欧阳某变更为与欧阳某**身份证住址一致**的**年逾**70**岁**的古稀老人廖某英,在无证据证明确因经营管理需要的情形下,该变更明显不符合企业经营之常理,**有规避执行之嫌**。且根据最高人民法院上述意见,欧阳某亦应对其不是被执行人弘鑫旅公司的实际控制人、影响债务履行的直接责任人承担举证责任,在其无充分证据证明的情况下,广州市中级人民法院对其要求解除限制消费措施的申请予以驳回,并无不当。欧阳某提出广州市中级人民法院错误适用举证责任倒置原则,该主张不符合上述意见规定,本院不予支持。

信达公司河北省分公司申请执行复议案,河北省高级人民法院(2021)冀执复173号执行裁定书

法院认为:借款担保、法院判决、进入执行程序均在郑某文担任被执行人参花制药公司法定代表人期间,2018年7月27日执行法院作出限制消费令,2018年11月12日即变更了法定代表人。基于上述情况,郑某文申请解除对其限制消费措施,应当举证证明其并非单位实际控制人、影响债务履行的直接责任人员,原审法院应根据其举证情况进行严格审查。原审裁定**仅依据相关信息登记**即**认定**郑某文**不是**被执行人参花制药公司的**主要负责人、实际控制人或影响债务履行的直接责任人员**,撤销对郑某文的限制消费措施,**属于认定基本事实不清,证据不足**,应重新审查。

5-26 【冒名股东、法定代表人】因他人冒用名义成为公司股东,是否可以向法院申请解除限制消费措施?

问题解答

最高人民法院有案例认为:此种情形应当向市场监管局申诉并处理后,再向法院提出纠正申请。

参考案例

徐某立申请执行复议案,最高人民法院(2021)最高法执复1号执行裁定书

法院认为:济南市历下区行政审批服务局虽已对地利公司登记法定代表人徐某立进行撤销变更,但根据企业登记信息显示,徐某立向山东省高级人民法院提起执行异议时仍是地利公司控股股东、上海宿孛企业管理咨询中心(有限合伙)占60%出资比例的出资人,故山东省高级人民法院不予支持徐某立解除限制消费措施的申请,并无不当。另,徐某立虽向上海市崇明区市场监督管理局就其身份信息被他人冒用成为上海宿孛企业管理咨询中心(有限合伙)执行事务合伙人的股东进行申诉,仍在依法审查的程序中,尚未作出处理结果,不足以支持徐某立解除限制消费的主张。徐某立**可待**上海市崇明区市场监督管理局**就其申诉作出处理后**,**再**向山东省高级人民法院**提出纠正申请**,山东省高级人民法院应依法予以审查。

5－27 【破产解除】被执行人进入破产程序后，是否可以向法院申请解除限制消费措施？

问题解答

只有被执行人被人民法院裁定宣告破产后，才能终结相关执行程序。

进入破产重整程序的仍有可能退出破产程序，相应的执行程序仍应予以恢复。

参考案例

江西电建公司申请执行复议案，江西省高级人民法院（2020）赣执复78号执行裁定书

法院认为：本案的争议焦点是限制振华公司法定代表人严某高消费期有关消费的决定是否符合法律规定……其次，虽然《中华人民共和国企业破产法》第十九条规定，人民法院裁定债务人进入破产程序后，有关债务人的执行程序应当中止，但该条规定中止执行的目的是解除与债务人有关的财产保全措施，方便债务人进行顺利进行破产程序，本案对被执行人振华公司的法定代表严某采取限制高消费及有关消费措施对破产程序的顺利进行并无影响，况且根据《中华人民共和国企业破产法》第八十八条的规定，本案进入破产重整程序后仍有可能退出破产程序，本案相应的执行程序仍应予以恢复。依据《最高人民法院关于限制被执行人高消费的若干规定》第九条的规定，在限制高消费期间，被执行人提供确实有效的担保或经申请执行人同意，或者被执行人履行完毕生效法律文书确定的义务的，可以解除消费禁止令。《最高人民法院关于适用〈中华人民共和国民事诉讼法〉的解释》第五百一十五条规定,只有被执行人被人民法院裁定宣告破产后,才能相关执行程序终结。因此,本案振华公司仅以该公司已被南昌高新区人民法院**裁定破产重整为由请求解除**对其法定代表人严某的消费禁令,并**不符合**法律规定的**解除条件**。

5-28 【限制变更】执行阶段可否限制被执行人变更法定代表人?

问题解答

若该执行措施不具备法律依据,不应予以支持。

参考案例

博宏公司申请执行复议案,贵州省高级人民法院(2020)黔执复125号执行裁定书

法院认为:由于变更法定代表人是法人内部管理行为,属于企业意思自治的范畴,可由法人自由决定,并由工商部门核准登记即可。然对在**执行程序中能否限制**被执行人公司**变更法定代表人并无法律规定**。本案中,执行法院**限制**博宏公司**变更法定代表人,于法无据**,执行法院驳回博宏公司的异议请求,**显属不当**。

三、隐匿销毁会计凭证、会计账簿、财务会计报告罪

5-29 【启动条件】何种情况下,可以追究被执行人的隐匿、故意销毁会计账簿罪?

问题解答

法院决定进行司法审计后,被执行人拒不提供、转移、隐匿、伪造、篡改、毁弃审计资料。

对被执行人涉及隐匿或者故意销毁依法应当保存的会计凭证、会计账簿、财务会计报告的,则可考虑追究上述责任。

实务中,上述情况较少出现,该罪名常见为职务犯罪,集资案件、破产纠纷、公司纠纷等存在审计需求的犯罪所衍生。

福建省高级人民法院认为:被执行人故意毁损、隐藏、转移财务账册的,亦构成拒不执行判决、裁定罪。

相关法律法规及司法观点

《最高人民法院关于民事执行中财产调查若干问题的规定》

第十七条　作为被执行人的法人或非法人组织不履行生效法律文书确定的义务,申请执行人认为其有拒绝报告、虚假报告财产情况,隐匿、转移财产等逃避债务情形或者其股东、出资人有出资不实、抽逃出资等情形的,可以书面申请人民法院委托审计机构对该被执行人进行审计。人民法院应当自收到书面申请之日起十日内决定是否准许。

第十八条　人民法院决定审计的,应当随机确定具备资格的审计机构,并责令被执行人提交会计凭证、会计账簿、财务会计报告等与审计事项有关的资料。

被执行人隐匿审计资料的,人民法院可以依法采取搜查措施。

第十九条 被执行人**拒不提供、转移、隐匿、伪造、篡改、毁弃审计资料**，阻挠审计人员查看业务现场或者有其他妨碍审计调查行为的，人民法院可以根据情节轻重对被执行人或其主要负责人、直接责任人员予以罚款、拘留；**构成犯罪的，依法追究刑事责任**。

《中华人民共和国刑法》

第一百六十二条之一 【隐匿、故意销毁会计凭证、会计帐簿、财务会计报告罪】隐匿或者故意销毁依法应当保存的会计凭证、会计帐簿、财务会计报告，情节严重的，处五年以下有期徒刑或者拘役，并处或者单处二万元以上二十万元以下罚金。

单位犯前款罪的，对单位判处罚金，并对其**直接负责的主管人员和其他直接责任人员**，依照前款的规定处罚。

《最高人民检察院、公安部关于公安机关管辖的刑事案件立案追诉标准的规定(二)》

第八条 〔隐匿、故意销毁会计凭证、会计帐簿、财务会计报告案(刑法第一百六十二条之一)〕隐匿或者故意销毁依法应当保存的会计凭证、会计账簿、财务会计报告，涉嫌下列情形之一的，应予立案追诉：

(一)隐匿、故意销毁的会计凭证、会计账簿、财务会计报告涉及金额在五十万元以上的；

(二)依法应当向**司法机关**、行政机关、有关主管部门等**提供**而**隐匿**、**故意销毁或者拒不交出**会计凭证、会计账簿、财务会计报告的；

(三)其他情节严重的情形。

《福建省高级人民法院、福建省人民检察院、福建省公安厅关于办理拒不执行判决、裁定刑事案件若干问题的指导意见》

第十六条 《全国人大常委会关于〈中华人民共和国刑法〉第三百一十三条的解释》及《最高人民法院关于审理拒不执行判决、裁定刑事案件适用法律若干问题的解释》关于“有能力执行而拒不执行，情节严重”情形中规定的“致使判决、裁定无法执行的”，包括以下情形：

……

(四)被执行人、担保人、协助执行人故意**毁损**、**隐藏**、**转移**财产性权利凭证、**财务账册**或不履行法定工作职责、业务经营范围内的工作职责等,造成权利人经济损失或其他严重后果的;

……

5-30 【构罪行为|搜查取得】谎称遗失后,经依法搜查等手段取得审计资料的,是否构罪?

问题解答

面对司法机关调查拒不提供、谎称遗失或灭失,后经搜查等手段,找到会计凭证、账簿、财务报告的,构成该罪。

参考案例

刘某某犯非法吸收公众存款罪和隐匿会计凭证会计账簿罪、蒋某及余某等犯非法吸收公众存款罪案,贵州省松桃苗族自治县人民法院(2021)黔0628刑初71号刑事判决书

具体案情:2020年3月,被告人刘某某为逃避松桃苗族自治县××局对其涉嫌非法吸收公众存款案的调查,谎称该公司财务账本和相关凭证被其烧毁和丢弃。在该局于2020年8月3日对其涉嫌故意销毁会计凭证、会计账簿罪立案侦查后,同年10月29日刘某某带领侦查人员找出其藏匿于松桃苗族自治县卫生间隔板内的现金日记账2本、进销存明细本1本、库存材料(商品)明细分类账1本、记账凭证及报销单10份、记账凭证等材料4

份、银行凭证共27张、银行流水207页等财务账本和财务凭证财务。

朱某英犯隐匿会计凭证、会计账簿罪案，江苏省射阳县人民法院(2019)苏0924刑初87号刑事判决书

具体案情：被告人朱某英自2001年12月至2008年12月担任益商饮服公司财务科副科长，经手管理该公司的会计凭证、会计账簿等会计资料。2008年12月，益商饮服公司因资不抵债进入破产清算程序，射阳县人民法院指定射阳县流通企业改革发展办公室吴某胜等人为破产管理人。2009年2月16日，益商饮服公司破产管理人书面通知被告人朱某英在接到通知后3日内将该公司的财会档案、财务资料及相关印章移交给破产管理人。被告人朱某英在接到通知后既没有提出异议，也没有将上述会计资料在规定时间内移交给益商饮服公司破产管理人。

2009年4月16日，益商饮服公司破产管理人申请射阳县人民法院强制执行益商饮服公司法定代表人沈某、财务负责人朱某英向破产管理人移交该公司全部财会档案、财务资料及相关印章。同年4月27日，射阳县人民法院执行局工作人员在益商饮服公司法定代表人沈某和破产管理人在场的情况下同被告人朱某英谈话，劝其将该公司的会计凭证移交给破产管理人，被告人朱某英当场拒绝。后射阳县人民法院依法搜查被告人朱某英住处，找到部分账册，经清点，益商饮服公司2005年至2008年的部分会计凭证被被告人朱某英藏匿(被藏匿的会计凭证涉及金额人民币200余万元)，致使益商饮服公司的破产清算无法进行。

李某华犯隐匿会计凭证、会计账簿罪案，贵州省思南县人民法院(2019)黔0624刑初96号刑事判决书

具体案情：经审理查明，2018年6月20日，本院受理思南天王星城市投资管理有限公司(以下简称思南天王星公司)申请破产清算一案，并下达(2018)黔0624破2号决定书和民事裁定书，思南天王星公司管理人于2018年7月15日送达被告人李某华，要求其提供思南天王星公司的有关财务资料及职工工资支付情况。被告人李某华提交了部分合同、公司印章及少部分财务资料后，以公司办公室搬迁财务资料丢失为由，拒不提交会计凭证、会计账簿等财务资料给管理人。

2018年12月14日,思南县公安局立案侦查后,李某华交代支付思南天王星公司管理人员工资的财务资料存放在天津市李某1电脑中(原打印出来的资料于2018年12月被当作废纸卖掉)。经司法会计鉴定,其会计凭证金额为1133027.94元。由李某华之女刘某锟代为提交的存放于天津市银钛车业有限公司办公室的一本关于思南天王星公司的账簿,经司法会计鉴定为法定会计账簿,金额为908744.80元。

5-31 【构罪行为丨占有拒交】被执行人要求财务负责人将会计凭证、账簿、财务报告交给自己后,却又拒不向司法机关提供的,是否构罪?

问题解答

要求公司会计人员将会计账簿、凭证交给自己,在司法机关介入后仍拒不提供的,构成该罪。

参考案例

陈某挪用资金、隐匿会计凭证、会计账簿申请刑事申诉案,湖北省高级人民法院(2018)鄂刑申51号驳回申诉通知书

具体案情:2012年12月,均康公司发现银都公司大量资金去向不明,遂要求对该公司进行财务审计。陈某拒不配合,在要求该公司会计人员谢某将公司全部会计账簿、凭证交给自己后,将上述会计账簿、凭证予以隐匿,在司法机关介入后仍拒不提供。认定上述事实有抓获、破案经过,相关书证,证人证言及被告人陈某的供述等证据证实。

5－32 【构罪行为丨部分交出】被执行人仅交出部分会计凭证、账簿、财务报告的,是否构罪?

问题解答

司法机关责令被执行人交出财务档案,被执行人仅交出部分材料致使难以审计的,构成该罪。

参考案例

谢某犯隐匿、故意销毁会计凭证、会计账簿、财务会计报告罪案,河南省信阳市中级人民法院(2019)豫15刑终678号刑事判决书、河南省信阳市浉河区人民法院(2019)豫1502刑初82号刑事判决书

具体案情:信阳市浉河区人民法院在执行阶段,发现恒诚公司名下无财产可供执行,怀疑恒诚公司隐匿、恶意转移资产,遂对恒诚公司进行了财务司法审计,并责令恒诚公司法定代表人张某2交出公司财务档案,在法院工作人员严令要求下,被告人谢某于2017年5月8日将自己负责保管的恒诚公司财务档案交出。

2017年7月31日,浉河区人民法院将恒诚公司的财务档案移交给公安机关,公安机关委托信阳豫诚会计师事务所对恒诚公司财务进行司法审计。张某2(另案处理)于2017年7月20日全权委托其子张某1管理公司所有业务,在管理公司过程中,张某1发现公司原会计谢某隐匿公司财务档案,遂于2018年11月18日报案至公安机关,公安民警调取了谢某在浉河区人民法院执行局所作的执行笔录,在笔录中谢某均确认全部交出恒诚公司财务档案。自2017年7月31日司法审计工作开展以来,公安民警按照会计师事务所要求,对恒诚公司领款人进行调查,在调查中发现很多领款人说不清钱的来龙去脉,再次联系谢某时,其称还有一部分恒诚公司支付利息的领款人的单据,公安机关遂要求谢某立即提供出来,谢某遂于2017年国庆节后送来部分恒诚公司支付利息的领款人单据的复印件,给司法审计和公安机关的调查取证工作带来了很大的不便。2018年4月25日,公安机关再次询问谢某时,谢某提供出了99份恒诚公司与债权人签订的借款协议,及255份恒诚公司支付利息的领款人收条单据的原件。经审计认定:隐匿的255份原始凭证金额合计22930221.20元。

5-33 【构罪行为丨唆使隐匿】唆使他人隐匿会计凭证、账簿、财务报告的,是否构罪?

问题解答

唆使他人隐匿财务资料的,构成该罪。

参考案例

沈某君、薛某兰犯隐匿会计凭证、会计账簿、财务会计报告罪案，山东省泰安市中级人民法院(2017)鲁09刑终272号刑事判决书、山东省宁阳县人民法院(2017)鲁0921刑初117号刑事判决书

具体案情：2007年8月20日，由沈某君、日本万世酒造株式会社出资，在宁阳县华丰镇高庄村成立中外合资企业宁阳县鑫安酒业有限公司(以下简称鑫安公司)，由沈某君任第一届董事长、总经理及法定代表人，被告人薛某兰担任财务负责人。2012年3月26日，鑫安公司董事会决议撤换沈某君董事长职务并变更西某郎为该鑫安公司新任董事长及法定代表人，沈某君拒不执行。2012年10月23日，万世酒造株式会社向泰安市中级人民法院提起民事诉讼，要求鑫安公司变更公司登记。经泰安市中级人民法院、山东省高级人民法院两审终审，2015年1月12日由泰安市中级人民法院强制执行，将鑫安公司法定代表人变更为西某郎。后至2016年3月，西某郎多次向沈某君、薛某兰要求提供鑫安公司财务资料，被告人沈某君唆使薛某兰隐匿会计凭证、会计账簿、财务会计报告等财务资料。被告人薛某兰将鑫安公司财务资料藏匿于鑫安公司仓库及住所内。案发后，所藏匿财务资料经评估涉及金额共计171215646.4元。现财务资料已返还鑫安公司。

第六章

执 破 衔 接

一、启动程序

6－1 【启动条件】具备哪些条件的,可以启动执行案件移送破产审查程序?

问题解答

经执行无法清偿债务的,裁定终结本次执行的,即可启动执行转破产程序。

至少有一位申请执行人书面同意的,即可启动。

相关法律法规及司法观点

《最高人民法院关于执行案件移送破产审查若干问题的指导意见》

2.执行案件移送破产审查,应同时符合下列条件:

(1)被执行人为企业法人;

(2)被执行人或者有关被执行人的任何一个执行案件的申请执行人书面同意将执行案件移送破产审查;

(3)**被执行人不能清偿到期债务,并且资产不足以清偿全部债务或者明显缺乏清偿能力。**

《最高人民法院关于适用〈中华人民共和国企业破产法〉若干问题的规定(一)》

第四条　债务人账面资产虽大于负债,但存在下列情形之一的,人民法院应当认定其**明显缺乏清偿能力**:

……

(三)**经人民法院强制执行,无法清偿债务**;

……

《浙江省高级人民法院关于执行程序与破产程序衔接若干问题的纪要》

第三条　(执破衔接工作的启动)在执行程序中,符合以下情形之一的,执行法院可以启动执破衔接工作：

（一）经执行法院穷尽财产调查措施并采取强制执行措施，被执行人仍然无法清偿债务的；

（二）执行法院根据民诉法解释第五百一十九条第一款和最高人民法院《关于执行案件立案、结案若干问题的意见》（以下简称执行结案意见）第十六条规定，经合议庭审查并经院长批准后，裁定终结对被执行人本次执行程序的。

执行法院启动执破衔接工作，应由执行员填写《执行案件转破产程序审查意见登记表》，报该院执行实施部门负责人批准后实施。

各级法院可以制定执破衔接的操作细则，但不得以该操作细则作为不接受其他法院（包括下级法院）依法移送执行案件相关材料的理由。

同一执行案件有多个企业法人的，可以根据本《纪要》分别启动执破衔接工作。

第四条 （启动执破衔接工作后的释明和意见征询）执破衔接工作启动后，执行员应根据执行案件的具体情况，向申请执行人或被执行人释明企业破产法、民事诉讼法及其民诉法解释中执破衔接的相关规定和本《纪要》的相关内容，并特别征询申请执行人或被执行人是否同意被执行人进入破产程序的意见。释明和征询意见的过程应记入笔录，由申请执行人或被执行人签字。

经释明和征询，**至少有一位申请执行人同意被执行人进入破产程序的，即属于符合民诉法解释第五百一十三条规定的“申请执行人同意”的情形**。申请执行人对法院受理破产案件不持异议的，视为同意。

执行员在必要时可邀请该院商事审判庭的法官参加释明和意见征询工作。

《江苏省高级人民法院关于规范执行案件移送破产的若干规定》

第四条 （执行案件移送破产审查的条件）执行部门向本院破产审判部门或受理破产案件的法院移送执行案件进行破产审查应当符合以下条件：

（一）被执行人是企业法人；

（二）被执行人不能清偿到期债务，并且资产不足以清偿全部债务或者明

显缺乏清偿能力;

(三)被执行人或者有关被执行人的**任一执行案件的申请执行人同意**移送破产程序。

6-2 【申请主体】被执行人可否主动申请启动执行案件移送破产审查程序?

问题解答

被执行人属于可书面同意移送破产审查的主体,具备主体资格。

相关法律法规及司法观点

《最高人民法院关于执行案件移送破产审查若干问题的指导意见》

2. 执行案件移送破产审查,应同时符合下列条件:

(1)被执行人为企业法人;

(2)**被执行人**或者有关被执行人的任何一个执行案件的申请执行人**书面同意将执行案件移送破产审查;**

(3)被执行人不能清偿到期债务,并且资产不足以清偿全部债务或者明显缺乏清偿能力。

6-3 【程序监督】基层法院消极移送的,如何处理?

问题解答

可以采取执行行为异议、执行监督等方式,由上级法院指令下级法院启动执行转破产程序。

相关法律法规及司法观点

《浙江省高级人民法院关于深化执行与破产程序衔接推进破产清算案件简易审理若干问题的会议纪要(二)》

七、(执破衔接之一:依职权启动移送程序)上级人民法院**可以指令**下级人民法院启动执行案件移送破产审查程序。

二、移送流程

6－4　【移送材料】执行法院作出移送决定后，应当向受移送法院移送哪些材料？

问题解答

最高人民法院对于基础材料作出了规定，具体材料应参照各地司法政策。

具体来说，较为**关键**且**难以查找**的证据为**会计账簿类**证据，将影响后续破产程序。

相关法律法规及司法观点

《最高人民法院关于执行案件移送破产审查若干问题的指导意见》

10. 执行法院作出移送决定后，应当向受移送法院移送下列材料：

(1)执行案件移送破产审查决定书；

(2)申请执行人或被执行人同意移送的书面材料；

(3)执行法院采取财产调查措施查明的被执行人的财产状况，已查封、扣押、冻结财产清单及相关材料；

(4)执行法院已分配财产清单及相关材料；

(5)被执行人债务清单；

(6)其他应当移送的材料。

《浙江省高级人民法院关于执行程序与破产程序衔接若干问题的纪要》

第六条　(执行法院内立案庭登记并向商事审判庭转递相关材料)执行法院对被执行人有受理破产申请管辖权的，执行员将相关材料交该院立案庭，立案庭在三日内对相关材料登记后转递该院商事审判庭审查。

前款所指相关材料包括：

(一)由执行员拟稿,执行实施部门负责人签署并加盖执行实施部门印章的《执行案件转破产程序审查意见登记表》;

(二)经执行法院采取强制执行措施后,被执行人无法清偿债务的相关材料;

(三)向申请执行人或被执行人释明和征询意见,以及申请执行人或被执行人同意法院受理破产案件相关内容的谈话笔录;

(四)中止对被执行人执行的民事裁定书、执行立案信息表、执行依据;

(五)被执行人涉执债务清单,查封、扣押、冻结财产清单,已掌握的会计账簿等材料;

(六)执行实施部门已穷尽财产调查措施的相关材料,主要包括但不限于:银行存款、房地产、车辆、股权登记查询资料,工商登记基本材料以及向网络执行查控系统和"点对点"查控系统调取的信息及反馈结果;

(七)执行程序中对被执行人财产依法处置的相关材料;

(八)执行实施部门在执行程序中发现的被执行人及其相关人员隐匿、转移财产等涉嫌逃废债行为线索的相关材料;

(九)执行实施部门认为应当移交的其他材料。

第(一)至第(四)项材料属于商事审判庭审查立案的必备材料;第(五)至第(九)项材料不完整的,商事审判庭可以要求执行实施部门补齐,但不影响商事审判庭的审查进程。

6-5 【移送流程】执行案件移送破产审查程序中，各环节的流程及期限如何规定？

问题解答

执行转破产的流程及期限，具体如下：

(1)书面申请执行转破产；

(2)执行法官提出审查意见，合议庭评议；

(3)执行法院院长签署、执行法院作出移送决定(5 日内送达双方)；

(4)书面通知执行法院中止执行，符合终本条件的可以终本；

(5)移送破产材料，进入 30 天破产审查期。

相关法律法规及司法观点

《最高人民法院关于执行案件移送破产审查若干问题的指导意见》

5. 执行部门应严格遵守执行案件移送破产审查的内部决定程序。承办人认为执行案件符合移送破产审查条件的，应提出审查意见，经合议庭评议同意后，由**执行法院院长签署移送决定**。

7. 执行法院作出移送决定后，应当于五日内送达申请执行人和被执行人。申请执行人或被执行人对决定有异议的，可以在受移送法院破产审查期间提出，由受移送法院一并处理。

13. 受移送法院的破产审判部门应当自收到移送的材料之日起三十日内作出是否受理的裁定。受移送法院作出裁定后，应当在五日内送达申请执行人、被执行人，并送交执行法院。

6 –6 【异地移送】破产审查案件管辖权在异地的,如何处理?

问题解答

移送法院为基层法院的,应当报请其所在地中级人民法院执行部门审核同意。

相关法律法规及司法观点

《最高人民法院关于执行案件移送破产审查若干问题的指导意见》

6. 为减少异地法院之间移送的随意性,基层人民法院拟将执行案件移送异地中级人民法院进行破产审查的,在作出移送决定前,应先报请其所在地中级人民法院执行部门审核同意。

三、财 产 处 置

6-7 【先行处置】执行转破产的,可否在执行阶段先行处置破产财产?

问题解答

被执行人无重整可能的,可在执行阶段先行处置后,经破产程序分配财产。

相关法律法规及司法观点

《浙江省高级人员法院关于深化执行与破产程序衔接推进破产清算案件简易审理若干问题的会议纪要(二)》

十二、(执破衔接之六:财产处置)执行案件移送破产审查程序中,符合下列条件的,可以在**执行程序中先行进行财产变价处置**:

(一)经联合合议庭判断后续无重整可能;

(二)财产处置通过网络司法拍卖进行。

但财产分配应当在破产程序中依法进行。

《江苏省高级人民法院关于规范执行案件移送破产的若干规定》

第二十一条　(特殊财产先行处置)执行部门在移送执行转破产案件之前,对难以处置的财产,如司法网拍流拍的财产、集体土地上违法建造的厂房、小产权房等先行处置,并将拍卖所得**款项交付给受理破产案件**的**法院或管理**人。

第七章

执行异议及执行异议之诉相关程序问题

一、诉讼保全异议

7－1 【保全复议丨诉权】哪些情况下、谁有权提起保全复议?

问题解答

当事人(申请保全人和被保全人)对保全或者先予执行的裁定**不服**的,可以提起保全复议。

复议事项:是否保全、保全的必要性、保全财产是否超出请求范围或案件标的等保全裁定本身事项。

江西省高级人民法院认为:案外人亦可申请保全复议。

相关法律法规及司法观点

《中华人民共和国民事诉讼法》

第一百一十一条 **当事人**对保全或者先予执行的裁定**不服**的,可以申请复议一次。复议期间不停止裁定的执行。

《山东高院执行疑难法律问题解答(一)》

12. 当事人对执行保全裁定不服,进行复议还是提出异议?

答:依照《最高人民法院关于人民法院办理财产保全案件若干问题的规定》第二十五条、第二十六条的规定,当事人对审判部门作出的保全裁定不服的,直接申请复议;对实施保全过程中的执行行为不服的,通过执行异议、复议程序解决。

《江西省高级人民法院关于执行异议之诉案件的审理指南》

9. 案外人对人民法院作出的保全裁定不服的,应当依照《民诉法解释》第一百七十二条的规定向作出保全裁定的人民法院申请复议。案外人提起执行异议之诉的,应当不予受理;已经受理的,裁定驳回起诉。

7-2 【保全复议 | 行使方式】申请复议的期限、提出对象及审查期限如何确定?

问题解答

申请期限:当事人收到裁定书之日起5日内。

提出对象:作出裁定的法院。

审查期限:收到复议申请后10日内审查,申请复议理由不成立的,裁定驳回申请;申请复议理由成立的,裁定变更或者撤销原裁定。

相关法律法规及司法观点

《最高人民法院关于适用〈中华人民共和国民事诉讼法〉的解释》

第一百七十一条 当事人对保全或者先予执行裁定不服的,可以自**收到裁定书之日起五日内**向**作出裁定的人民法院**申请复议。人民法院应当在收到复议申请后**十日**内审查。裁定正确的,**驳回**当事人的申请;裁定不当的,**变更或者撤销**原裁定。

第一百七十二条 利害关系人对保全或者先予执行的裁定不服申请复议的,由作出裁定的人民法院依照民事诉讼法第一百一十一条规定处理。

《最高人民法院关于人民法院办理财产保全案件若干问题的规定》

第二十五条 申请保全人、被保全人对保全裁定或者驳回申请裁定不服的,可以自裁定书送达之日起五日内向作出裁定的人民法院申请复议一次。人民法院应当自收到复议申请后十日内审查。

对保全裁定不服申请复议的,人民法院经审查,理由成立的,裁定撤销或变更;理由不成立的,裁定驳回。

对驳回申请裁定不服申请复议的,人民法院经审查,理由成立的,裁定撤销,并采取保全措施;理由不成立的,裁定驳回。

7-3 【保全行为异议丨行使方式】保全行为异议的诉权主体、异议期限、提出对象、适用情形、救济途径如何确定?

问题解答

诉权主体:申请保全人、被保全人、利害关系人。
异议期限:保全裁定实施过程中。
提出对象:向负责执行的人民法院提出。
适用情形:认为保全行为违法。
救济途径:10 日内向上一级法院申请复议。

相关法律法规及司法观点

《最高人民法院关于人民法院办理财产保全案件若干问题的规定》

第二十六条 申请保全人、被保全人、利害关系人认为**保全裁定实施过程中**的执行行为违反法律规定提出书面异议的,人民法院应当依照民事诉讼法第二百二十五条[①]规定审查处理。

《中华人民共和国民事诉讼法》

第二百三十六条 当事人、利害关系人认为执行行为违反法律规定的,可以向负责执行的人民法院提出书面异议。当事人、利害关系人提出书面异议的,人民法院应当自收到书面异议之日起十五日内审查,理由成立的,裁定撤销或者改正;理由不成立的,裁定驳回。当事人、利害关系人对裁定不服的,可以自裁定送达之日起十日内向上一级人民法院申请复议。

---

① 对应 2023 年《民事诉讼法》第 236 条。

《山东高院执行疑难法律问题解答(一)》

12. 当事人对执行保全裁定不服,进行复议还是提出异议?

答:依照《最高人民法院关于人民法院办理财产保全案件若干问题的规定》第二十五条、第二十六条的规定,当事人对审判部门作出的保全裁定不服的,直接申请复议;对实施保全过程中的执行行为不服的,通过执行异议、复议程序解决。

7-4 【保全标的异议丨行使方式】保全标的异议的诉权主体、异议期限、提出对象、适用情形、救济途径如何确定?

问题解答

诉权主体:基于实体权利对被保全财产提出异议的案外人。

异议期限:保全裁定实施过程中、执行过程中均可以提出。

提出对象:向执行法院提出。

适用情形:诉讼争议标的以外的财产进行保全,基于实体权利对被保全财产提出书面异议的。

救济途径:自裁定送达之日起 15 日内向人民法院提起执行异议之诉。

相关法律法规及司法观点

《最高人民法院关于人民法院办理财产保全案件若干问题的规定》

第二十七条　人民法院对**诉讼争议标的以外**的财产进行保全,案外人对保全裁定或者**保全裁定实施过程中**的执行行为不服,**基于实体权利对被保全**

财产提出书面异议的,人民法院应当依照民事诉讼法第二百二十七条[①]规定审查处理并作出裁定。案外人、申请保全人对该裁定不服的,可以自裁定送达之日起十五日内向人民法院提起执行异议之诉。

人民法院裁定案外人异议成立后,申请保全人在法律规定的期间内未提起执行异议之诉的,人民法院应当自起诉期限届满之日起七日内对该被保全财产解除保全。

《中华人民共和国民事诉讼法》

第二百三十八条　执行过程中,案外人对执行标的提出书面异议的,人民法院应当自收到书面异议之日起十五日内审查,理由成立的,裁定中止对该标的的执行;理由不成立的,裁定驳回。案外人、当事人对裁定不服,认为原判决、裁定错误的,依照审判监督程序办理;与原判决、裁定无关的,可以自裁定送达之日起十五日内向人民法院提起诉讼。

① 对应2023年《民事诉讼法》第238条。

二、执行行为异议

7-5 【反向清单】当事人对执行法院的哪些行为不服,不适用执行行为异议程序?

问题解答

现有法规及司法解释,对执行程序中部分情况已明确了其他救济途径,不适用执行行为异议程序。常见的情形如下:

案外人异议:案外人基于实体权利对执行财产提出书面异议。

执行分配:执行分配方案。

执行制裁措施:限制高消费措施、纳入失信被执行人名单、拘留、罚款。

纪检监督类:工作作风、执行的监督、法院内部管理行为。

7-6 【诉权主体】哪些人可以提出执行行为异议?

问题解答

当事人、利害关系人系执行行为异议的诉权行使主体。

当事人:申请执行人、被执行人。

利害关系人:常见的利害关系人有:(1)**轮候查封债权人**:认为法院执行

行为违法，妨碍其**轮候查封**的债权实现。(2)**竞拍人**:认为法院拍卖措施违法，妨碍公平竞价(已经缴纳保证金)。(3)**优先权人**:认为法院拍卖变卖、以物抵债措施违法，侵害优先购买权。(4)**协助执行义务人**:认为协助执行事项超出法律规定的范围、违反法律规定的。

相关法律法规及司法观点

《中华人民共和国民事诉讼法》

第二百三十六条　**当事人、利害关系人**认为执行行为违反法律规定的，可以向负责执行的人民法院提出书面异议。当事人、利害关系人提出书面异议的，人民法院应当自收到书面异议之日起十五日内审查，理由成立的，裁定撤销或者改正；理由不成立的，裁定驳回。当事人、利害关系人对裁定不服的，可以自裁定送达之日起十日内向上一级人民法院申请复议。

7－7　【异议事项】可以对哪些事项提出执行行为异议？

问题解答

该问题系实务性问题，应基于其他执行程序性法律综合判断是否存在执行行为违法之后，行使异议权利。

程序性事项:不予执行、终结执行、暂缓执行、恢复执行、驳回执行申请等程序性事项。

执行顺序期间:优先执行其他对象、执行公告期间等。

执行数额：执行标的计算方式、互负债务抵消等。（分配方案程序中亦有部分事项适用该类异议）

执行行为：执行行为违法（不含不予处置财产的消极执行行为，此种行为需通过执行监督进行救济）。

7-8 【异议请求】执行行为异议的请求包括哪些？

问题解答

常见的执行行为异议请求如下：

（1）确认执行行为违法；

（2）撤销执行行为；

（3）解除××的查封、扣押、冻结；

（4）停止/暂缓执行。

7-9 【消极处理】执行法院对执行行为异议不做处理怎么办（如不作出不予受理裁定，也不作受理立案）？

问题解答

异议人应当向上一级法院提出异议，请求指令执行法院 3 日内立案或 15 日内作出异议裁定。

相关法律法规及司法观点

《最高人民法院关于人民法院办理执行异议和复议案件若干问题的规定》

第三条　执行法院收到执行异议后**三日内既不立案又不作出不予受理裁定**，或者受理后无正当理由超过法定期限不作出异议裁定的，异议人可以**向上一级人民法院提出异议**。上一级人民法院审查后认为理由成立的，应当指令执行法院在三日内立案或者在十五日内作出异议裁定。

《江苏省高级人民法院执行异议及执行异议之诉案件办理工作指引（一）》

十一、基于变更或追加被执行人提出的执行异议及执行异议之诉案件的审查处理

5.《变更追加规定》施行前发生的变更、追加当事人的遗留案件，根据下列情形处理：

……

(3)执行法院已经作出变更或追加裁定，但在执行裁定中未告知申请人和被申请人救济途径的，根据下列情形分别处理：

一是执行法院对申请人或被申请人提出的异议未立案审查，且执行程序尚未终结的，应依法及时立案审查，并依据《变更追加规定》的相应情形作出裁定并告知其救济途径。

执行法院既不立案又不作出不予受理裁定的,异议人可以向执行法院的上一级法院提出异议。上一级法院应立“执监”案件进行审查,异议成立的,应指令执行法院在三日内立案审查处理。

……

《山东高院执行疑难法律问题解答(三)》

28. 执行法院受理执行异议后无正当理由超过法定期限不作出异议裁定,异议人向上一级法院提出异议的,应如何处理?

答:《最高人民法院关于人民法院办理执行异议和复议案件若干问题的规定》第三条设立了执行内部监督程序,对执行异议消极审查行为进行监督。根据该条规定,对于异议人以下级法院消极审查行为为由提出异议的,上级法院应当进行审查。经审查属于无正当理由超过法定期限的,可以以通知的方式指令下级法院在法定期限内予以审查;确有正当理由超过法定期限的,应以通知的方式告知异议人,其所提异议不成立。

参考案例

王某申请执行异议案,广西壮族自治区玉林市中级人民法院(2021)桂09执异5号执行裁定书

异议人两次向法院提出执行异议,但该院收到执行异议后至今既不立案又不作出不予受理书面裁定。上一级法院指令下级法院3日内立案审查。

衍生问题 | 上一级法院亦消极处理的,如何救济?

问题解答

上级法院不及时处理的,当事人可以向再上级法院申请执行监督。

相关法律法规及司法观点

《最高人民法院关于人民法院执行工作若干问题的规定(试行)》

71. 上级人民法院依法监督下级人民法院的执行工作。最高人民法院依法监督地方各级人民法院和专门法院的执行工作。

72. 上级法院发现下级法院在执行中作出的裁定、决定、通知或具体执行行为不当或有错误的，应当及时指令下级法院纠正，并可以通知有关法院暂缓执行。

下级法院收到上级法院的指令后必须立即纠正。如果认为上级法院的指令有错误，可以在收到该指令后五日内请求上级法院复议。

上级法院认为请求复议的理由不成立，而下级法院仍不纠正的，上级法院可直接作出裁定或决定予以纠正，送达有关法院及当事人，并可直接向有关单位发出协助执行通知书。

《最高人民法院执行最新司法解释统一理解与适用》[①]

上级法院不及时处理的，当事人可以向再上级法院申请执行监督。

7－10　【复议裁定｜救济途径｜执行监督】对执行行为异议复议裁定不服的，如何救济？

问题解答

救济途径为向复议法院上一级法院申诉。具体处理种类如下：

（1）上一级人民法院以执行监督案件立案审查，并以裁定方式作出结论；

（2）上级法院指令下级法院纠正；

① 江必新、刘贵祥主编，最高人民法院执行局编著：《最高人民法院执行最新司法解释统一理解与适用》，中国法制出版社 2016 年版，第 133 页。

(3)上级法院直接作出裁定予以纠正。

执行监督申请的请求一般包括撤销执行异议裁定、撤销执行异议复议裁定。

相关法律法规及司法观点

《最高人民法院关于人民法院办理执行信访案件若干问题的意见》

15. 当事人、利害关系人**不服**《民事诉讼法》第二百二十五条[①]所规定**执行复议裁定**,向上一级人民法院申诉信访,**上一级人民法院**应当作为**执行监督案件立案审查**,以**裁定方式作出结论**。

16. 当事人、利害关系人在异议期限之内已经提出异议,但是执行法院未予立案审查,如果当事人、利害关系人在异议期限之后继续申诉信访,执行法院应当作为执行监督案件立案审查,以裁定方式作出结论。

……

《最高人民法院关于人民法院执行工作若干问题的规定(试行)》

71. 上级人民法院依法监督下级人民法院的执行工作。最高人民法院依法监督地方各级人民法院和专门法院的执行工作。

72. 上级法院发现下级法院在执行中作出的裁定、决定、通知或具体执行行为不当或有错误的,应当及时指令下级法院纠正,并可以通知有关法院暂缓执行。

下级法院收到上级法院的指令后必须立即纠正。如果认为上级法院的指令有错误,可以在收到该指令后五日内请求上级法院复议。

上级法院认为请求复议的理由不成立,而下级法院仍不纠正的,上级法院可直接作出裁定或决定予以纠正,送达有关法院及当事人,并可直接向有关单位发出协助执行通知书。

---

① 对应 2023 年《民事诉讼法》第 236 条。

7－11 【执行监督丨救济途径丨检察监督】不服执行监督裁定的，如何申请执行监督？

问题解答

当事人可向人民检察院申请执行监督。常见情形如下：

（1）执行法院同级检察院向执行法院发送检察建议书。

（2）执行法院不予采纳。

（3）同级检察院上一级检察院向上一级法院发出检察建议书。

相关法律法规及司法观点

《最高人民法院、最高人民检察院关于民事执行活动法律监督若干问题的规定》

第五条 当事人、利害关系人、案外人认为人民法院的民事执行活动存在违法情形向人民检察院申请监督，应当提交监督申请书、身份证明、相关法律文书及证据材料。提交证据材料的，应当附证据清单。

申请监督材料不齐备的，人民检察院应当要求申请人限期补齐，并明确告知应补齐的全部材料。申请人逾期未补齐的，视为撤回监督申请。

第十一条 人民检察院向人民法院提出民事执行监督检察建议，应当经检察长批准或者检察委员会决定，制作检察建议书，在决定之日起十五日内将检察建议书连同案件卷宗移送同级人民法院。

检察建议书应当载明检察机关查明的事实、监督理由、依据以及建议内容等。

《人民检察院民事诉讼监督规则》

第十九条 有下列情形之一的，当事人可以向人民检察院申请监督：

……

(三)**认为民事执行活动存在违法情形的**。

第一百零六条　人民检察院发现人民法院在**执行活动**中有下列情形之一的,应当向同级人民法院提出检察建议:

(一)决定是否受理、执行管辖权的移转以及**审查和处理执行异议**、**复议**、**申诉等执行审查活动**存在违法、错误情形的;

(二)实施财产调查、控制、处分、交付和分配以及罚款、拘留、信用惩戒措施等执行实施活动存在违法、错误情形的;

(三)存在**消极执行**、**拖延执行**等情形的;

(四)其他执行违法、错误情形。

第一百零七条　人民检察院依照本规则第三十条第二款规定受理后交办的案件,下级人民检察院经审查认为人民法院作出的**执行复议裁定**、决定等存在违法、错误情形的,应当**提请上级人民检察院监督**;认为人民法院作出的执行复议裁定、决定等正确的,应当作出不支持监督申请的决定。

第一百零八条　人民检察院对执行活动提出检察建议的,应当经检察长或者检察委员会决定,制作《检察建议书》,在决定之日起十五日内将《检察建议书》连同案件卷宗移送同级人民法院,并制作决定提出检察建议的《通知书》,发送当事人。

第一百零九条　人民检察院认为当事人申请监督的人民法院执行活动不存在违法情形的,应当作出不支持监督申请的决定,并在决定之日起十五日内制作《不支持监督申请决定书》,发送申请人。

参考案例

何某申请执行监督案,最高人民检察院检例第110号(2021年)

具体案情:2015年12月28日,铁力市人民法院作出(2015)铁执异字第16号执行裁定,认为婚姻关系存续期间,夫妻一方以个人名义所负债务,除债权人与债务人明确约定为个人债务或夫妻约定婚姻关系存续期间财产归各自所有外,都应视为夫妻共同债务,裁定驳回何某的异议。何某不服该裁定,向黑龙江省伊春市中级人民法院申请复议。2016年4月11

日，伊春市中级人民法院作出(2016)黑07执复2号执行裁定，驳回何某的复议申请。

线索来源：2017年5月31日，何某向黑龙江省铁力市人民检察院申请执行监督，认为铁力市人民法院在执行程序中追加被执行人违法。铁力市人民检察院依法受理。

监督意见：2017年6月28日，铁力市人民检察院向铁力市人民法院发出检察建议书，认为铁力市人民法院裁定追加何某为被执行人缺乏法律依据，建议纠正。7月26日，铁力市人民法院复函，认为追加何某为被执行人适用法律准确，程序合法，且上级法院已作出执行异议复议裁定，故不予采纳检察建议。铁力市人民检察院**提请**伊春**市人民检察院跟进监督**。11月8日，伊春市人民检察院向伊春市中级人民法院发出检察建议书，认为生效判决并未确认案涉款项为夫妻共同债务，执行环节不应直接改变执行依据，在未经法院改判的情况下不应直接将判决确认的个人债务推定为夫妻共同债务；追加何某为被执行人，既影响判决的既判力，又剥夺何某诉讼权利，使得何某未经审判程序即需承担义务，建议纠正。

监督结果：2018年3月22日，伊春市中级人民法院作出(2018)黑07民监1号回复函，认为铁力市人民法院不应追加何某为被执行人，经该院审判委员会讨论决定，采纳伊春市人民检察院的检察建议。4月16日，伊春市中级人民法院作出(2018)黑07执监3号执行裁定，撤销铁力市人民法院(2012)铁执字167-2号执行裁定。后铁力市人民法院解除对何某工资账户的冻结。

7－12 【终本裁定丨执行异议】哪些情况下，可以对终本案件裁定提出执行行为异议？

问题解答

该争议常见的争议焦点为“人民法院穷尽财产调查措施”，当执行法院未向自然人被执行人所在单位及居住地周边群众调查了解被执行人的财产状况或财产线索，终本只是用对金钱债务的执行，而且要完成网络查询所有可查询的事项。

案件是否应当终本，应适用《最高人民法院关于执行案件立案、结案若干问题的意见》相关规定。未通过最高人民法院的全国法院网络执行查控系统和执行法院所属高级人民法院的“点对点”网络执行查控系统能够完成的调查事项，执行法院仍以“终结本次执行程序”方式结案并作出终本裁定的，可提出执行行为异议。

相关法律法规及司法观点

《最高人民法院关于执行案件立案、结案若干问题的意见》

第十六条　有下列情形之一的，可以以“终结本次执行程序”方式结案：

（一）被执行人确无财产可供执行，申请执行人书面同意人民法院终结本次执行程序的；

（二）因被执行人无财产而中止执行满两年，经查证被执行人确无财产可供执行的；

（三）申请执行人明确表示提供不出被执行人的财产或财产线索，并在人民法院穷尽财产调查措施之后，对人民法院认定被执行人无财产可供执行书面表示认可的；

（四）被执行人的财产无法拍卖变卖，或者动产经两次拍卖、不动产或其他财产权经三次拍卖仍然流拍，申请执行人拒绝接受或者依法不能交付其抵债，经人民法院穷尽财产调查措施，被执行人确无其他财产可供执行的；

（五）经人民法院穷尽财产调查措施，被执行人确无财产可供执行或虽有财产但不宜强制执行，当事人达成分期履行和解协议，且未履行完毕的；

（六）被执行人确无财产可供执行，申请执行人属于特困群体，执行法院已经给予其适当救助的。

人民法院应当依法组成合议庭，就案件是否终结本次执行程序进行合议。

终结本次执行程序应当制作裁定书，送达申请执行人。裁定应当载明案件的执行情况、申请执行人债权已受偿和未受偿的情况、终结本次执行程序的理由，以及发现被执行人有可供执行财产，可以申请恢复执行等内容。

依据本条第一款第（二）（四）（五）（六）项规定的情形裁定终结本次执行程序前，应当告知申请执行人可以在指定的期限内提出异议。申请执行人**提出异议**的，应当另行组成合议庭**组织当事人就被执行人是否有财产可供执行进行听证**；申请执行人**提供**被执行人**财产线索**的，人民法院应当就其提供的线索**重新调查核实**，发现被执行人有财产可供执行的，应当继续执行；经听证认定被执行人确无财产可供执行，申请执行人亦不能提供被执行人有可供执行财产的，可以裁定终结本次执行程序。

本条第一款第（三）（四）（五）项中规定的"**人民法院穷尽财产调查措施**"，是指至少完成下列调查事项：

（一）被执行人是法人或其他组织的，应当向银行业金融机构查询银行存款，向有关房地产管理部门查询房地产登记，向法人登记机关查询股权，向有关车管部门查询车辆等情况；

（二）被执行人是自然人的，应当向被执行人所在单位及居住地周边群众调查了解被执行人的财产状况或财产线索，包括被执行人的经济收入来源、被执行人到期债权等。如果根据财产线索判断被执行人有较高收入，应当按照对法人或其他组织的调查途径进行调查；

（三）通过最高人民法院的全国法院网络执行查控系统和执行法院所属高

级人民法院的“点对点”网络执行查控系统能够完成的调查事项;

(四)法律、司法解释规定必须完成的调查事项。

人民法院裁定终结本次执行程序后,发现被执行人有财产的,可以依申请执行人的申请或依职权恢复执行。申请执行人申请恢复执行的,不受申请执行期限的限制。

7-13 【发回重审丨重组合议庭】执行复议中,上级法院裁定发回重新审查的,是否应当另行组成合议庭?

问题解答

对于发回重新审查的案件,应另行组成合议庭审查。

相关法律法规及司法观点

《最高人民法院执行最新司法解释统一理解与适用》[①]

对于发回重新审查的案件,应另行组成合议庭审查。

① 江必新、刘贵祥主编,最高人民法院执行局编著:《最高人民法院执行最新司法解释统一理解与适用》,中国法制出版社2016年版,第141页。

7－14 【程序错误】执行异议裁定错误告知当事人提起执行异议之诉的，如何处理？

问题解答

提起执行异议之诉的，将裁定驳回起诉。

原执行异议裁定通过执行复议、执行监督程序纠正。

相关法律法规及司法观点

《江西省高级人民法院关于执行异议之诉案件的审理指南》

5. 不属于执行异议之诉的受理范围，但执行法院的执行异议裁定错误告知当事人提起执行异议之诉的，应裁定驳回起诉。所涉执行异议裁定应通过执行复议、执行监督程序予以纠正。

《山东高院执行疑难法律问题解答（二）》

25. 案外人针对执行行为提出异议，但执行异议裁定错误告知当事人提起执行异议之诉的，当事人提起诉讼被驳回起诉的，应如何救济？

答：案外人针对执行行为提出异议，执行异议裁定本应适用民事诉讼法第二百二十五条①，却错误适用了第二百二十七条②，并交代了当事人提起诉讼的权利。当事人提起诉讼被驳回起诉的，可对执行异议裁定申请执行监督；法院亦可依职权启动执行监督程序进行纠正。

---

① 对应2023年《民事诉讼法》第236条。

② 对应2023年《民事诉讼法》第238条。

三、案外人异议及案外人异议之诉

7－15　【异议请求】执行标的异议的请求事项有哪些?

问题解答

一般来说,执行标的异议的请求事项包括以下几类:

(1)排除对×××的执行;

(2)撤销、变更执行行为;

(3)解除查封;

(4)中止、终止、停止执行。

7－16　【异议期限】执行标的拍卖结束、过户手续已经办理,但相关价款尚未分配,是否已过异议期限?

问题解答

《最高人民法院执行最新司法解释统一理解与适用》一书中认为:应当在"该执行标的执行程序终结前"提出,要求相关价款已经分配完毕。

若执行标的由当事人受让的,应当在执行程序终结之前提出。

江苏省高级人民法院认为:已启动案外人异议程序,但因法院未停止执行或申请人提供担保未停止执行的,适用执行监督程序。

相关法律法规及司法观点

《最高人民法院关于适用〈中华人民共和国民事诉讼法〉的解释》

第四百六十二条　根据民事诉讼法第二百三十四条①规定,案外人对执行标的提出异议的,应当在该执行标的执行程序终结前提出。

《最高人民法院关于人民法院办理执行异议和复议案件若干问题的规定》

第六条　当事人、利害关系人……除外。

案外人依照民事诉讼法第二百二十七条②规定提出异议的,应当在异议指向的执行标的执行终结之前提出;执行标的由当事人受让的,应当在执行程序终结之前提出。

《江苏省高级人民法院执行异议及执行异议之诉案件办理工作指引(一)》

二、……

1. 案外人依照《民事诉讼法》第二百三十四条③规定对执行标的提出异议的,应当在争议的执行标的执行终结前提出;执行标的由执行案件当事人受让的,应在执行程序终结前提出。

……

(2)"执行标的执行终结",指人民法院处分执行标的所需的所有法定手续全部完成之前。对于不动产和需要办理过户登记手续的动产或者其他财产权,是指协助办理过户登记的通知书送达之前,如当事人自行办理过户登记手续的,是指实际变更登记之前;对于动产或者银行存款类财产,是指交付或者拨付给申请执行人之前或者分配完毕之前。

……

(5)案外人在执行标的执行完毕或执行程序终结前已提出异议,且**法定期限内提起执行异议之诉**,但因执行法院在此期间未停止处分执行标的,或因申请执行人提供相应担保导致执行标的在此期间被执行完毕或者执行程序终结

① 对应2023年《民事诉讼法》第238条。
② 对应2023年《民事诉讼法》第238条。
③ 对应2023年《民事诉讼法》第238条。

的,应不予受理或者驳回起诉,告知其**通过执行监督程序救济或者依职权立执行监督案件办理**。

《山东高院执行疑难法律问题解答(二)》

28. 法院如何准确把握案外人提出异议的期限?

答:《最高人民法院关于人民法院办理执行异议和复议案件若干问题的规定》第六条第二款规定:"案外人依照民事诉讼法第二百二十七条[①]规定提出异议的,应当在异议指向的执行标的执行终结之前提出;执行标的由当事人受让的,应当在执行程序终结之前提出。"

上述规定的"执行标的执行终结之前",是指人民法院处分执行标的所需履行的法定手续全部完成之前。对于不动产、法律规定需要登记的动产或者其他财产权,是指协助办理过户登记的通知书送达之前。如后续需要腾退房屋的,可以放宽至房屋腾退交付之前;对于其他动产或者银行存款类财产,是指交付或者拨付给申请执行人之前。"执行程序终结之前",是指申请执行人请求强制执行的权利已得到全部实现,执行程序已经完全终结,即相关执行案件符合《民事诉讼法》第二百五十七条[②]以及《最高人民法院关于执行案件立案、结案若干问题的意见》第十四条、第十七条规定的结案条件,但终结本次执行程序的除外。

《最高人民法院执行最新司法解释统一理解与适用》[③]

而"该执行标的执行程序终结"不仅意味着权属的转移,而且**要求相关价款已经分配完毕**。

---

① 对应2023年《民事诉讼法》第238条。

② 对应2023年《民事诉讼法》第268条。

③ 江必新、刘贵祥主编,最高人民法院执行局编著:《最高人民法院执行最新司法解释统一理解与适用》,中国法制出版社2016年版,第13页。

7-17 【轮候查封】可否对轮候查封提案外人异议?

问题解答

不能,因为轮候查封尚未生效,应当向首封法院提出。

首封法院移送处置权的,应当向处置法院提出案外人异议。

山东省高级人民法院认为:首封法院支持案外人异议的,对后续轮候查封仍应再次提起案外人异议。

相关法律法规及司法观点

《最高人民法院关于人民法院民事执行中查封、扣押、冻结财产的规定》

第二十六条　对已被人民法院查封、扣押、冻结的财产,其他人民法院可以进行轮候查封、扣押、冻结。查封、扣押、冻结解除的,登记在先的轮候查封、扣押、冻结即自动生效。

其他人民法院对已登记的财产进行轮候查封、扣押、冻结的,应当通知有关登记机关协助进行轮候登记,实施查封、扣押、冻结的人民法院应当允许其他人民法院查阅有关文书和记录。

其他人民法院对没有登记的财产进行轮候查封、扣押、冻结的,应当制作笔录,并经实施查封、扣押、冻结的人民法院执行人员及被执行人签字,或者书面通知实施查封、扣押、冻结的人民法院。

《江苏省高级人民法院执行异议及执行异议之诉案件办理工作指引(二)》

一、案外人对执行标的主张实体权益引发的执行异议之诉案件的裁判规则

……

1. 审查执行法院是否为执行标的首查封法院,对于具有下列情形的,应裁

定驳回起诉：

(1)执行法院采取首查封措施,但已丧失处置权的；

(2)执行法院既未采取保全措施,也未获得处置权的；

(3)执行法院采取轮候保全措施,但未获得处置权的；

(4)执行法院为受指定或受委托执行的法院,但对执行标的采取的执行行为系上级法院作出的；

(5)执行标的已经执行法院处置,并为执行案件当事人之外的第三人受让,且已执行终结的；

(6)执行标的已经执行法院处置,并由执行案件当事人受让,该执行案件已经执行终结的。

裁定驳回起诉后,案外人的权利救济以及执行法院作出的执行异议裁定,应当依照《江苏省高级人民法院执行异议及执行异议之诉案件办理工作指引(一)》(以下简称《指引(一)》)相关规定处理。

《江苏高院执行异议之诉案件审理指南》

6. 案外人能否针对轮候查封提起执行异议之诉？根据《最高人民法院关于人民法院民事执行中查封、扣押、冻结财产的规定》(以下简称《查封、扣押、冻结规定》)第二十八条第一款的规定,轮候查封、扣押、冻结自登记在先的查封、扣押、冻结解除时自动生效。因此,在登记在先的查封被解除或执行完毕之前,轮候查封并不能实际产生查封的效力,案外人不能针对轮候查封提起执行异议之诉,而只能针对首查封提起执行异议之诉。如果案外人坚持针对轮候查封提起执行异议之诉的,应当不予受理;已经受理的,应当裁定驳回起诉。

《北京市高级人民法院关于审理执行异议之诉案件适用法律若干问题的指导意见(试行)》

第十二条 当事人对执行法院实施的轮候查封行为有异议提起执行异议之诉的,不予受理;已经受理的,应当裁定驳回起诉,并告知其应当针对法院的正式查封行为主张权利。

《江西省高级人民法院关于执行异议之诉案件的审理指南》

10. 案外人针对轮候查封、扣押、冻结提起执行异议之诉的,不予受理;已经受理的,裁定驳回起诉。

《山东高院执行疑难法律问题解答(二)》

4. 案外人对轮候查封、扣押、冻结的执行标的,提出排除执行异议的,法院应否受理?

答:依照《最高人民法院关于人民法院民事执行中查封、扣押、冻结财产的规定》第二十八条第一款及《最高人民法院关于查封法院全部处分标的物后轮候查封的效力问题的批复》的规定,轮候查封、扣押、冻结自在先的查封、扣押、冻结解除时自动生效。人民法院对已查封、扣押、冻结的全部财产进行处分后,该财产上的轮候查封、扣押、冻结自始未产生查封、扣押、冻结的效力。因此,轮候查封并未发生实际查封的效力,案外人对轮候查封的执行标的主张实体权利要求排除执行的,应当向首查封法院提出异议。案外人向轮候查封法院提出异议的,轮候查封法院不予受理。

《山东高院执行疑难法律问题解答(三)》

35. 执行标的涉及多个执行案件而被多个法院查封,案外人向首封法院提出异议后,首封法院予以支持并解除查封。案外人持首封法院解封裁定向在后查封法院请求解除查封的,在后查封法院应如何处理?

答:执行标的涉及多个执行案件而被多个法院查封,因不同案件中申请执行人享有的权利类型、权利优先性存在不同,案外人对执行标的享有的实体权利是否能对抗各案申请执行人的理由不同,各案申请执行人可能选择的救济途径也不同。因此,案外人向在后查封法院请求解除查封的,在后查封法院不能直接依据首封法院解封裁定等法律文书中止执行或解除查封,仍应依照《中华人民共和国民事诉讼法》第二百二十七条[①]的规定对案外人的异议进行审查。

① 对应2023年《民事诉讼法》第238条。

7－18　【听证条件】案外人异议是否应当公开听证?

问题解答

执行法院对案外人异议、不予执行的申请以及变更、追加被执行主体等重大执行事项,一般应当公开听证进行审查。

实务中,较多法院采取书面审查。

相关法律法规及司法观点

《最高人民法院关于人民法院执行公开的若干规定》

第十二条　人民法院对**案外人异议、不予执行的申请以及变更、追加被执行主体**等重大执行事项,**一般应当公开听证进行审查**;案情简单,事实清楚,没有必要听证的,人民法院可以直接审查。审查结果应当依法制作裁定书送达各方当事人。

《江苏省高级人民法院执行异议及执行异议之诉案件办理工作指引(一)》

一、审理执行异议及异议之诉案件应当坚持的基本原则

(一)……

1. 坚持审限法定,严格遵守法律及司法解释规定的办案期限,原则上不得扣除或者延长审限。**执行异议案件以书面审查为原则,公开听证为例外**。案情复杂、争议较大的案件以**及法律或司法解释等规定应当听证的案件,应进行听证**。针对执行标的提出的异议,应坚持形式审查为原则、实质审查为例外,主要根据执行标的的权利外观表征来判断。

7－19 【审查标准】案外人异议采用形式审查？还是实质审查？

问题解答

案外人异议原则上采用形式审查,特定类型财产(如买受人物权期待权)进行实质审查。

相关法律法规及司法观点

《最高人民法院关于人民法院办理执行异议和复议案件若干问题的规定》

第二十五条 对案外人的异议,人民法院应当按照下列标准判断其是否系权利人:

(一)已登记的不动产,按照不动产登记簿判断;未登记的建筑物、构筑物及其附属设施,按照土地使用权登记簿、建设工程规划许可、施工许可等相关证据判断;

(二)已登记的机动车、船舶、航空器等特定动产,按照相关管理部门的登记判断;未登记的特定动产和其他动产,按照实际占有情况判断;

(三)银行存款和存管在金融机构的有价证券,按照金融机构和登记结算机构登记的账户名称判断;有价证券由具备合法经营资质的托管机构名义持有的,按照该机构登记的实际出资人账户名称判断;

(四)股权按照工商行政管理机关的登记和企业信用信息公示系统公示的信息判断;

(五)其他财产和权利,有登记的,按照登记机构的登记判断;无登记的,按照合同等证明财产权属或者权利人的证据判断。

案外人依据另案生效法律文书提出排除执行异议,该法律文书认定的执行标的权利人与依照前款规定得出的判断不一致的,依照本规定第二十六条规定处理。

《江苏省高级人民法院执行异议及执行异议之诉案件办理工作指引(一)》

一、审理执行异议及异议之诉案件应当坚持的基本原则

……

1. 坚持审限法定,严格遵守法律及司法解释规定的办案期限,原则上不得扣除或者延长审限。执行异议案件以书面审查为原则,公开听证为例外。案情复杂、争议较大的案件以及法律或司法解释等规定应当听证的案件,应进行听证。**针对执行标的提出的异议,应坚持形式审查为原则、实质审查为例外,主要根据执行标的的权利外观表征来判断。**

……

五、执行异议及执行异议之诉案件的审理规则

1. 案外人提出的执行异议案件,原则上进行**形式审查以及书面审理**,并根据下列情形判断执行标的的权利归属:……

……

7-20 【一事不再理】是否可以对同一执行标的多次提出异议?

问题解答

即便存在多个异议事由,但案外人被裁定驳回异议后,再次就同一执行标的提出异议的,将不予受理。

相关法律法规及司法观点

《最高人民法院关于人民法院办理执行异议和复议案件若干问题的规定》

第十五条　当事人、利害关系人对同一执行行为有多个异议事由,但未在异议审查过程中一并提出,撤回异议或者被裁定驳回异议后,再次就该执行行为提出异议的,人民法院不予受理。

案外人撤回异议或者被裁定驳回异议后,再次就同一执行标的提出异议的,人民法院不予受理。

《山东高院执行疑难法律问题解答(二)》

5. 当事人、利害关系人重复提起异议拖延执行的,法院应否受理?

答:《最高人民法院关于人民法院办理执行异议和复议案件若干问题的规定》第十五条规定:"当事人、利害关系人对同一执行行为有多个异议事由,但未在异议审查过程中一并提出,撤回异议或者被裁定驳回异议后,再次就该执行行为提出异议的,人民法院不予受理。案外人撤回异议或者被裁定驳回异议后,再次就同一执行标的提出异议的,人民法院不予受理。"参照上述规定,当事人、利害关系人以相同理由对法院查封、拍卖等执行行为先后提出多次异议的,如执行法院对在先提出的异议已经受理,并作出处理结果的,对在后提出的异议,不予受理。

参考案例

王某峰与李某、梁某等案外人执行异议之诉案,河北省高级人民法院(2016)冀民终611号民事裁定书

法院认为:本案中,王某峰先后两次向张家口市中级人民法院就涉案房产提出排除执行异议,张家口市中级人民法院对其第一次执行异议作出(2015)张执异字第29号执行裁定书,裁定驳回其异议,王某峰不服该裁定应在收到该裁定后15日内提起案外人执行异议之诉,但其并未提起,该裁定业已发生法律效力,王某峰已不能再就涉案房产再行提出第二次案外人异议并依此提起案外人执行异议之诉。且,张家口市中级人民法院(2015)张执异字第29号执行裁定书既已发生法律效力,王某峰应服从该裁定的既判力，不服的可选择审判监督等程序寻求救济，其再次就涉案房产提出执行异议没有法律依据，提起案外人执行异议之诉也就缺少前置程序基础，选择的救济途径不当。张家口市中级人民法院认为在本次案外人执行异议之诉中，王某峰在其执行异议被张家口市中级人民法院以（2015）张执异字第29号执行裁定书裁定驳回后**未在法定期间起诉**，该裁定已经发生法律效力，其**又对涉案房产提出执行异议，违背了“一事不再理”原则**和对生效裁定的救济方法，人民法院应不予受理，符合法律规定。

7-21 【确权诉权丧失】案外人是否可就主张权利的标的提起确权诉讼？

问题解答

该确权之诉系实质意义上的案外人异议之诉，相关法院不应受理。

已经受理的应当裁定驳回起诉，并通知当事人按照案外人异议之诉主张权利。

相关法律法规及司法观点

《最高人民法院关于执行权合理配置和科学运行的若干意见》

26. 审判机构在审理确权诉讼时，应当查询所要确权的财产权属状况，发现已经被执行局查封、扣押、冻结的，应当中止审理；当事人诉请确权的财产被执行局处置的，应当撤销确权案件；在执行局查封、扣押、冻结后确权的，应当撤销确权判决或者调解书。

《最高人民法院关于依法制裁规避执行行为的若干意见》

9. 严格执行关于案外人异议之诉的管辖规定。在执行阶段,案外人对人民法院已经查封、扣押、冻结的财产提起异议之诉的,应当依照《中华人民共和国民事诉讼法》第二百零四条①和《最高人民法院关于适用民事诉讼法执行程序若干问题的解释》第十八条的规定,由执行法院受理。

案外人违反上述管辖规定,向执行法院之外的其他法院起诉,其他法院已经受理尚未作出裁判的,应当中止审理或者撤销案件,并告知案外人向作出查封、扣押、冻结裁定的执行法院起诉。

《江苏省高级人民法院执行异议及执行异议之诉案件办理工作指引(一)》

一、……

(四)专属管辖原则。根据法律及司法解释规定,执行异议、执行异议之诉,均由执行法院管辖。

1. 财产已被人民法院查封、扣押、冻结的,当事人、案外人突破专属管辖原则,在执行法院以外的法院提起诉讼或另行申请仲裁主张确权的,其他法院据此作出的裁判结论以及仲裁机构据此作出的仲裁裁决,不能对抗执行法院的执行行为。

……

《江苏省高级人民法院执行异议及执行异议之诉案件办理工作指引(二)》

一、案外人对执行标的主张实体权益引发的执行异议之诉案件的裁判规则

……

4. 审查案外人执行异议中主张的实体权益是否已经生效法律文书所确认,并根据下列情形予以处理:

……

(3)金钱债权执行中,案外人依据执行标的被查封、扣押、冻结后作出的另案生效确权或形成性质的法律文书,主张其享有所有权,由此引起的执行异议

① 对应2023年《民事诉讼法》第238条。

之诉案件,根据下列情形处理:

①案外人以另案生效法律文书(判决书、调解书或仲裁裁决)为依据,主张其享有民事实体权益,请求停止执行的,原则上不予支持。但案外人有充分证据足以证明其是实际权利人的除外;

②案外人未向执行法院提出执行异议,或者在提出执行异议的同时,另行对被执行人提起诉讼,请求对执行标的予以确权的,**执行法院或者其他法院应当不予受理**;已经受理的,应裁定驳回起诉。违反上述规定作出的生效裁判文书,应通过审判监督程序予以撤销。

《北京市高级人民法院关于审理执行异议之诉案件适用法律若干问题的指导意见(试行)》

第三条第一款　法院针对执行标的物的强制执行过程中,案外人以被执行人为被告就执行标的物另行提起确权之诉的,不予受理,已经受理的,应当裁定驳回起诉,并告知其可以依据《民事诉讼法》第二百零四条[①]的规定主张权利。

《黑龙江省高级人民法院关于审理执行异议之诉案件若干问题的解答》

十三、如何避免妨碍执行的虚假诉讼?

……

案外人既向执行法院提起执行异议之诉,又向另一法院提起确权诉讼的,执行法院应当通知受理确权诉讼案件的法院移送案件合并审理。受理确权诉讼案件的法院明知执行法院已受理案外人执行异议诉讼,仍作出确认原告诉讼请求的判决的,应当按照审判监督程序予以纠正。

《江西省高级人民法院关于执行异议之诉案件的审理指南》

13. 金钱债权执行中,案外人依据执行标的被查封、扣押、冻结后作出的另案生效确权或形成性质的法律文书,主张其享有所有权,由此引起的执行异议之诉案件,根据下列情形处理:

(1)案外人以另案生效法律文书(判决书、调解书或仲裁裁决)为依据,主张其享有民事实体权益,请求排除执行的,原则上不予支持。但案外人有充分

---

① 对应2023年《民事诉讼法》第238条。

证据足以证明其是实际权利人的除外；

(2)案外人未向执行法院提出执行异议，或者在提出执行异议的同时，另行对被执行人提起诉讼，请求对执行标的予以确权的，执行法院或者其他法院应当不予受理；已经受理的，应当裁定驳回起诉。违反上述规定作出的生效裁判文书应通过审判监督程序予以撤销。

7-22 【程序错误】将应当适用案外人异议审查处理的案件错误适用执行行为异议审查处理，如何救济？

问题解答

向上级法院申请复议，要求撤销裁定，发回原法院按照案外人异议标准重新审查。

实务中，建议先与受理异议的法院沟通，其是否可以出具补正裁定。同时尝试直接启动案外人异议诉讼。

相关法律法规及司法观点

《最高人民法院关于人民法院办理执行异议和复议案件若干问题的规定》

第二十三条　上一级人民法院对不服异议裁定的复议申请审查后，应当按照下列情形，分别处理：

……

（五）异议裁定对应当适用民事诉讼法第二百二十七条[①]规定审查处理的异议，错误适用民事诉讼法第二百二十五条[②]规定审查处理的，裁定撤销异议裁定，发回作出裁定的人民法院重新作出裁定。

……

参考案例

西部信托公司申请执行复议案，最高人民法院（2013）执复字第11号执行裁定书

法院认为：案外人交通物业公司以西安市中级人民法院作出的有关民事裁定和协助执行通知书等为依据，主张自己已合法取得案涉房产，陕西省高级人民法院不应再将其作为交通技协财产予以执行，显系以主张实体权利的方式寻求排除强制执行，属于案外人异议，应依照《中华人民共和国民事诉讼法》第二百二十七条（原第二百零四条）进行审查及作出异议裁定。

7-23　【异议之诉丨第三人名下财产】申请执行人是否有权对登记在第三人名下的财产，提起准予执行之诉？

问题解答

吉林省高级人民法院认为：申请执行人请求对登记在被执行人以外的第三人名下的财产实施执行，第三人不同意并提出权属主张的，在执行法院作出异议裁定中止执行后，申请执行人享有准予执行之诉诉权。

① 对应2023年《民事诉讼法》第238条。

② 对应2023年《民事诉讼法》第236条。

相关法律法规及司法观点

《吉林省高级人民法院关于审理执行异议之诉案件若干疑难问题的解答（二）》

问题十七：金钱债权执行中，申请执行人对登记在被执行人以外的第三人名下的财产请求实施执行，该第三人作为权利登记人就案涉财产提出权属主张的，人民法院该如何处理？

答：金钱债权执行中，申请执行人请求对登记在被执行人以外的第三人名下的财产实施执行，该第三人作为权利登记人书面同意对案涉财产实施执行的，人民法院可以继续执行；该第三人作为权利登记人就案涉财产提出权属主张的，人民法院作出执行异议裁定中止执行后，除法律另有规定外，申请执行人可以按照《中华人民共和国民事诉讼法》第二百二十七条[①]的规定提起执行异议之诉。

7-24 【异议之诉丨无偿、不合理低价转让的财产】申请执行人是否有权对被执行人无偿转让、不合理低价转让、让与担保的财产，提起准予执行之诉？

问题解答

吉林省高级人民法院认为：案涉财产涉合同无效、让与担保、申请人可行使债权人撤销权的情形下，申请执行人享有准予执行之诉诉权。

① 对应2023年《民事诉讼法》第238条。

相关法律法规及司法观点

《吉林省高级人民法院关于审理执行异议之诉案件若干疑难问题的解答(二)》

问题二十二:金钱债权执行中,申请执行人请求对被执行人转让给他人且已经办理了权属登记的不动产实施执行,而受让人作为权利登记人就案涉不动产提出权属主张的,人民法院该如何处理?

答:金钱债权执行中,申请执行人请求对被执行人转让给他人且已经办理了权属登记的不动产实施执行,而受让人作为权利登记人就案涉不动产提出权属主张的,按照以下情形分别处理:

(一)被执行人将案涉不动产转让给受让人的行为依法应当确认无效的,对申请执行人继续执行的请求,人民法院应当支持。

(二)被执行人与受让人之间并无真实的转让案涉不动产所有权的意思表示,双方系以签订不动产买卖合同及办理所有权转移登记的方式作为借款合同的担保的,对申请执行人继续执行的请求,人民法院应当支持。

(三)被执行人将案涉不动产转让给受让人的行为系无偿转让或以明显不合理的低价转让,申请执行人有证据证明该转让行为对其债权的实现造成损害且其债权人撤销权尚未超过法律规定的行使期间的,申请执行人请求继续执行的,人民法院可以支持;但该受让人已经基于合理的价格补足价款并按照人民法院要求交付执行的,申请执行人仍请求继续执行的,人民法院不予支持。

问题二十四:金钱债权执行中,申请执行人请求对被执行人已经交付给他人并办理了登记的特殊动产实施执行,受让人作为权利登记人就案涉特殊动产提出权属主张的,人民法院该如何处理?

答:金钱债权执行中,申请执行人请求对被执行人已经转让给他人且办理了登记的特殊动产实施执行,受让人作为权利登记人就案涉特殊动产提出权属主张的,按照以下情形分别处理:

(一)被执行人将案涉特殊动产转让给受让人的行为依法应当确认无效的,对申请执行人继续执行的请求,人民法院应当支持。

(二)被执行人与受让人之间并无真实的转让案涉特殊动产所有权的意思表示,双方系以签订买卖合同及办理登记的方式作为借款合同的担保的,对申请执行人继续执行的请求,人民法院应当支持。

(三)被执行人将案涉特殊动产转让给受让人的行为系无偿转让或以明显不合理的低价转让,申请执行人有证据证明该转让行为对其债权的实现造成损害且其债权人撤销权尚未超过法律规定的行使期间的,对申请执行人继续执行的请求,人民法院可以支持;但该受让人已经基于合理的价格补足价款并按照人民法院要求交付执行的,申请执行人仍请求继续执行的,人民法院不予支持。

问题二十六:金钱债权执行中,申请执行人请求对被执行人已经转让给他人且已经办理了变更登记的股权实施执行,受让人作为股权登记人就案涉股权提出权属主张的,人民法院该如何处理?

答:金钱债权执行中,申请执行人请求对被执行人已经转让给他人且办理了变更登记的股权实施执行,受让人作为股权登记人就案涉股权提出权属主张的,按照以下情形分别处理:

(一)被执行人将案涉股权转让给受让人的行为依法应当确认无效的,对申请执行人继续执行的请求,人民法院应当支持。

(二)被执行人与受让人之间并无真实的转让案涉股权的意思表示,双方系以签订股权转让合同及办理登记的方式作为借款合同的担保,对申请执行人继续执行的请求,人民法院应当支持。

(三)被执行人将案涉股权转让给受让人的行为系无偿转让或以明显不合理的低价转让,申请执行人有证据证明该转让行为对其债权的实现造成损害且其债权人撤销权尚未超过法律规定的行使期间的,申请执行人请求继续执行的,人民法院可以支持;但该受让人基于合理的价格补足价款并按照人民法院要求交付执行的,申请执行人仍请求继续执行的,人民法院不予支持。

7-25 【异议之诉丨诉讼地位】被执行人是案外人异议的被告？还是申请执行人？抑或案外人？

问题解答

以申请执行人为被告，被执行人不反对的为第三人，反对的为共同被告。

对被执行人下落不明的，应作为被告还是第三人，各地高级人民法院存在不同观点。

相关法律法规及司法观点

《最高人民法院关于适用〈中华人民共和国民事诉讼法〉的解释》

第三百零五条 案外人提起执行异议之诉的，以申请执行人为被告。被执行人反对案外人异议的，被执行人为共同被告；被执行人不反对案外人异议的，可以列被执行人为第三人。

第三百零六条 申请执行人提起执行异议之诉的，以案外人为被告。被执行人反对申请执行人主张的，以案外人和被执行人为共同被告；被执行人不反对申请执行人主张的，可以列被执行人为第三人。

《北京市高级人民法院关于审理执行异议之诉案件适用法律若干问题的指导意见（试行）》

第四条 案外人提起执行异议之诉应当以申请执行人为被告；被执行人反对案外人对执行标的物所主张的实体权利的，应当以申请执行人和被执行人为共同被告。

申请执行人提起执行异议之诉应当以案外人为被告；被执行人反对申请执行人请求的，应当以案外人和被执行人为共同被告。

前两款中,被执行人不反对案外人或者申请执行人请求,案外人或者申请执行人也未将其列为第三人的,法院一般应当将被执行人追加为无独立请求权第三人。

被执行人下落不明,无法对案外人或者申请执行人的请求表明意见的,应将其列为共同被告。

《广东省高级人民法院关于审查处理执行裁决类纠纷案件若干重点问题的解答》

3. 执行异议之诉中,被执行人下落不明,未对案外人或申请人的主张发表意见的,如何确定其诉讼地位?

意见:可将其列为第三人。

说明:参照《民诉法解释》第三百零七条规定,被执行人下落不明的,**可视为其未提反对意见,将其列为第三人。**

《吉林省高级人民法院关于审理执行异议之诉案件若干疑难问题的解答(一)》

问题十:执行异议之诉案件中,被执行人的诉讼地位该如何确定?

人民法院应当依照《最高人民法院关于适用〈中华人民共和国民事诉讼法〉的解释》第三百零七条、第三百零八条及第三百零九条的规定确定被执行人的诉讼地位;如被执行人下落不明或经法院依法传唤未到庭且无书面意见的,人民法院可以将其**列为共同被告**。

《黑龙江省高级人民法院关于审理执行异议之诉案件若干问题的解答》

五、怎样确定案件的诉讼主体?

诉讼主体应当根据不同的诉讼类型和诉讼中的不同情形确定:

(一)案外人执行异议之诉:原告为执行当事人以外的利害关系人,即对执行标的主张权利,认为强制执行特定财产侵害其实体权利的公民、法人和其他组织;被告为申请执行人;被执行人反对案外人的诉讼主张的,应为共同被告,被执行人同意案外人的诉讼主张的,可列为第三人。被执行人未表示明确意见的,根据原告请求确定。

(二)申请执行人执行异议之诉:原告为申请执行人,即认为执行法院依案外人申请裁定中止执行损害其利益的公民、法人和其他组织；被告为案外人；被执行人反对申请执行人的诉讼主张的，应为共同被告；被执行人同意申请执行人的诉讼主张的，可列为第三人。被执行人未表示明确意见的，根据原告请求确定。

《江西省高级人民法院关于执行异议之诉案件的审理指南》

7. 人民法院应当依照《民诉法解释》第三百零七条、第三百零八条及第三百零九条的规定确定被执行人的诉讼地位；如被执行人下落不明或经法院依法传唤未到庭且未出具书面意见的，人民法院可以将其列为共同被告。

7－26　【异议之诉｜诉讼费用】案外人异议之诉的诉讼费是按件收取？还是按财产价款收取？

问题解答

一般来说，按照争议的财产金额或价款收取，争议的财产价值大于执行可获得利益的，按照执行可获得利益数额收取。

相关法律法规及司法观点

《江苏省高级人民法院执行异议及执行异议之诉案件办理工作指引（一）》

十二、执行异议及执行异议之诉案件的裁判文书制作

……

4. 案外人执行异议之诉、申请执行人执行异议之诉、追加变更被执行人异议之诉以及执行分配方案异议之诉案件，应当依据《民诉法解释》第二百零一条以及《诉讼费用交纳办法》规定的财产案件收费标准交纳案件受理费。

《吉林省高级人民法院关于审理执行异议之诉案件若干疑难问题的解答(一)》

问题二:立案部门应当按照什么标准收取执行异议之诉的案件受理费?

立案部门受理执行异议之诉案件时,如果案件当事人的请求涉及财产权益的,应当按照财产案件标准计收案件受理费。

《黑龙江省高级人民法院关于审理执行异议之诉案件若干问题的解答》

四、如何计收案件受理费?

应当依据《诉讼费用交纳办法》第十三条第一项规定,按照财产案件标准,根据当事人请求停止或者许可执行的执行标的的财产金额或者价款计算。当事人只对部分执行标的主张权利的,按照其主张部分的财产金额或者价款计收案件受理费。

7-27 【异议之诉丨诉讼请求】案外人异议之诉的诉讼请求是什么?是否可以提出确权、给付诉请?

问题解答

一般来说,案外人异议诉讼的常见诉请,包括以下几类:

(1)请求对执行标的物停止执行;

(2)解除查封、扣押、冻结;

(3)确认所有、给付。

虽然《全国法院民商事审判工作会议纪要》明确法院对确权、给付请求应当在具体判项中予以明确,但相应诉讼请求确不属于案外人异议的审理范围,以另行主张为宜。

各地法院司法政策大多规定，对其他诉讼请求不予审理，要求当事人另行主张。

相关法律法规及司法观点

排除执行诉请

《最高人民法院关于适用〈中华人民共和国民事诉讼法〉的解释》

第三百一十条 对案外人提起的执行异议之诉，人民法院经审理，按照下列情形分别处理：

（一）案外人就执行标的享有足以排除强制执行的民事权益的，判决**不得执行**该执行标的；

（二）案外人就执行标的不享有足以排除强制执行的民事权益的，判决驳回诉讼请求。

案外人同时提出**确认其权利的诉讼**请求的，人民法院可以在判决中一并作出裁判。

《江苏省高级人民法院执行异议及执行异议之诉案件办理工作指引（一）》

三、执行异议及执行异议之诉案件的受理及诉讼请求

……

4. 执行异议之诉的诉讼请求

（1）案外人提出执行异议之诉的，诉讼请求应当表述为“**请求对执行标的物停止执行**”。申请执行人提起执行异议之诉的，诉讼请求应当表述为“请求对执行标的物许可执行”；

……

《北京市高级人民法院关于审理执行异议之诉案件适用法律若干问题的指导意见（试行）》

第七条 案外人提起执行异议之诉的，诉讼请求应当表述为**请求对执行标的物停止执行**。

申请执行人提起执行异议之诉的，诉讼请求应当表述为请求对执行标的物许可执行。

当事人诉讼请求不明确的,法院应当予以释明,诉讼请求可以根据案件具体情况予以细化。

《吉林省高级人民法院关于审理执行异议之诉案件若干疑难问题的解答(一)》

问题八:在执行异议之诉案件中,案外人和申请执行人分别可以提出哪些诉讼请求?

案外人执行异议之诉中,案外人应当直接提出对执行标的排除执行的诉讼请求,也可以一并提出确认其民事权益以及确认与该权益相关的合同效力等具有确认性质的请求。案外人提出**继续履行合同或者具有给付性质的其他请求**,不属于执行异议之诉的审理范围,人民法院应当不予审理。

申请执行人执行异议之诉中,申请执行人应当直接提出**对执行标的继续执行**的诉讼请求,除该请求之外的其他诉讼请求,不属于执行异议之诉的审理范围,人民法院应当不予审理。

确权诉请

《全国法院民商事审判工作会议纪要》

119.【案外人执行异议之诉的审理】案外人执行异议之诉以排除对特定标的物的执行为目的,从程序上而言,案外人依据《民事诉讼法》第227条[①]提出执行异议被驳回的,即可向执行人民法院提起执行异议之诉。人民法院对执行异议之诉的审理,一般应当就案外人对执行标的物是否享有权利、享有什么样的权利、权利是否足以排除强制执行进行判断。至于是否作出具体的确权判项,视案外人的诉讼请求而定。案外人未提出确权或者给付诉讼请求的,不作出确权判项,仅在裁判理由中进行分析判断并作出是否排除执行的判项即可。但案外人**既提出确权、给付请求,又提出排除执行请求**的,人民法院对该请求是否支持、是否排除执行,均应当在**具体判项中予以明确**。执行异议之诉不以否定作为执行依据的生效裁判为目的,案外人如认为裁判确有错误的,只能通过申请再审或者提起第三人撤销之诉的方式进行救济。

《广东省高级人民法院关于审查处理执行裁决类纠纷案件若干重点问题的解答》

2.案外人执行异议之诉中,案外人提出确认权属、继续履行合同、交付标

① 对应2023年《民事诉讼法》第238条。

的物、支付违约金等请求,如何处理

意见:人民法院在审理案外人执行异议之诉案件中,案外人同时提出权属确认请求的,可以一并处理,并根据实际情况决定是否支持。支持的,在判决主文中除了“不得执行……”还可以有“**确认所有(动产)或协助过户(不动产)**”等能够**表明权属的判项**。

案外人同时提出继续履行合同、交付涉案标的、支付违约金等诉讼请求的,不作处理。

说明:案外人提出的继续履行合同、交付标的物、支付违约金等给付之诉的诉讼请求,与阻却执行的诉讼目的无关,不属于执行异议之诉案件审理范围,案外人可就此另行主张权利。

《北京市高级人民法院关于审理执行异议之诉案件适用法律若干问题的指导意见(试行)》

第八条　案外人执行异议之诉案件中,案外人同时请**求确认其对执行标的物享有实体权利**或要求对其主张所依据的相关实体法律关系进行裁判的,**一般应当合并处理**,被执行人应当作为共同被告参加诉讼。案外人未同时请求确认其对执行标的物享有实体权利的,法院应当予以释明,经释明其仍坚持不增加的,法院不在判决主文中予以宣告,但应当在判决的事实和理由中予以阐明。

参考案例

李某仁与华融公司、航龙公司等案外人执行异议之诉案,最高人民法院(2019)最高法民终537号民事判决书

法院认为:李某仁向一审法院所提诉讼请求第三项为,判决航龙公司**立即协助和配合**李某仁**办理**陇西县巩昌镇北关交通路龙宫步行街一期6号楼×单元×××室房屋的**产权登记**。一审法院经审理认为,该诉讼请求不属于案外人执行异议之诉的审理范围,判决驳回了李某仁该项诉讼请求。对此,本院认为,一审法院在认为李某仁**该项诉讼请求不属于案外人执行异议之诉审理范围**的情况下,判决予以驳回,确有不当,本院依法予以纠正。李某仁可就该项诉讼请求所涉事项**依法另行主张**。

金某平与中信公司、红枫公司案外人执行异议之诉纠纷案,最高人民法院(2016)最高法民终692号民事判决书

法院认为:一审法院认为,法律关系的性质界定,不应受制于当事人之间签订合同的形式与名称,而应由当事人的真实意思与合同的真实权利义务关系来决定。本案中,红枫公司与金某平的真实意思是建立借款关系,双方签订的商品房购销合同及补充协议仅仅是作为债务履行的一种非典型担保方式。在双方不成立房屋买卖关系的前提下,金某平并不具备买房人的身份,故以最高人民法院查扣冻规定或优先受偿权批复等相关规定主张其享有排除强制执行的实体权利不能成立,对其主张停止执行的诉讼请求应当予以驳回。关于金某平主张的要求**办理**涉案房屋所有**权证**的问题,**不属于执行异议之诉审理的范围**,一审法院不予理涉。

7-28 【异议之诉丨管辖法院】案外人异议之诉是否适用专属管辖(如不动产等)和级别管辖?提级执行、指定执行、委托执行的如何处理?

问题解答

不同地区观点不一,应当以当地司法政策为准。

江苏省高级人民法院认为:指定、委托执行法院系原执行法院的下级法院的,由原执行法院管辖。

相关法律法规及司法观点

《江苏省高级人民法院执行异议及执行异议之诉案件办理工作指引(一)》

一、……

(四)专属管辖原则。根据法律及司法解释规定,执行异议、执行异议之诉,**均由执行法院管辖**。

……

2.执行案件被指定执行、提级执行、委托执行后,当事人、利害关系人对原执行法院的执行行为提出异议的,或案外人对原执行法院查封、扣押或冻结的执行标的提出异议的,由**提出异议时的执行法院管辖;受指定或者受委托**的人民法院**是原执行法院的下级人民法院**的,由该**上级法院管辖**。

《北京市高级人民法院关于审理执行异议之诉案件适用法律若干问题的指导意见(试行)》

第二条第一款 执行异议之诉案件由**执行法院管辖**;本市提级执行、指定执行、委托执行的案件,涉及执行异议之诉的,由**最终执行的法院管辖**;商事案件就级别管辖另有规定的,依照其规定。

《黑龙江省高级人民法院关于审理执行异议之诉案件若干问题的解答》

二、如何确定管辖?

案外人、申请执行人依照《民事诉讼法》第二百二十七条规定起诉的案件由执行法院受理。提级执行、指定执行、委托执行的,由提级执行法院、被指定法院、受委托法院受理。

……

《江西省高级人民法院关于执行异议之诉案件的审理指南》

8.执行异议之诉案件应当由执行法院管辖。对于提级执行、指定执行、委托执行的案件,申请执行人或案外人对执行异议裁定不服提起执行异议之诉的,应当由作出中止执行或驳回异议裁定的人民法院管辖。

7-29 【异议之诉丨内部分工】执行异议之诉是否均由审判监督庭审理?

问题解答

不同地区观点不一,应当以当地司法政策为准。

北京市高级人民法院认为:由作出执行依据的审判庭审理。

江苏省高级人民法院、黑龙江省高级人民法院认为:由案外人主张的实体权利的性质及法律关系归口至相应的审判庭。

相关法律法规及司法观点

《北京市高级人民法院关于审理执行异议之诉案件适用法律若干问题的指导意见(试行)》

第二条　执行异议之诉案件由执行法院管辖;本市提级执行、指定执行、委托执行的案件,涉及执行异议之诉的,由最终执行的法院管辖;商事案件就级别管辖另有规定的,依照其规定。

法院受理前款案件后,由**作出原**生效裁**判**、调解书**的民商事审判庭**依照诉讼程序审理;执行依据为其他生效法律文书或执行法院并非作出原生效裁判、调解书的一审法院的,应当根据案外人提起执行异议所依据的基础法律关系的性质,由**各归口民商事审判庭进行审理**。

《江苏高院执行异议之诉案件审理指南》

3. 如何确定审理执行异议之诉案件的职能分工?根据《民事诉讼法》第二百二十七条[①]的规定,在执行异议之诉案件中,案外人提出的执行异议与作为

① 对应2023年《民事诉讼法》第238条。

执行依据的原生效法律文书无关。因此,执行异议之诉案件在人民法院内部的职能分工,并不取决于原生效法律文书所确定的法律关系,而**应当根据案外人提出阻却执行的实体权利的性质及法律关系,由相应的审判庭进行审理。**

《黑龙江省高级人民法院关于审理执行异议之诉案件若干问题的解答》

三、如何确定案件审理分工和审判组织?

以房屋、土地和设备等有形财产为执行标的的,原则上由民事审判庭(民一庭系统)审理;以债权和股权、证券、票据等无形财产为执行标的的,原则上由民商审判庭(民二庭系统)审理;以专利权、商标权等知识产权为执行标的的,原则上由负责知识产权审判工作的审判庭审理。以上为指导性分工标准,各地法院可以根据本院工作实际自行确定。审理执行异议之诉案件应当组成合议庭进行审理。

7-30 【异议之诉丨执行完毕后救济途径】案外人执行异议之诉案件审理或者再审申请审查期间,针对案外人异议指向的执行标的执行完毕的,如何处理?

问题解答

该问题尚无明确法律规定,但《最高人民法院执行最新司法解释统一理解与适用》一书中有相应内容提出解决方案。

首先,执行完毕不影响法院对案件的继续审理或审查。

其次,案外人异议之诉判决不得执行的,可以依法另行主张权利。

最后,另行起诉案由为不当得利之诉,诉请为返还执行标的的变价款、返还执行标的。

相关法律法规及司法观点

《最高人民法院执行最新司法解释统一理解与适用》[①]

可以另行对申请执行人或者被执行人提起不当得利之诉,请求返还执行标的的变价款或者请求返还执行标的。

7-31 【异议之诉丨中止处置】案外人异议之诉期间法院能否处分执行标的?

问题解答

案外人执行异议之诉审理期间,人民法院不得对执行标的进行处分,但申请人提供担保的,法院可以准许。

山东省高级人民法院认为:**案外人异议(非异议之诉)**审查期间,亦不得处分异议指向的执行标的。

相关法律法规及司法观点

《最高人民法院关于适用〈中华人民共和国民事诉讼法〉的解释》

第三百一十三条 案外人**执行异议之诉审理期间**,人民法院**不得对执行标的进行处分**。申请执行人请求人民法院继续执行并提供相应担保的,人民法院可以准许。

---

① 江必新、刘贵祥主编,最高人民法院执行局编著:《最高人民法院执行最新司法解释统一理解与适用》,中国法制出版社2016年版,第135页。

……

《山东省高级人民法院关于执行实施案件中若干问题的解答》

五、关于执行异议复议期间执行程序能否停止问题

执行行为异议审查期间一般不停止执行。被执行人、利害关系人提供充分、有效的担保请求停止相应处分措施的,人民法院可以准许;申请执行人提供充分、有效的担保请求继续执行的,应当继续执行。

案外人**异议审查期间**,**驳回**案外人执行异议**裁定送达案外人之日起十五日内**,以及**案外人执行异议之诉审理期间**,执行法院**不得对异议指向的执行标的进行处分**。申请执行人提供充分、有效的担保请求继续执行的,应当继续执行。

执行法院不得以涉及案外人异议,案外人异议之诉为由中止对全案的执行。案外人异议审查期间、驳回案外人执行异议裁定送达案外人之日起十五日内,以及案外人执行异议之诉审理期间,执行法院应当继续调查被执行人其他财产情况,对争议标的以外的查封财产应当及时采取处分措施。

7－32 【异议之诉 | 禁止调解】执行异议之诉可否调解?

问题解答

各地法院对上述问题,处理方式不同。

江苏省高级人民法院认为:执行异议之诉涉及法院执行行为的正当性,因此不得调解。

黑龙江省高级人民法院认为:执行异议之诉案件可以调解。

相关法律法规及司法观点

《江苏省高级人民法院执行异议及执行异议之诉案件办理工作指引(一)》

一、……

(六)禁止调解原则。根据《民事诉讼法》及相关司法解释规定,执行异议及执行异议之诉案件涉及到执行法院对被执行主体的确立、执行标的财产的确定及其处置等执行行为的正当性与合法性,执行异议及执行异议之诉案件的裁判结果不受当事人处分权利的约束,因此,执行异议及执行异议之诉案件不得进行调解。

《黑龙江省高级人民法院关于审理执行异议之诉案件若干问题的解答》

十二、审理执行异议之诉案件是否可以调解?

审判人员应当根据"调解优先、调判结合"的原则,与执行人员密切配合,积极组织案外人与申请执行人、被执行人进行调解。经调解达成的调解协议,或者制作的调解书自动履行或者强制执行完毕的,执行程序终结。

7-33 【异议之诉|代位异议】被执行人为另案案外人,其对该案执行标的享有排除执行的实体权利而怠于提出异议的,如何处理?

问题解答

某些案件中,申请执行人作为被执行人的债权人,可以代位提起案外人异议。

参考案例

百富隆公司申请执行复议案，最高人民法院(2014)执申字第243号执行裁定书

法院认为：在案外人对执行标的享有排除执行的实体权利而怠于提出异议，导致其债权人的债权有不能实现之虞时，**案外人的债权人代位提起案外人异议的**，人民法院应当参照《民事诉讼法》第二百二十七条的规定审查处理。

四、刑事执行案外人异议

7-34 【侦查救济丨提出申诉】公安机关查封与案件无关财产的，如何救济？

问题解答

案外人可以向公安机关提出申诉，要求对查封的涉案财物进行审查。

经公安机关审查确实与案件无关的，应当在3日内解除控制措施、退还，并通知有关当事人。

相关法律法规及司法观点

《公安机关涉案财物管理若干规定》

第六条　公安机关对涉案财物采取措施后，**应当及时进行审查**。经查明确实**与案件无关的**，应当在**三日以内予以解除、退还**，并通知有关当事人。对与本案无关，但有证据证明涉及其他部门管辖的违纪、违法、犯罪行为的财物，应当依照相关法律规定，连同有关线索移送有管辖权的部门处理。

……

《中共中央办公厅、国务院办公厅关于进一步规范刑事诉讼涉案财物处置工作的意见》

二、规范涉案财物查封、扣押、冻结程序。查封、扣押、冻结涉案财物，应当严格依照法定条件和程序进行。严禁在立案之前查封、扣押、冻结财物。**不得查封、扣押、冻结与案件无关的财物**。凡查封、扣押、冻结的财物，都应当及时进行审查；经查明确实与案件无关的，应当在三日内予以解除、退还，并通知有关当事人。

……

7-35 【检察救济丨侦查监督、审判监督】检察院是否对公安机关查封与案件无关财产的行为负有监督职责?

问题解答

案外人可以向检察院申请侦查监督。

检察院对公安机关侦查活动、人民法院审判活动中,对与案件无关的财物采取查封、扣押、冻结措施,或者应当解除查封、扣押、冻结而不解除的行为,负有监督职责。

相关法律法规及司法观点

《人民检察院刑事诉讼规则》

第二百一十条 在侦查活动中发现的可以证明犯罪嫌疑人有罪、无罪或者犯罪情节轻重的各种财物和文件,应当查封或者扣押;与案件无关的,不得查封或者扣押。查封或者扣押应当经检察长批准。

不能立即查明是否与案件有关的可疑的财物和文件,也可以查封或者扣押,但应当及时审查。经查明确实与案件无关的,应当在三日以内解除查封或者予以退还。

持有人拒绝交出应当查封、扣押的财物和文件的,可以强制查封、扣押。

对于犯罪嫌疑人、被告人到案时随身携带的物品需要扣押的,可以依照前款规定办理。对于与案件无关的个人用品,应当逐件登记,并随案移交或者退还其家属。

第二百一十一条 对犯罪嫌疑人使用违法所得与合法收入共同购置的不可分割的财产,可以先行查封、扣押、冻结。对无法分割退还的财产,应当在结案后予以拍卖、变卖,**对不属于违法所得的部分予以退还。**

第五百六十七条 人民检察院应当对**侦查活动中**是否存在以下违法行为进行监督：

……

（八）对与案件无关的财物采取查封、扣押、冻结措施，或者应当解除查封、扣押、冻结而不解除的；

……

（十六）侦查活动中的其他违反法律规定的行为。

第五百七十条 人民检察院应当对审判活动中是否存在以下违法行为进行监督：

……

（十四）对与案件无关的财物采取查封、扣押、冻结措施，或者应当解除查封、扣押、冻结而不解除的；

……

（十六）其他违反法律规定的行为。

7-36 【刑事审判丨参与诉讼】因刑事案件被查封财产的案外人，是否应当参与刑事诉讼？

问题解答

善意第三人等案外人与涉案财物处理存在利害关系的，享有程序性权利。

公安机关、国家安全机关、人民检察院应当告知其相关诉讼权利。

人民法院应当通知其参加诉讼并听取意见。权属有争议的，应当在人民法院判决时一并处理。

刑事审判法院若未通知被查封财产的案外人参与刑事诉讼,系程序违法。

相关法律法规及司法观点

《中共中央办公厅、国务院办公厅关于进一步规范刑事诉讼涉案财物处置工作的意见》

二、规范涉案财物查封、扣押、冻结程序。查封、扣押、冻结涉案财物,应当严格依照法定条件和程序进行。严禁在立案之前查封、扣押、冻结财物。**不得查封、扣押、冻结与案件无关的财物。凡查封、扣押、冻结的财物,都应当及时进行审查;经查明确实与案件无关的,应当在三日内予以解除、退还,并通知有关当事人。**

……

六、完善涉案财物审前返还程序。对权属明确的被害人合法财产,凡返还不损害其他被害人或者利害关系人的利益、不影响诉讼正常进行的,公安机关、国家安全机关、人民检察院、人民法院都应当及时返还。**权属有争议的,应当在人民法院判决时一并处理。**

十二、明确利害关系人诉讼权利。善意第三人等案外人与涉案财物处理存在利害关系的,公安机关、国家安全机关、人民检察院应当告知其相关诉讼权利,**人民法院应当通知其参加诉讼并听取其意见。**被告人、自诉人、附带民事诉讼的原告和被告人对涉案财物处理决定不服的,**可以就财物处理部分提出上诉,**被害人或者其他利害关系人**可以请求人民检察院抗诉。**

《公安机关涉案财物管理若干规定》

第二十六条　办案人员有下列行为之一的,应当根据其行为的情节和后果,依照有关规定追究责任;涉嫌犯罪的,移交司法机关依法处理:

……

(二)对明知与案件无关的财物采取查封、扣押、冻结等措施的;

（三）不按照规定向当事人出具有关法律文书的；

……

第二十九条　公安机关及其工作人员违反涉案财物管理规定，给当事人造成损失的，公安机关应当依法予以赔偿，并责令有故意或者重大过失的有关领导和直接责任人员承担部分或者全部赔偿费用。

第三十条　在对涉案财物采取措施、管理和处置过程中，**公安机关及其工作人员存在违法违规行为，损害当事人合法财产权益的**，当事人和辩护人、诉讼代理人、利害关系人有权向公安机关提出投诉、控告、举报、复议或者国家赔偿。公安机关应当依法及时受理，并依照有关规定进行处理；对于情况属实的，应当予以纠正。

……

7-37　【刑事审判丨追缴前提】审判过程中，赃款赃物已不存在的，能否判处继续追缴？

问题解答

最高人民法院认为：只有有证据证明赃物尚在的，才适宜判处继续追缴。

相关法律法规及司法观点

《最高人民法院关于适用刑法第六十四条有关问题的批复》

……被告人非法占有、处置被害人财产的，应当依法予以追缴或者责令退赔。据此，追缴或者责令退赔的具体内容，应当在判决主文中写明；其中，判决前已经发还被害人的财产，应当注明。被害人提起附带民事诉讼，或者另行提起民事诉讼请求返还被非法占有、处置的财产的，人民法院不予受理。

《最高人民法院执行最新司法解释统一理解与适用》①

只有有证据证明赃物尚在的，才适宜判处继续追缴。

7－38 【追赃程序丨追赃范围】执行程序中，对刑事案件被执行人的追赃范围如何界定？

问题解答

执行过程中，应当依照刑事判决书，明确追赃的财产范围。

部分刑事判决书附有《收缴执行财物清单》，系作为刑事判决书的一部分。

对该部分不服的，适用审判监督程序处理。

相关法律法规及司法观点

《最高人民法院关于刑事裁判涉财产部分执行的若干规定》

第六条 刑事裁判**涉财产部分的裁判内容，应当明确、具体**。涉案财物或者被害人人数较多，不宜在判决主文中详细列明的，可以**概括叙明并另附清单**。

---

① 江必新、刘贵祥主编，最高人民法院执行局编著：《最高人民法院执行最新司法解释统一理解与适用》，中国法制出版社2016年版，第280页。

判处没收部分财产的，应当明确没收的具体财物或者金额。

判处追缴或者责令退赔的，应当明确追缴或者退赔的金额或财物的名称、数量等相关情况。

7－39　【追赃程序丨赃款赃物认定争议】执行过程中，案外人或被害人认为刑事裁判中对涉案财物是否属于赃款赃物认定错误或者应予认定而未认定的，如何处理？

问题解答

案外人或被害人应向执行法院提出书面异议。

可以通过裁定补正的，执行机构应当将异议材料移送刑事审判部门处理。

无法通过裁定补正的，应当告知异议人通过审判监督程序处理。

相关法律法规及司法观点

《最高人民法院关于刑事裁判涉财产部分执行的若干规定》

第十五条　执行过程中，案外人或被害人认为刑事裁判中对涉案财物是否属于赃款赃物认定错误或者应予认定而未认定，向执行法院提出书面异议，可以通过裁定补正的，执行机构应当将异议材料移送刑事审判部门处理；无法通过裁定补正的，应当告知异议人通过审判监督程序处理。

第十六条　人民法院办理刑事裁判涉财产部分执行案件，刑法、刑事诉讼法及有关司法解释没有相应规定的，参照适用民事执行的有关规定。

《江苏省高级人民法院执行异议及执行异议之诉案件办理工作指引（一）》

一、……

（二）权利救济法定原则。当事人、案外人及利害关系人是否享有提出执行异议及异议之诉的权利,应有明确的法律或司法解释依据。除此之外,不得授予其提出执行异议及异议之诉的权利。

……

3. 案外人提出的异议符合下列情形的,应通过**审判监督程序**或第三人撤销之诉予以救济:

……

(2)刑事裁判涉财产部分执行中,**认为刑事裁判赃款赃物认定错误或者应予认定而未认定**,且无法通过裁定补正的,告知异议人通过**审判监督程序**处理。

参考案例

建新支行申请执行申诉案,最高人民法院(2017)最高法执监424号执行裁定书

法院认为:本案的争议焦点主要是:一、申诉人关于其不持有赃款的抗辩事由应通过何种程序解决;二、执行法院将申诉人列为被执行人并送达执行通知书和报告财产令是否适当。

根据本案执行依据焦作市中级人民法院(2014)焦刑一初字第00010号刑事判决及(2014)焦刑一初字第00010号刑事裁定,被告人王某峰在建新支行有存款3000万元,为赃款,应当予以追缴。申诉人认为,刑事裁定认定的该存款在存储当日即被取走,只是存折上没有显示而已。申诉人主张的该事实为执行依据生效之前的实体事由,系对执行依据提出的异议。《最高人民法院关于人民法院办理执行异议和复议案件若干问题的规定》第七条第三款规定,“除本规定第十九条规定的情形外,被执行人以执行依据生效之前的实体事由提出排除执行异议的,人民法院应当告知其依法申请再审或者通过其他程序解决。”因此,申诉人提出的上述主张应当通过审判监督程序解决。

7 -40 【追赃程序 | 形态转化】被执行人对赃款赃物进行消费、转移、处分、投资的,如何处理?

问题解答

只要能够证明替代物在资金来源上可以追溯到原赃款赃物,该替代物属于追缴范围。

对于形成投资收益的,应当对相应的份额及其收益,按照比例执行追缴。

相关法律法规及司法观点

《最高人民法院关于刑事裁判涉财产部分执行的若干规定》

第十条　对赃款赃物及其收益,人民法院应当一并追缴。

被执行人将赃款赃物投资或者置业,对因此形成的财产及其收益,人民法院应予追缴。

被执行人将赃款赃物与其他合法财产共同投资或者置业,**对因此形成的财产中与赃款赃物对应的份额及其收益**,人民法院应予追缴。

对于被害人的损失,应当按照刑事裁判认定的实际损失予以发还或者赔偿。

《最高人民法院执行最新司法解释统一理解与适用》[①]

只要能够证明替代物在资金来源上可以追溯到原赃款赃物,该替代物也应予追缴。

---

① 江必新、刘贵祥主编,最高人民法院执行局编著:《最高人民法院执行最新司法解释统一理解与适用》,中国法制出版社 2016 年版,第 291 页。

7-41 【追赃程序丨追赃、退赔程序衔接】执行追缴程序中在赃款赃物不存在的情况下,能否直接对被执行人执行退赔?

问题解答

最高人民法院认为:执行机构无权在执行中改变判项内容,直接改为退赔将违反审执分离原则,因此不可以。应当由执行机构移送刑事审判部门处理,待出具刑事裁定后转为退赔程序。

相关法律法规及司法观点

《最高人民法院关于刑事裁判涉财产部分执行的若干规定》

第十五条 执行过程中,案外人或被害人认为刑事裁判中对涉案财物是否属于赃款赃物认定错误或者应予认定而未认定,向执行法院提出书面异议,可以通过裁定补正的,执行机构应当将异议材料移送刑事审判部门处理;无法通过裁定补正的,应当告知异议人通过审判监督程序处理。

《最高人民法院执行最新司法解释统一理解与适用》①

刑法第64条规定事项须经形式裁判予以确认,执行机构无权在执行中改变判项内容,即便发现判项内容已经发生变化,也应通过法定程序予以解决。

---

① 江必新、刘贵祥主编,最高人民法院执行局编著:《最高人民法院执行最新司法解释统一理解与适用》,中国法制出版社2016年版,第270页。

7-42 【追赃程序丨刑民交叉处分权】民事案件查封在前，刑事案件查封在后，是否影响首封法院（民事案件）对执行标的的处分权？

问题解答

最高人民法院认为：执行过程中基于“先刑后民”判断法院取得处分权，并无法律依据，应当仍以查封先后顺序判断处分权。

《最高人民法院执行最新司法解释统一理解与适用》一书中的观点：

刑事案件侦查、起诉、审理和执行中的查封措施和民事案件的查封措施一样，仅仅是控制财产的手段，**在取得处分权的问题上不具有优先的地位**，在判断处分权的取得上**仍然以查封的先后作为标准**。

相关法律法规及司法观点

《最高人民法院关于首先查封法院与优先债权执行法院处分查封财产有关问题的批复》

一、执行过程中，**应当由首先查封、扣押、冻结（以下简称查封）法院负责处分查封财产**。但已进入其他法院执行程序的债权对查封财产有顺位在先的担保物权、优先权（该债权以下简称优先债权），自首先查封之日起已超过60日，且首先查封法院就该查封财产尚未发布拍卖公告或者进入变卖程序的，优先债权执行法院可以要求将该查封财产移送执行。

《最高人民法院执行最新司法解释统一理解与适用》①

刑事案件侦查、起诉、审理和执行中的查封措施和民事案件的查封措施一

① 江必新、刘贵祥主编，最高人民法院执行局编著：《最高人民法院执行最新司法解释统一理解与适用》，中国法制出版社2016年版，第48页。

样,仅仅是控制财产的手段,在**取得处分权的问题上不具有优先的地位**,在判断处分权的取得上**仍然以查封的先后作为标准**。

7-43 【追赃程序 | 效力衔接】执行标的查封措施为公安机关采取,执行阶段中案外人可否直接向执行法院提出案外人异议?

问题解答

《最高人民法院关于刑事裁判涉财产部分执行的若干规定》明确了司法机关对同一案件查封效力相衔接的原则,可由执行机构对案外人异议进行审查处理。

相关法律法规及司法观点

《最高人民法院关于刑事裁判涉财产部分执行的若干规定》

第五条　刑事审判或者执行中,对于侦查机关已经采取的查封、扣押、冻结,人民法院应当在期限届满前及时续行查封、扣押、冻结。人民法院续行查封、扣押、冻结的顺位与侦查机关查封、扣押、冻结的顺位相同。

对侦查机关查封、扣押、冻结的财产,人民法院**执行中可以直接裁定处置**,无需侦查机关出具解除手续,但裁定中应当指明侦查机关查封、扣押、冻结的事实。

《最高人民法院执行最新司法解释统一理解与适用》①

《刑事执行规定》明确了司法机关对同一案件查封效力相衔接的原则，可由执行机构对案外人异议进行审查处理。

7-44 【追赃程序丨清偿顺序】被执行人同时有刑事、民事执行案件的，对各类债权的清偿顺序如何确定？

问题解答

此类情况下，一般按照下列顺序清偿：

（1）人身损害赔偿中的医疗费用；

（2）退赔被害人的损失；

（3）其他民事债务；

（4）罚金；

（5）没收财产。

福州市中级人民法院认为：刑事退赔案件中权利人的权利视为普通民事债权，处置标的被认定赃款赃物的除外。

江苏省高级人民法院认为：非法集资刑事案中，退赔非法集资参与人的损失部分，应当优先于其他民事债权以及罚金、没收财产予以执行。仍有剩余的，用于参与分配。

---

① 江必新、刘贵祥主编，最高人民法院执行局编著：《最高人民法院执行最新司法解释统一理解与适用》，中国法制出版社2016年版，第279页。

相关法律法规及司法观点

《最高人民法院关于刑事裁判涉财产部分执行的若干规定》

第十三条　被执行人在执行中同时承担刑事责任、民事责任，其财产不足以支付的，按照下列顺序执行：

（一）人身损害赔偿中的医疗费用；

（二）退赔被害人的损失；

（三）其他民事债务；

（四）罚金；

（五）没收财产。

债权人对执行标的依法享有优先受偿权，其主张优先受偿的，人民法院应当在前款第（一）项规定的医疗费用受偿后，予以支持。

《江苏省高级人民法院关于正确理解和适用参与分配制度的指导意见》

11. 被执行人在执行中同时承担刑事责任及民事责任，其财产不足以清偿所有债权的，按照《最高人民法院关于刑事裁判涉财产部分执行的若干规定》第十三条规定的下列顺序予以分配：

(1)人身损害赔偿中的医疗费用；

(2)对执行标的依法享有优先受偿权的债权；

(3)退赔被害人的损失；

(4)其他民事债权；

(5)罚款、罚金；

(6)没收财产。

执行财产涉及非法集资刑事案件涉案财物的，按照最高人民法院、最高人民检察院、公安部《关于办理非法集资刑事案件若干问题的意见》第九条规定，**退赔非法集资参与人的损失部分**，应当**优先于其他民事债权**以及罚金、没收财产予以执行。仍有剩余的，用于参与分配。

《福州市中级人民法院关于参与分配具体适用的指导意见》

第七条　……

同一被执行人既有民事债权执行案件，又有行政罚款、司法罚款或者刑事罚金、没收财产执行案件的，民事债权优先受偿。**刑事退赔案件中权利人的权利视为普通民事债权，但处置的标的物被依法认定为赃款赃物的除外。**

衍生问题　【分别审理】受害人请求涉嫌刑事犯罪的行为人之外的其他主体承担民事责任的，是否享有诉权？

问题解答

最高人民法院认为：在上述情形下，有的人民法院仍然以民商事案件涉嫌刑事犯罪为由不予受理，已经受理的，裁定驳回起诉。对此，应予纠正。

相关法律法规及司法观点

《全国法院民商事审判工作会议纪要》

128.【分别审理】同一当事人因不同事实分别发生民商事纠纷和涉嫌刑事犯罪，民商事案件与刑事案件应当分别审理，主要有下列情形：

(1)主合同的债务人涉嫌刑事犯罪或者刑事裁判认定其构成犯罪，债权人请求担保人承担民事责任的；

(2)行为人以法人、非法人组织或者他人名义订立合同的行为涉嫌刑事犯罪或者刑事裁判认定其构成犯罪，合同相对人请求该法人、非法人组织或者他人承担民事责任的；

(3)法人或者非法人组织的法定代表人、负责人或者其他工作人员的职务行为涉嫌刑事犯罪或者刑事裁判认定其构成犯罪，受害人请求该法人或者非法人组织承担民事责任的；

(4)侵权行为人涉嫌刑事犯罪或者刑事裁判认定其构成犯罪，被保险人、受益人或者其他赔偿权利人请求保险人支付保险金的；

(5)受害人请求涉嫌刑事犯罪的行为人之外的其他主体承担民事责任的。

审判实践中出现的问题是，在上述情形下，有的人民法院仍然以民商事案件涉嫌刑事犯罪为由不予受理，已经受理的，裁定驳回起诉。对此，应予纠正。

7-45 【执行救济 | 案外人异议】刑事案件执行过程中,案外人提出异议的适用哪种审查程序?

问题解答

刑事案件执行过程中,案外人提出案外人异议的,按照执行行为异议审查方式处理。

鉴于该程序将不进入案外人异议之诉,采用复议方式救济,执行法院的审查应当采用公开听证程序。

相关法律法规及司法观点

《最高人民法院关于刑事裁判涉财产部分执行的若干规定》

第十四条　执行过程中,当事人、利害关系人认为执行行为违反法律规定,或者**案外人对执行标的主张足以阻止执行的实体权利**,向执行法院提出书面异议的,执行法院应当依照**民事诉讼法第二百二十五条**[①]的规定处理。

人民法院审查案外人异议、复议,**应当公开听证**。

《山东高院执行疑难法律问题解答(二)》

29. 刑事裁判涉财产部分执行过程中,案外人对执行标的主张实体权利,请求排除执行的,应如何处理?

答:刑事裁判涉财产部分执行过程中,人民法院的查封、扣押、冻结行为,对涉案财产的续行查封、扣押、冻结以及直接处置行为,导致相关权利主体的利益受到影响,应保障相关主体的救济权利。依照《最高人民法院关于刑事裁判涉财产部分执行的若干规定》第十四条的规定,案外人**对执行标的主张足以**

① 对应2023年《民事诉讼法》第236条。

阻止执行的实体权利,向执行法院提出书面异议的,执行法院应当**依照民事诉讼法第二百二十五条**[①]的规定审查处理。依照上述规定第十五条的规定,案外人**认为刑事裁判中对涉案财物是否属于赃款赃物认定错误**,向执行法院提出异议的,不属于执行异议案件受理范围。

7-46 【执行救济丨实质审查】刑事案件案外人提出执行异议,适用形式审查?还是适用实质审查?

问题解答

因该类案件程序上无法进入案外人异议之诉,因此在案外人异议阶段采用实质审查。

相关法律法规及司法观点

《江苏省高级人民法院执行异议及执行异议之诉案件办理工作指引(一)》

五、执行异议及执行异议之诉案件的审理规则

1. 案外人提出的执行异议案件,原则上进行形式审查以及书面审理,并根据下列情形判断执行标的的权利归属:

……

人民法院按照《最高人民法院关于刑事裁判涉财产部分执行的若干规定》

① 对应2023年《民事诉讼法》第236条。

第十四条规定办理的执行异议、复议案件,**应参照案外人执行异议之诉的审理标准进行实质审查**。

7-47 【执行救济丨善意取得】赃款赃物,是否适用善意取得制度?

问题解答

被执行人将刑事裁判认定为赃款赃物的涉案财物用于**清偿债务、转让**或者**设置其他权利负担**的,适用善意取得制度。

相关法律法规及司法观点

《最高人民法院关于刑事裁判涉财产部分执行的若干规定》

第十一条　被执行人将刑事裁判认定为赃款赃物的涉案财物用于**清偿债务、转让**或者**设置其他权利负担**,具有下列情形之一的,人民法院应予追缴:

(一)第三人明知是涉案财物而接受的;

(二)第三人无偿或者以明显低于市场的价格取得涉案财物的;

(三)第三人通过非法债务清偿或者违法犯罪活动取得涉案财物的;

(四)第三人通过其他恶意方式取得涉案财物的。

第三人善意取得涉案财物的,执行程序中不予追缴。作为原所有人的被害人对该涉案财物主张权利的,人民法院应当告知其通过诉讼程序处理。

五、第三人撤销之诉

7-48 【管辖法院】生效裁判文书为二审改判、撤回上诉的，管辖法院为一审法院？还是二审法院？

问题解答

第三人撤销之诉的管辖法院为作出生效裁判文书的人民法院。

二审法院裁定准许上诉人撤回上诉或者按自动撤回上诉处理的,由作出一审判决、裁定的人民法院管辖。

相关法律法规及司法观点

《浙江省高级人民法院审理第三人撤销之诉案件疑难问题解答》

一、第三人撤销之诉案件的管辖法院如何确定?

答:第三人对已经发生法律效力的判决、裁定、调解书(以下简称生效裁判文书)提起撤销之诉的,由作出生效裁判文书的人民法院管辖。二审法院裁定准许上诉人撤回上诉或者按自动撤回上诉处理的,由作出一审判决、裁定的人民法院管辖。

前述管辖法院由于特殊原因不能行使管辖权的,报请上级人民法院指定其他同级人民法院审理。

人民法院受理原案当事人为债务人的破产申请的,不影响第三人撤销之诉案件的管辖。

7-49 【起诉期限】第三人撤销之诉的起诉期限如何确定？

问题解答

第三人撤销之诉应当在知道或者应当知道其民事权益受到损害之日起6个月内提起。

相关法律法规及司法观点

《浙江省高级人民法院审理第三人撤销之诉案件疑难问题解答》

三、第三人提起撤销之诉应当符合哪些起诉条件？

答：第三人提起撤销之诉，应当符合以下起诉条件：

……

6. 在知道或者应当知道其民事权益受到损害之日起六个月内提起。

7-50 【立案审查】立案部门对第三人撤销之诉的案件可否进行实质审查？

问题解答

可对双方当事人的书面意见及第三人的起诉材料进行适当实质审查。

相关法律法规及司法观点

《浙江省高级人民法院审理第三人撤销之诉案件疑难问题解答》

四、第三人撤销之诉案件如何进行立案审查?

答:第三人提起撤销之诉的,立案部门应当在收到起诉状、证据材料之日起三十日内对第三人提交的起诉状、证据材料以及对方当事人的书面意见进行适当的实质审查,必要时可以询问双方当事人。起诉状、证据材料不能送达对方当事人或者对方当事人未在送达后十日内提交书面意见的,立案部门可根据第三人提交的起诉状、证据材料进行审查。经审查不符合起诉条件的,裁定不予受理。

7-51 【起诉资格】金钱债权人提起第三人撤销权诉讼的,在哪些情况下具备起诉资格?

问题解答

该第三人未启动执行异议程序的,其对该裁判文书债权直接主张权利、对该裁判文书相关债权享有撤销权、其享有的债权系优先债权、有证据证明存在虚假诉讼的,拥有起诉资格。

相关法律法规及司法观点

《浙江省高级人民法院审理第三人撤销之诉案件疑难问题解答》

六、第三人撤销之诉的原告主体资格如何把握?

答:第三人撤销之诉的原告限于《中华人民共和国民事诉讼法》第五十

六条[①]第一款、第二款规定的第三人，且该第三人尚未启动执行异议程序。原案当事人的金钱债权人一般不具备第三人撤销之诉的原告资格，但下列情形除外：

1. 对生效裁判文书确定的金钱债权**直接主张全部或者部分权利**的；

2. 因债务人与他人的权利义务被生效裁判文书确定，导致债权人本来可以对《中华人民共和国合同法》第七十四条[②]和《中华人民共和国企业破产法》第三十一条等法律规定的**债务人的行为享有撤销权而不能行使**的；

3. 该债权是法律明确给予**特殊保护的债权**，如《中华人民共和国合同法》第二百八十六条[③]规定的建设工程价款优先受偿权，《中华人民共和国海商法》第二十二条规定的船舶优先权等；

4. 债权人有证据证明，生效裁判文书确定的债权内容部分或者全部**虚假**的。

原案诉讼过程中，争议的民事权利义务转移，但受让人未参加诉讼的，具备第三人撤销之诉的原告资格。

7-52　【不中止执行】第三人撤销之诉案件审理期间能否中止生效裁判文书的执行？

问题解答

原告提供充分、有效担保的，可在诉请范围内中止执行。

---

① 对应2023年《民事诉讼法》第59条。

② 对应《民法典》第540条。

③ 对应《民法典》第807条。

相关法律法规及司法观点

《浙江省高级人民法院审理第三人撤销之诉案件疑难问题解答》

十、第三人撤销之诉案件审理期间能否中止生效裁判文书的执行?

答:第三人撤销之诉案件审理期间,原则上不中止生效裁判文书的执行。原告提供充分、有效的担保,请求中止执行生效裁判文书的,可以在其请求撤销或者变更范围内裁定中止执行生效裁判文书并及时通知执行部门……

第八章

其他问题

一、执 行 和 解

8－1 【执行担保】担保人承诺在被执行人不履行执行和解协议时自愿接受直接强制执行的,可否追加为被执行人?

问题解答

承诺在被执行人不履行执行和解协议时自愿接受直接强制执行的,系执行担保。

一般来说,此种情况下只可裁定执行保证人的财产或执行担保财产,不能直接追加为被执行人。

广东省高级人民法院认为:该种情况下,可追加执行担保人为被执行人。

相关法律法规及司法观点

《最高人民法院关于执行和解若干问题的规定》

第十八条　执行和解协议中约定担保条款,且担保人向人民法院承诺在被执行人不履行执行和解协议时自愿接受直接强制执行的,恢复执行原生效法律文书后,人民法院可以依申请执行人申请及担保条款的约定,直接裁定执行担保财产或者保证人的财产。

《广东省高级人民法院关于执行案件法律适用疑难问题的解答意见》

问题九、在执行担保和对第三人到期债权的执行中,是否应追加担保人和第三人为被执行人?

处理意见:对于第三人提供保证或是财产作为担保的,被执行人逾期仍不履行,人民法院有权执行被执行人的担保财产或者担保人的财产;执行法院应先作出裁定追加第三人为被执行人,但在裁定中应当明确"应执行的是作为担保物的财产或者被执行人应当承担义务部分的财产"。对于到期债权的执行,第三人在履行通知指定的期限内没有提出异议而又不履行的，执行法院有权裁定对其强制执行；执行法院也**应先作出裁定追加第三人为被执行人**，但在裁定中应当明确“**应以执行标的额为限**”。

主要理由：《最高人民法院关于适用〈中华人民共和国民事诉讼法〉的解释》第四百七十一条规定：“被执行人在人民法院决定暂缓执行的期限届满后仍不履行义务的，人民法院可以直接执行担保财产，或者裁定执行担保人的财产，但执行担保人的财产以担保人应当履行义务部分的财产为限。”《最高人民法院关于人民法院执行工作若干问题的规定（试行）》第65条规定：“第三人在履行通知指定的期限内没有提出异议，而又不履行的，执行法院有权裁定对其强制执行。此裁定同时送达第三人和被执行人。”将执行担保和到期债权中的第三人追加为被执行人，一是执行程序上需要确认第三人是被执行人；二是有利于第三人适用执行救济的有关规定维护自己的合法权益；三是在执行信息化条件下以被执行人身份推送第三人信息，有利于对第三人实施列入失信被执行人名单、限制高消费等强制执行措施。

《山东高院执行疑难法律问题解答（三）》

22. 第三人提供执行担保，暂缓执行期限届满后，被执行人仍不按期履行义务，是否可以追加该第三人为被执行人？

答：依照《最高人民法院关于执行担保若干问题的规定》第十一条第一款规定，暂缓执行期限届满后被执行人仍不履行义务，或者暂缓执行期间担保人有转移、隐藏、变卖、毁损担保财产等行为的，人民法院可以依申请执行人的申请恢复执行，并直接裁定执行担保财产或者保证人的财产，**不得将担保人变更、追加为被执行人**。

8-2 【书面代偿】第三人书面承诺自愿代被执行人履行生效法律文书确定的债务的,可否追加为被执行人?

问题解答

该情况构成第三人对被执行人所负的债务的加入,申请追加该第三人为被执行人的,法院将予以支持。

相关法律法规及司法观点

《最高人民法院关于民事执行中变更、追加当事人若干问题的规定》

第二十四条 执行过程中,第三人向执行法院书面承诺自愿代被执行人履行生效法律文书确定的债务,申请执行人申请变更、追加该第三人为被执行人,在承诺范围内承担责任的,人民法院应予支持。

二、执 行 期 限

8-3 【时效中断 | 执行和解】执行和解后,又违反执行和解协议的,申请执行期限如何确定?超期未申请恢复执行的,后果如何?

问题解答

执行和解系执行期限中断情形的一种,从执行和解协议约定的最后履行期限的最后一日起重新计算,**超期未申请恢复执行的,法院应当裁定终结执行**。

相关法律法规及司法观点

《中华人民共和国民事诉讼法》

第二百五十条 申请执行的期间为二年。申请执行时效的中止、中断,适用法律有关诉讼时效中止、中断的规定。

前款规定的期间,从法律文书规定履行期间的最后一日起计算;法律文书规定分期履行的,从最后一期履行期限届满之日起计算;法律文书未规定履行期间的,从法律文书生效之日起计算。

《最高人民法院关于适用〈中华人民共和国民事诉讼法〉执行程序若干问题的解释》

第二十条 申请执行时效因申请执行、当事人双方达成和解协议、当事人一方提出履行要求或者同意履行义务而中断。从中断时起,申请执行时效期间重新计算。

8-4 【时效中断丨撤回申请】撤回申请执行后，重新申请执行期限如何确定？

问题解答

撤销申请执行后，重新申请执行期限自上次申请执行之日起重新计算。

相关法律法规及司法观点

《最高人民法院关于适用〈中华人民共和国民事诉讼法〉的解释》

第五百一十八条 因撤销申请而终结执行后，当事人在民事诉讼法第二百四十六条[①]规定的申请执行时效期间内再次申请执行的，人民法院应当受理。

《中华人民共和国民事诉讼法》

第二百五十条 申请执行的期间为二年。申请执行时效的中止、中断，适用法律有关诉讼时效中止、中断的规定。

前款规定的期间，从法律文书规定履行期间的最后一日起计算；法律文书规定分期履行的，从最后一期履行期限届满之日起计算；法律文书未规定履行期间的，从法律文书生效之日起计算。

《最高人民法院关于适用〈中华人民共和国民事诉讼法〉执行程序若干问题的解释》

第二十条 申请执行时效因申请执行、当事人双方达成和解协议、当事人一方提出履行要求或者同意履行义务而中断。从中断时起，申请执行时效期间重新计算。

---

① 对应2023年《民事诉讼法》第250条。

三、执 后 妨 害

8－5 【执后妨害】执行完毕后被执行人或其他人再次实施侵占房屋、堵塞通道等行为的，如何处理？

问题解答

可以向法院申请排除妨害，若被执行人或其他人因妨害行为给执行债权人或其他人造成损失的，受害人可以另行起诉。

相关法律法规及司法观点

《人民法院办理执行案件规范》①

152.【执行程序终结后对已执行标的妨害行为的处理】

在执行终结六个月内，被执行人或者其他人对已执行的标的有妨害行为的，人民法院可以依申请排除妨害，并可以依照民事诉讼法第一百一十一条规定进行处罚。因妨害行为给执行债权人或者其他人造成损失的，受害人可以另行起诉。

《最高人民法院关于适用〈中华人民共和国民事诉讼法〉的解释》

第五百一十九条　在执行终结六个月内，被执行人或者其他人对已执行的标的有妨害行为的，人民法院可以依申请排除妨害，并可以依照民事诉讼法第一百一十四条规定进行处罚。因妨害行为给执行债权人或者其他人造成损失的，受害人可以另行起诉。

① 最高人民法院执行局编：《人民法院办理执行案件规范》，人民法院出版社 2022 年版，第 72 页。

四、执行依据

8-6 【执行内容不明确】生效的判决书、调解书中具体执行内容不明确的,如何处理?

问题解答

执行机构应当按照程序,书面征询审判部门的意见。

相关法律法规及司法观点

《最高人民法院关于人民法院立案、审判与执行工作协调运行的意见》

15. 执行机构发现本院作出的生效法律文书执行内容不明确的,应书面征询审判部门的意见。审判部门应在15日内作出书面答复或者裁定予以补正。审判部门未及时答复或者不予答复的,执行机构可层报院长督促审判部门答复。

执行内容不明确的生效法律文书是上级法院作出的,执行法院的执行机构应当层报上级法院执行机构,由上级法院执行机构向审判部门征询意见。审判部门应在15日内作出书面答复或者裁定予以补正。上级法院的审判部门未及时答复或者不予答复的,上级法院执行机构层报院长督促审判部门答复。

执行内容不明确的生效法律文书是其他法院作出的,执行法院的执行机构可以向作出生效法律文书的法院执行机构发函,由该法院执行机构向审判部门征询意见。审判部门应在15日内作出书面答复或者裁定予以补正。审判部门未及时答复或者不予答复的,作出生效法律文书的法院执行机构层报院长督促审判部门答复。

《浙江省高级人民法院关于在立案和审判中兼顾案件执行问题座谈会纪要》

三十八、执行部门认为裁判文书表述不明确、难以执行的,应通过向审理阶段合议庭了解情况等方式予以明确;确无执行可能的,应与立案、审判部门协调后,向当事人释明,视情况决定是否引导其再次提出损害赔偿等替代救济方式的诉讼。审判部门应配合执行部门做好判后答疑工作。

《江苏省高级人民法院关于执行内容不明确如何执行有关问题的通知》

一、执行立案后,执行实施过程中发现生效法律文书确定的执行内容不明确的,执行人员应通过以下方式,尽可能使执行内容明确后予以执行:

……

2. 以函询形式征求作出生效法律文书的承办人及其合议庭成员意见,函中应明确15日内对执行内容予以补正或者说明,使执行内容明确;

……

《山东高院执行疑难法律问题解答(二)》

13. 生效法律文书内容为交付特定资料,但未明确该资料具体包含的内容,当事人在执行过程中对交付的具体内容产生争议,应如何执行?

答:依照《最高人民法院关于人民法院执行工作若干问题的规定(试行)》第18条规定,生效法律文书给付内容明确是人民法院受理执行案件的条件之一。《最高人民法院关于人民法院立案、审判与执行工作协调运行的意见》第11条规定:"交付特定标的物的,法律文书主文应当明确特定物的名称、数量、具体特征等特定信息,以及交付时间、方式等。"如生效法律文书确定的交付内容不明确,双方当事人又不能协商达成一致意见的,执行机构应当书面征询作出生效法律文书的审判部门的意见,由审判部门作出书面答复或裁定补正。

8-7 【执行内容不明确 | 处理方式】执行内容不明确常见的具体情况有哪些？法律后果如何？如何救济？

问题解答

江苏省高级人民法院认为：若执行内容不明确的，则应当裁定驳回执行申请。

救济途径：向上一级法院申请复议。

相关法律法规及司法观点

《江苏省高级人民法院关于执行内容不明确如何执行有关问题的通知》

三、凡生效法律文书主文内容有下列情形之一的，经采取第一条中的方式仍无法执行的，根据《最高人民法院关于适用〈中华人民共和国民事诉讼法〉的解释》第四百六十三条和《最高人民法院关于执行案件立案、结案若干问题的意见》第二十条规定，可以裁定驳回执行申请：

1. 判决被告在欠付工程款范围内承担清偿责任，但是否拖欠工程款及欠多少工程款不明确；

2. 判决合同继续履行，但继续履行的具体内容不明确；

3. 判决或调解被告返还原告土地并恢复原状，但原状是什么不明确；

4. 判决或调解确认夫妻一方享有探望权，但对探望权的行使时间、期限、方式、地点不明确；

5. 判决被告向原告交付水面或土地，但水面或土地的面积及四至未明确；

6. 判决被告向原告赔礼道歉，如不道歉，应登报道歉，但对登报道歉的载体究竟应为国家级、省级还是市级报刊不明确；

7. 判决被告（楼上）维修房屋至不漏水为止，但维修何处不明确；

8. 判决被告向原告返还财产,但财产的名称、数量、规格等特定信息不明确。比如,判决被告返还玉石一块,但何种玉石、多大未予特定化;

9. 判决被告某公司于某年某月某日前为原告办理房产证,逾期未办理支付违约金,但支付违约金的标准未明确;

10. 判决被告向原告移交按照国家有关规定应当移交的工程竣工资料,但究竟应移交哪些资料未明确;

11. 在妨害通行纠纷中,判决被告于某年某月某日前开通通道,但在何位置开通、道路的宽度未明确;

12. 其他执行内容不明确的情形。

四、对于生效法律文书确定的给付内容不明确的处理,执行实施过程中,应当裁定驳回执行申请,不得裁定不予执行。